马克思法国革命史研究与唯物史观构建

The Study on the History of the French Revolution during
the Formation of Marx's Historical Materialism

黄陈晨◎著

社会科学文献出版社
SOCIAL SCIENCES ACADEMIC PRESS (CHINA)

前　言

在马克思思想研究史上存在一个独特的现象——马克思的形象不断随着新发现的文本而被重构，可以说马克思的形象是在后世对其文本的不断研究中逐渐呈现出来的。恩格斯以"唯物史观"和"剩余价值学说"勾勒出作为哲学家和经济学家的马克思形象。随着马克思早期摘录的历史学笔记《克罗茨纳赫笔记》在《马克思恩格斯全集》历史考证版（MEGA¹）中第一次以提要的形式被介绍，"历史学的马克思"横空出世。1972 年美国人类学家劳伦斯·克拉德的《卡尔·马克思的民族学笔记》出版后在理论界引起了广泛的讨论，进一步加深了人们对作为历史学家乃至人类学家的卡尔·马克思的认识。1992 年，随着马克思生前最后一部史学手稿《历史学笔记》中文版的问世，国内掀起了关于作为历史学家的马克思的热烈讨论。马克思一生都十分重视历史，无论是在标志着唯物史观形成的《神圣家族》《德意志意识形态》等早期著作中，还是在中期转向政治经济学研究后，通过在《资本论》中对资本主义经济史、政治史、社会史和法制史的考察，对唯物史观的深化，抑或是晚年在《人类学笔记》和《历史学笔记》中对资本主义史前史的研究，进一步丰富和扩充唯物史观的内容，可以发现历史研究从未退出过马克思的学术生命。纵观马克思一生的历史研究，其横亘于哲学史、政治史、宗教史、经济史等多重研究主题的历史洞察力以及始终强调以史为证的历史叙述感，无不彰显着其作为历史学家的非凡气度。从人类的历史进程中探索现代社会的历史基础，总结人类社会发展的一

— 1 —

般规律，是马克思进行历史研究的根本目的，其理论成果便是唯物史观。因此，马克思的历史研究在其唯物史观的构建过程中发挥了重要作用。

在马克思众多的历史研究主题中，法国历史尤其是法国革命史是他的研究重点，是其终其一生在各种语境下评论和书写的主题，这场形塑了现代世界面貌的伟大革命，构成马克思成长的历史背景和思想平台，是他构建唯物史观的重要支撑点。法国大革命通过打破封建主义对生产的绝对控制促进了资本主义的发展，而且使资产阶级掌握了权力。两个不可分割的因素——适合资本主义发展的法律框架的建立和资产阶级成功的阶级斗争，成为马克思关于法国革命的历史叙述的重点。在法国革命的历史进程中，法国资产阶级为了摧毁封建贵族制度而与民众联合，又为了防止恐怖制度失控而与民众决裂，使得法国革命陷入了一个不断"下降"和"循环"的政治怪圈，这一系列历史活动为马克思了解、批判资本主义社会提供了重要支撑。在对法国革命后所建立的资本主义社会和封建主义复辟的不断研究中，马克思对社会存在与社会意识之间的关系、社会历史发展的方向和动力等问题进行了深入思考。可以说，马克思正是在对 1789 年以来法国一系列革命事件的历史考察中，逐渐形成并不断完善了唯物主义的历史观。

关于马克思对法国革命的研究及其对唯物史观形成的影响一直是西方史学家和马克思主义者热衷的研究对象，并已产出不少极具代表性的研究成果。早在 19 世纪，就已经有不少西方学者意识到马克思主义与法国革命在现代西方思想史、政治理论和学术传统中都存在不少联系，并对此展开了相关研究。最早将法国革命与马克思思想形成来源联系起来的是法国马克思主义历史学家让·勃吕阿，勃吕阿在《法国革命与马克思的思想》一文中首次提出，应该将法国大革命视作马克思思想的重要来源。20 多年后，勃吕阿再次发表长篇论文将这一观点具体化。他在《法国革命与马克思思想的形成》一文中提出："应该把法国大革命看作除了德国的古典哲学、英国的政治经济学和欧洲空想社会主义之外，马克思主义的来源之一。"① 随后，法国哲学家马克西米利安·吕贝尔也提出了与之类似的观点。

《马克思恩格斯全集》历史考证版第二版（MEGA²）的主编鲁缅采娃将勃吕阿的观点加以细化，认为法国大革命对青年马克思世界观的形成产生了重要影响，因为"这场革命在很大程度上决定了马克思世界观形成时期的社会和思想背景"②。此外，杰弗里·埃利斯和奥古斯特·科尔纽也分别在他们的著作中表示法国大革命对马克思思想的形成与发展具有重要作用，认为应该将法国大革命对马克思思想影响的研究上升到理论研究的高度。③ 1983 年 3 月 16 日至 17 日，美国密歇根大学举办了一场纪念马克思逝世 100 周年大会，在这次大会上，查尔斯·蒂莉在其题为《作为历史学家的卡尔·马克思》的报告中提出，马克思在分析无产阶级革命的过程中，将广泛的理论和法国具体的历史经验结合起来，他在关于法国政治变革的论述中，将他对历史的洞察力与他所处时代的问题和前景的评论有力地结合起来。④ 保罗·E. 科莫兰也指出，"同许多德国知识分子一样，马克思在早期著作中也表现出了对法国大革命和拿破仑·波拿巴的关注，他关于未来社会和共产主义的构想几乎全部起源于对法国大革命的思考"⑤。

20 世纪 90 年代初期，德国学者格哈德·布吕歇尔在其分析 1848 年欧洲革命的文章《范式和戏仿：1848～1851 年阶级斗争中的卡尔·马克思和法国革命》中提出，"和 19 世纪上半叶几乎所有的思想家和政治行动家一样，法国革命对马克思及其思想的形成产生了决定性的影响。马

---

① 该文原载于巴黎版《法国革命史年鉴》1966 年第 184 期，转引自张芝联《马克思与法国大革命——学习马克思的早期著作》，《世界历史》1983 年第 4 期。

② 姚颖主编《马克思主义研究资料》第 11 卷，中央编译出版社，2015，第 393 页。

③ Geoffrey Ellis, "The 'Marxist Interpretation' of the French Revolution," *The English Historical Review*, 1978, pp. 353-376；〔法〕奥古斯特·科尔纽：《马克思恩格斯传》第 2 卷，王以铸等译，生活·读书·新知三联书店，1965，第 15—19 页。

④ Charles Tilly, "Karl Marx, Historian," *Address to the Karl Marx Centennial Conference University of Michigan*, 1983, pp. 109-125.

⑤ Paul E. Comoran, "Introduction Karl Marx, Historical Inquiry," *History of European Ideas*, 12 (6), 1990, pp. 725-729.

克思始终坚信，正如资产阶级曾经废除封建统治秩序一样，无产阶级也将以革命的方式废除资产阶级统治秩序，正是这一不可动摇的革命信念使马克思把自己的一生始终与 19 世纪上半叶法国革命的历史经验和由此产生的思想世界联系在一起。在这一点上，可以说，马克思是法国革命的继承者"①。此外，也有学者专门探究法国革命与马克思某一具体理论形成的关系。例如，2013 年，来自荷兰阿姆斯特丹大学的埃里克·范瑞在其《马克思的不断革命理论》一文中提出，法国大革命为马克思不断革命理论的形成提供了直接的理论资源和史料支撑，是马克思关于不断革命构想的重要来源。②

苏联学者维·盖·莫洛索夫将法国大革命与马克思思想的关系进一步具体化，认为马克思在 1843 年进行的世界历史研究，尤其是对法国大革命的史学研究是其唯物史观的来源之一。关于法国大革命的史学研究是马克思转向唯物主义立场的重要基础。③ 1994 年，科尔纽在罗伯斯比尔诞辰 200 周年纪念大会上提出，法国大革命多次出现在马克思早期的文章中，表明在马克思早期哲学研究中，法国大革命是促进他实现从唯心主义哲学向唯物主义哲学立场转变的重要因素。科尔纽结合马克思的现实政治经历，探讨了马克思如何在法国大革命的历史启发下逐步建立起历史唯物主义的观点，初步建构起关于马克思的法国革命史研究与唯物史观思想线索之间的内在关联。④ 现代著名法国大革命史学家弗朗索瓦·傅勒也对马克思与法国大革命的关系进行了系统阐述。他在《马克思与法国大革命》一书中，按照时间顺序对马克思著作中有关法国革命的论述作了一个全面的辑录。傅勒认为，在马克思唯物史观形成的过程

① Gerhard Blucher, "The Paradigm and the Parody: Karl Marx and the French Revolution in the Class Struggles from 1848-1851," *History of European Ideas*, 14 (1), 1992, pp. 85-99.

② E. Van Ree., "Marxism as Permanent Revolution," *History of Political Thought*, 34 (3), 2013, pp. 540-563.

③ 该文原载于《马克思——历史学家》，1968 年莫斯科版，译文见《马列著作编译资料》（第 15 辑），人民出版社，1981，第 100 页。

④ 〔法〕奥古斯特·科尔纽：《马克思恩格斯传》第 2 卷，王以铸等译，生活·读书·新知三联书店，1965，第 15—19 页。

中，他始终将法国革命这一重大事件放置在思考的中心位置，不断以法国革命史实修正他对"市民社会决定国家"这个唯物史观理论的理解，应该说，法国革命对马克思唯物史观的形成产生了积极影响。① 总的来说，当前国外学术界虽然关于法国革命与马克思唯物史观之间关系的研究成果并不算多，但现代著名法国大革命史学家傅勒对马克思关于法国革命史学研究成果的肯定，无疑在一定程度上确证了法国革命是马克思唯物主义历史观形成与发展的重要来源之一。

　　国内学术界也有不少学者关注到马克思一生中对法国革命的偏爱，并从不同视角对马克思与法国革命之间的关系展开了研究。在 20 世纪 80 年代末 90 年代初，学术界更是掀起过一股对马克思法国革命的史学研究与其唯物史观形成的关系研究的热潮。1983 年，杭州举办了一场学术研讨会，大会探讨的焦点便是"法国大革命是否可以作为马克思主义的一个新的来源"，当时参会的学者多数对这一论点给出了肯定的回答。1989 年，上海也围绕马克思主义与 1789 年法国大革命召开了一场国际学术研讨会，不少学者在大会上系统阐述了二者的历史文化关系，指出法国大革命使人类度过了资产阶级文明和文化的 19 世纪，它也相应地给予马克思主义的产生与发展以重大的影响，马克思和恩格斯的思想最先从这里得到启迪。徐海亮认为，法国大革命给旧世界带来的深刻影响，使关于法国大革命的历史研究成为马克思完成"两个转变"的必经之途。正是在对法国大革命的系统研究中，马克思开始对革命的必然性、意义和局限性，特别是第三等级的局限性以及群众在革命中至关重要的作用等有了深刻的认识。② 可以说，马克思关于革命的理论和人类解放等一系列概念，无不闪耀着大革命的历史光芒。蔡常青将马克思早期历史研究分为三个阶段，第三个阶段即马克思关于法国大革命的研究，该研究奠定了其唯物史观形成的重要基础，是马克思主义的主要来源之

---

① 〔法〕傅勒：《马克思与法国大革命》，朱学平译，华东师范大学出版社，2016，第 5 页。
② 徐海亮：《法国大革命与马克思主义形成的若干问题》，《高校社会科学》1989 年第 4 期。

一。① 关于法兰西第二共和国这段历史对马克思唯物史观构建所产生的积极影响，学者们同样予以了关注。汤玉奇认为，在《路易·波拿巴的雾月十八日》一文中，马克思依据法兰西第二共和国的实践经验，基于唯物史观对这次政变作出科学的说明，进一步丰富和发展了唯物史观的基本原理。② 陈陆达也表达了相同的观点，指出《路易·波拿巴的雾月十八日》是马克思在 1848 年革命时期经验总结与理论著述的最重要的一部代表作，他运用唯物主义的阶级观点，对法国革命和波拿巴政变作出了透彻的分析说明，从而树立了历史唯物主义的典范。③ 王伟光指出，马克思在《路易·波拿巴的雾月十八日》一文中，通过分析法兰西第二共和国的历史，验证了历史唯物论的正确性。④ 刘奔表示，在马克思诸多的历史著作中，就对当前活的历史的科学研究而言，最具典型意义的当数《路易·波拿巴的雾月十八日》，这一记录法国 1848 年至 1852 年革命历史的作品是历史唯物主义原理在活的历史研究中的成功运用和辉煌检验。⑤ 令人遗憾的是，国内学术界关于马克思的法国革命史研究在 20 世纪末经历了短暂的繁荣期之后，陷入了较长的式微期。近年来，随着学术界对于历史唯物主义研究的不断深入，越来越多的学者开始重新关注马克思法国革命历史研究的重要地位。

进入 21 世纪，国内有不少学者将目光重新投向对法国革命与马克思唯物史观形成之间的关系研究上。梅荣政认为，在《路易·波拿巴的雾月十八日》一文中，马克思用 1848 年 2 月至 1851 年 12 月 2 日这段历史检验了他的历史唯物主义理论，这个检验取得了辉煌的成果。⑥ 刘秀萍

---

① 蔡常青：《论历史研究对马克思主义形成的作用》，《内蒙古社会科学》1989 年第 6 期。
② 汤玉奇：《学习马克思〈路易·波拿巴的雾月十八日〉》，《历史教学》1980 年第 4 期。
③ 陈陆达：《〈路易·波拿巴的雾月十八日〉是马克思的重要著作》，《文史哲》1982 年第 4 期。
④ 王伟光：《透彻的历史洞察力——〈路易·波拿巴的雾月十八日〉介绍》，《历史教学》1985 年第 1 期。
⑤ 刘奔：《从"活的历史"研究中掌握活的马克思主义——纪念马克思〈路易·波拿巴的雾月十八日〉发表 140 周年》，《哲学研究》1992 年第 6 期。
⑥ 梅荣政：《用唯物史观生动描述和精辟分析重大历史事件的科学典范——马克思〈路易·波拿巴的雾月十八日〉（节选）研读》，《思想理论教育导刊》2011 年第 3 期。

指出："马克思长期对法国大革命史学的研究是其实现思想变革的重要基础。"① 2018 年，刘秀萍在其专著中再次表示，"马克思一直都没有停止对法国大革命的思考与研究，可以不折不扣地说，这是他一生思想建构最重要的参照和依凭之一"②。同样，王莅在其专著中也表达了相同的观点，提出"正是法国社会中政治运动所具有的成熟性和极端性构筑了马克思探索无产阶级革命方向和目标的现实土壤"③。学者林钊、谢倩对法国大革命促进马克思唯物史观形成与发展的具体过程进行了详细阐发，指出在马克思创建唯物史观的过程中，对法国大革命的系统研究帮助他厘清了利益与法的关系，加速其完成对黑格尔法哲学的批判。④ 同时，马克思于 1871 年写成的《法兰西内战》一文也一直是国内学术界研究的重要文献。目前，国内学术界围绕《法兰西内战》的研究主要集中在对巴黎公社的历史渊源、失败原因和经验教训等公社本身的研究上，而围绕巴黎公社对于马克思唯物史观的经验启示的研究成果则相对较少。一方面，学者们对于马克思同时代发生的 1848 年革命和 1871 年革命研究较多，如张树森在其《马克思与法国革命》一文中，对马克思关于1848 年革命、六月起义和巴黎公社的研究进行了系统的论述⑤，而对于马克思如何对已经完结的 1789 年大革命进行史学分析的研究则不多。这可能是由于相较于前面三个历史事件，马克思在其关于法国革命的"三部曲"⑥ 作品中都有针对性地进行过详细论述，而马克思关于法国 1789 年革命的论述则相对分散。学者们通常引用的马克思关于法国革命的论点，大多出自 1848 年革命以后的作品。但是，马克思关于 1789 年革命

①　刘秀萍：《法国大革命与马克思思想的变革》，《教学与研究》2017 年第 11 期。
②　刘秀萍：《思想的剥离与锻造——〈神圣家族〉文本释读》，中国人民大学出版社，2018，第 100 页。
③　王莅：《求解资本主义的史前史——"人类学笔记"与"历史学笔记"的思想世界》，中国人民大学出版社，2018，第 112 页。
④　林钊、谢倩：《法国大革命与历史唯物主义》，《马克思主义与现实》2019 年第 1 期。
⑤　张树森：《马克思与法国革命》，《河北大学学报》（哲学社会科学版）1983 年第 S1 期。
⑥　指记录 1848 年法国革命的《1848 年至 1850 年的法兰西阶级斗争》，剖析波拿巴政变的《路易·波拿巴的雾月十八日》，以及分析 1871 年法国革命的《法兰西内战》。

的论断往往在其唯物史观的形成节点上发挥了重要作用。另一方面，学者们对于马克思如何评价法国历史关注较多，但是对于法国历史如何影响马克思思想形成的研究则相对较少。上述留白为本书在继承现有研究成果的基础上，继续丰富和发展马克思的法国革命史研究及其与唯物史观之间的关系研究提供了丰沃的土壤与广阔的空间。

事实上，对于不同历史时期的法国革命中涉及的重大历史事件和历史人物等马克思都曾留下大量著述和评论，这些关于法国革命的研究与其唯物史观思想线索之间存在内在关联。因此，本书将以史为线，力求基于"回到"马克思唯物史观形成过程中的法国革命史研究本身，通过对马克思关于法国革命的历史研究进行全面和深入的梳理，以逻辑化的方式再现马克思思想发展的转变过程中法国革命史研究所起到的推动作用，开辟一个以遵循马克思历史研究中的内在逻辑反观其哲学发展的新视角，从而将马克思唯物史观的研究引入一条新的路径。为明确研究问题并聚焦讨论范围，本书以狭义历史唯物主义的核心主题为线索，进行作为马克思世界观变革的隐性语境的法国革命历史介绍；探讨马克思法国革命史研究对历史本体论、历史辩证法、历史研究方法论和群众史观形成与发展的作用；通过对马克思的著作、笔记、书信等文献中涉及的法国革命史的历史事件、历史人物和历史评论等历史研究的系统梳理，找到各个时期马克思法国革命史研究与唯物史观形成的逻辑关联点并展开详细论述，以期从马克思历史研究的语境中透视其哲学发生逻辑，探究马克思的法国革命史研究在其唯物史观构建过程中发挥的重要作用，以求抛砖引玉，引起更多学者关注与思考历史研究在马克思唯物史观创立过程中所发挥的作用。

目　录

第一章　法国革命历史：马克思世界观变革的隐性语境

法国革命是马克思终其一生在各种语境下评论和书写的主题。从1789 年大革命、1830 年革命到 1848 年革命、波拿巴政变，再到 1871 年的巴黎公社运动，对法国历史和政治实践的研究伴随马克思的一生，可以说法国革命史是马克思理论研究的重点之一。在马克思的法国革命史研究中，按照革命发生的时间，主要包括 3 次革命，即发生于 1789 年的法国大革命、发生于 1848 年欧洲革命期间的法国革命以及发生于 1871 年的巴黎公社运动。在这 3 次革命期间，又发生了多次不同性质、不同等级的革命，如 1830 年 7 月，巴黎人民发动七月革命，推翻复辟的波旁王朝，建立"七月王朝"；1848 年 2 月，法国人民面对"七月王朝"的失政，发动二月革命，建立法兰西第二共和国；二月革命后，无产阶级要求把革命推向前进，发动了 1848 年巴黎无产阶级的起义，即六月起义，掀起现代社会中两大对立阶级间第一次伟大的战斗；1851 年 12 月 2日，法兰西第二共和国的总统路易－拿破仑·波拿巴发动政变，宣布解散立法议会，随后，1852 年 12 月 2 日，波拿巴复辟帝制，建立法兰西第二帝国；1871 年 3 月 28 日，普法战争中法国的惨败使巴黎爆发武装起义，法国人民通过巴黎公社实现了对巴黎的短暂统治，是无产阶级武装暴力直接夺取城市政权的第一次尝试。这些革命事件构成了马克思法国革命史研究的主要内容，使马克思在 1789 年至 1871 年法国革命的完整链条中，通过剖析法国革命的具体历史人物、历史事件、历史进程等历史因素之间的内在联系和相互作用，厘清社会历史观的诸多问题，加速其唯物史观的形成与发展。马克思研究法国革命史的原因是多重的，既离不开马克思本人从中学时期便养成的历史学习兴趣与历史研究能力，亦离不开法国大革命的世界影响力，使这场震撼欧洲乃至世界的大革命成为包括马克思在内的 19 世纪众多思想家和哲学家理论观点形成的重要背景。

第一节　作为历史爱好者的青年马克思

"在总结 19 世纪学术生活的时间到来时，人们可能觉得它的主要特征是历史研究"①，尤其是 1789 年法国大革命的爆发及其后拿破仑帝国的建立，法兰西民族以多种方式为历史研究提供了丰沃的土壤。出生在这一时期的马克思也是历史研究的兴趣爱好者，理解马克思对法国大革命的研究，不能撇开对其思想发展起点的考察。从进入中学到退出《莱茵报》这段时间，既是青年马克思进行最初的理论探索的重要时期，也是他历史思维和批判意识的最初构筑时期。从这一时期留下的文献可以看出，马克思对历史学的浓厚兴趣从中学一直延续至工作，贯穿其一生。

一　马克思历史兴趣的早期启蒙

卡尔·马克思的家乡特里尔市位于德意志的西南部，毗邻法国，是一座面积不大却有着深厚历史底蕴的城市。公元前 16 年，罗马皇帝奥古斯都将特里尔市建成后方重镇，是当时罗马军队最大司令部的所在地。拿破仑战争时期，特里尔市曾在 1794 年至 1815 年归入法国，并且依照法国大革命时期的原则和法律进行管理。《拿破仑法典》的推行和一系列重大社会改革的推进，给这座小城带来了经济上的蓬勃发展和政治上

---

① 〔美〕J. W. 汤普森：《历史著作史》（下卷），孙秉莹、谢德风译，李活校，商务印书馆，1992，第 201 页。

的自由气息。尽管拿破仑帝国被推翻后封建势力再度复活，但这并没有完全消除大革命给特里尔人民带来的自由精神和人文主义思想。古城底蕴和自由开放的思想氛围为少年马克思历史兴趣的萌生提供了丰沃的土壤。正如麦克莱伦所说，马克思"对历史一贯而专注的热情也正源于年少时的这种环境"①。可以说，特里尔市的历史传统和法国大革命的自由民主精神打开了少年马克思以历史之眼观世界的"窗口"。法国大革命作为一种文化养料浸润在少年马克思的心田，成为其思想起源的重要因素。法国大革命所体现的怀疑、反思、否定、批判等精神，逐渐内化为马克思的一种品格和气质，在他真正步入社会之后，发展成为一种完整的理解、深刻的表述和主动的行为，贯彻在其理论和实践之中。

　　马克思对历史学以及法国大革命的浓厚兴趣首先源自其父亲亨利希·马克思的影响。亨利希·马克思是研究《拿破仑法典》的专家，同时他也是一个深受法国启蒙思想影响的知识分子，是18世纪法国大革命的追随者。值得注意的是，亨利希·马克思不仅是理性主义思想的追随者，还是自由主义运动的行动派，他是特里尔卡西诺"文学俱乐部"的成员，该俱乐部在1834年举行了一场争取更有代表性宪法的筹划活动的宴会，这次宴会大力宣传自由主义思想，并且升起了法国的三色旗。亨利希·马克思作为这场政治性宴会的组织者之一，发表了带有温和色彩的自由主义演讲，并演唱了革命歌曲《马赛曲》，因此受到了普鲁士警察局的侦讯。马克思一生都很尊敬他的父亲，虽然二人曾在关于马克思职业目标的设定上产生过分歧，但这并不影响马克思对父亲的尊敬与爱戴。1843年，当25岁的马克思抵达巴黎后，他想到自己的父亲在法国统治特里尔时期用法语学习了法国律法，并狂热地敬仰这场能够使他以犹太人身份从事法律职业的法国大革命。不容置辩，亨利希·马克思对自由、理性以及法国大革命的尊崇对少年马克思产生了潜移默化的影响，并给他一生的思想发展留下了难以磨灭的印记。

---

①　〔英〕戴维·麦克莱伦：《马克思传》（第4版），王珍译，中国人民大学出版社，2016，第3页。

除了父亲的影响之外，马克思对历史的研究兴趣还受到特里尔中学教育的深刻影响。1830 年秋，12 岁的马克思进入特里尔中学读书，该校崇尚自由平等，主张用 18 世纪启蒙运动的自由主义精神和人道主义思想教育学生，马克思在这里受到了典型而纯粹的人道主义教育。首先，给马克思授课的老师们学识渊博、思想进步，特别是身兼历史、哲学教师以及校长多职的约翰·胡果·维滕巴赫，他具有激进的民主主义自由思想和渊博的历史知识，是马克思早期进行历史思考和学习的引路人。其次，特里尔中学发达和完善的教育体系催发了少年马克思历史思维养成。从马克思高中班的教学计划中可以看出，当时特里尔中学不仅开设了自然科学的课程，而且特别重视语言学习和历史教育，系统地开设了通史、断代史和国别史课程，将语言训练和历史学习融为一体。教师在讲授拉丁语和法语的过程中，要求学生阅读《编年史》、《阿格里科拉传》、《伯罗奔尼撒战争史》（第 1 卷）、《荷马史诗》、《罗马盛衰原因论》等多部经典史学著作。除此之外，特里尔中学还专门开设了由维滕巴赫讲授的史学课程。特里尔中学非常注重培养学生对重大历史事件和重要历史人物的分析、判断能力，这些课程的开设和能力的培养，无疑为少年马克思历史自觉意识的养成和将社会现象置于历史进程中思考与分析的历史习惯的培养奠定了重要基础。通过对少年马克思家庭和中学教育的分析可以看出，家庭氛围和中学教育孕育出马克思初期的历史启蒙意识，是他历史思考和历史视点的起源。

二　马克思历史思维的日渐养成

众所周知，马克思主要是通过写作来表达其关于世界的思考和看法的，因此，他的著作、手稿、笔记、书信等文本就成为理解和研究其思想、观点和主张的最重要的凭证和依据。在马克思早期留下的文献资料中，诗歌占据了较大比重，可以说，诗歌是窥探少年马克思思想动态的重要资料。然而，在马克思一生的学术创作中，诗歌往往会被忽视，人们普遍认为早期的诗歌写作对马克思成熟时期的社会批判与逻辑推理起不了根本的作用，事实上，"在最深层的意义上说，诗意所关注的更多的不是语言，而是意义"①。透过马克思早期的诗歌创作可以了解到，少年时期的历史兴趣随着年龄的增长和学习视野的扩大已经逐渐转化为马克思的一种思维惯性，成为他观照与理解世界的重要方式。

1833年，15岁的马克思写下了名为《查理大帝》的诗篇，这是马克思对历史人物作出评价的初次尝试，《查理大帝》既体现了少年马克思关于历史进步尺度、关于伟大历史人物功过是非的评判与衡量准则，也内含着他对精神生活的关切，透露出其早期思想的价值倾向。马克思在《查理大帝》中，首先将拥有复杂个性的历史人物还原到他们对应的时代，从总体上提出判断社会进步与否的标准是文明，而文明的尺度则是高贵的心灵和美好的精神，即在一个文明的国家里，国家被高贵的心灵所感动，社会为美好的精神所鼓舞。正如格拉亚山的雄伟并非仅仅因为山体本身的高耸，更是因为这里孕育出了满怀激情的诗人，诗人们激情的颂扬与巍峨的山峰交相呼应，幻化成激越的歌声在山中回响，使人们沉浸在幸福欢乐之中。又比如，狄摩西尼的高贵并不在于他政治家和希腊联军统帅的身份，而在于他曾经敢于以演说家和雄辩家的勇气和才能，在大庭广众之下，面对人群公然痛斥骄横的菲力浦国王腓力二世的扩张野心，同时号召雅典人掌握自己的命运。马克思认为，崇高的诗人们和狄摩西尼真正体现出什么是时代的崇高和美，那就是对艺术的追求和心灵的美好。在这里，我们可以看出，少年马克思在论述自己的观点时，已经具有了历史的思维，开始自觉地引用古希腊、罗马的历史人物来阐述己见，这与他早期所接受的历史教育和阅读过的历史学经典著作不无关系。同时，少年马克思提出的文明的尺度——高贵的心灵和美好的精神，也在一定程度上体现了他的崇高理想。这些理想和向往在两年后的《青年在选择职业时的考虑》中得到了升华，马克思提出将把追求"人类的幸福和我们自身的完美"②作为人生的奋斗目标，并终身遵守自

---

① 〔美〕韦塞尔：《作为浪漫派诗人的马克思》，陈开华译，《现代哲学》2005年第2期，第9页。
② 《马克思恩格斯全集》第1卷，人民出版社，1995，第459页。

己的信念与诺言。

在提出判断社会进步与否的总体标准后，少年马克思从对外征战和对内统治两个方面颂扬了查理大帝的历史功绩，认为查理大帝所处的时代就是能够体现出社会进步的时代。在少年马克思看来，查理大帝的历史功绩首先表现在他通过武力征服了欧洲大部分地区，建立了庞大的查理曼帝国，使欧洲再次实现了短暂的统一。而且马克思认为，查理大帝征战四方，进行多次战争是有着崇高目的的，他并不是为了称雄争霸，而是为了"呼唤缪斯重见天光"①，即遏制文化衰退，恢复古代希腊、罗马文明的精神生活。古典时代曾经强大辉煌的希腊、罗马文化在蛮族入侵的浪潮中被野蛮人无情地摧毁，希腊、罗马古典文化受到巨大冲击，欧洲文明出现倒退，查理大帝在位期间鼓励与倡导当时的修士收集、整理与研究古代希腊、罗马的典籍文献，进行拉丁文稿和希腊文稿的摘录，使一些濒临散佚的古代典籍得以保存下来，同时，竭力恢复拉丁和希腊的文化传统，使长期湮没的古典文明重新回到了文明建设的前沿。马克思在总结查理大帝的功绩时说道："他使美离开了幽深的墓穴，他让一切艺术重放光芒。"②

除此之外，少年马克思认为查理大帝的历史功绩还表现为他充分鼓励和支持文化教育事业的发展。查理大帝充分意识到民众文化水平的低下状况并为此采取了一系列措施。他兴办修道院学校，重新恢复了在公元6世纪后期被中断的公共教育，初步形成了中世纪的学术研究传统。同时，初具历史辩证思维的马克思也提出，查理大帝的征伐并非都是正义之战，也曾给欧洲其他国家和人民带去灾难。但总体来看，少年马克思认为查理大帝的一生是战功赫赫、功劳显著的，是无愧于"欧洲之父"称誉的。因此，马克思认为："历史将为他编织一顶桂冠，这桂冠决不会淹没于时代的激浪。"③

---

① 《马克思恩格斯全集》第1卷，人民出版社，1995，第917页。
② 《马克思恩格斯全集》第1卷，人民出版社，1995，第917页。
③ 《马克思恩格斯全集》第1卷，人民出版社，1995，第918页。

少年马克思在《查理大帝》中歌颂了法兰克国王、神圣罗马帝国奠基人查理曼复兴文化、重视教育、治理国家的丰功伟绩，充分肯定了他的历史功绩。他在诗中所描绘的查理大帝的形象，离不开维滕巴赫的影响，维滕巴赫曾高度赞扬查理大帝在发展教育和重视文化方面的功绩，这无疑给马克思留下了深刻的印象。值得注意的是，少年马克思在这篇诗作中已经开始显露出历史辩证思维的光芒，他在充分肯定查理大帝历史成就的同时，也没有完全忽视战争给被征服地区和人民带来的伤害，为读者呈现出一位有功有过、鲜活灵动的君主形象。同时，15岁的马克思虽然还充满着唯心主义的浪漫色彩，将社会进步的标准归结为美好的精神和高贵的心灵，这也从一个侧面体现出马克思已经开始意识到精神生活的重要性，看到了文艺和教育发展程度的提高是社会进步的表现，这为他后期对社会意识的专门研究埋下了思想的"酵母"。但这篇早期诗作中也存在不少缺陷，如马克思没有看到查理大帝发动战争和复兴教育背后的宗教动因，这或许是受到当时特里尔宗教氛围的影响，也或许是因为涉世未深的马克思对政治生活还只能浅尝辄止。但无论如何，15岁的马克思已经开始有了自觉的历史意识和引用历史经验佐证自己观点的第一次尝试。

三　马克思历史研究能力的锋芒初现

马克思在特里尔时期为我们留下的文献很少，只有9篇，除了2首诗歌外，还有7篇是马克思中学毕业考试时的笔试试卷，学术界对德语作文《青年在选择职业时的考虑》关注较多，对于马克思的宗教和拉丁语作文则关注较少。事实上，这2篇作文作为少年马克思对宗教和政治问题的初次表达，已经初步显露出其观照和把握世界的独特视角——在历史中进行比较，这表明马克思的历史分析与研究能力正在逐渐形成。马克思中学毕业时的宗教作文主要围绕"论信徒同基督结合为一体"这个主题展开，这篇宗教作文既是少年马克思对自己宗教观念与情感的一次审视，也是他运用历史思维和研究方法回答现实问题的初次尝试。在写作这篇作文的过程中，少年马克思从一开始便将目光投注到"历史"这个人类的伟大导师上。他的写作目的虽然是论述信徒和基督一致的必要性，但注重从民族的历史和个人的历史出发展开论述。

首先，从民族历史的角度阐明了信仰基督的必然性。马克思以古代民族为例，指出信仰宗教是古代遗留下来的历史传统，即使是那些已经达到高度文明的民族，由于没有形成对于自己和神的有价值的理解，也仍然会信奉宗教，就连古代最伟大的哲人、神圣的柏拉图，也认为神可以帮助他实现对真理和光明的追求。由此，马克思通过引用古代历史和伟人柏拉图的例子，提出"各民族的历史就这样教导我们，同基督结合为一体是必要的"①。紧接着，少年马克思从"人的历史"的角度再次论证了信仰基督的必然性。马克思指出，人的本性包含两面，人性中一方面蕴藏着神性的火花，另一方面也有欲望的火焰和罪恶的诱惑在不断吞噬着人性中的神性。如果欲望和罪恶占据了人性的上风，那么人类对真理的渴望和对知识的追求就会被熄灭。于是，为了让人类与自己一样纯洁，耶稣派出儿子来改造与救赎我们。因此，从人的历史的角度看，马克思同样认为人作为信徒，理应与他的创造主基督结合为一体。随后，马克思又从创造主本人的道，以及信徒与基督结合为一体的含义、作用等多重角度论述了信徒与基督教的同一性。这篇宗教作文的成绩虽然在总体上只能算作中等，但我们可以看出，少年马克思尽管在作文中表达了对宗教有神论的肯定，但同时他又具有强烈的历史反思意识，并不是单纯从教义的角度（即《约翰福音》指定章节）去论述信仰基督的必要性，而是从历史事实的依据中思量、探究、寻找信徒信仰基督教的深层依据。此时的马克思虽然无法形成关于怀疑或反叛宗教有神论的完整思想或观点，但通过他将古老民族的历史和人的历史作为观照对象以反思宗教存在的尝试，可以看出自由意识和唯物主义思想的萌芽正在少年马克思的心中悄然生根。

其次，少年马克思在他的拉丁语作文中再次展露了"历史目光"。

---

① 《马克思恩格斯全集》第1卷，人民出版社，1995，第450页。

相较于宗教作文来说，这篇题为《奥古斯都的元首政治应不应当算是罗马国家较幸福的时代？》的拉丁语作文对历史的分析更加深入，这说明，在特里尔中学受到的史学教育为马克思分析奥古斯都的元首政治提供了多种思路。这篇作文的出题者——马克思的拉丁语和希腊语教员勒尔斯是普鲁士专制主义的支持者，他出这道作文题目的目的是希望大家可以对专制统治给予肯定。少年马克思虽然在作文中也表现出肯定的态度，但肯定表象的背后映射出的是马克思自己的社会理想——"人民的自由"。

少年马克思认为研究奥古斯都时代有三种方法。第一种是历史比较法，即将它同罗马历史上的最美好的时代和最坏的时代分别加以比较。第二种是研究同时代的人对奥古斯都的评价，分析其他国家的人对这个时代的看法。第三种是通过研究这一时代技艺和科学的状况来判断它的进步程度并以此作出评价。马克思以较大的篇幅阐释了第一种方法，即通过历史比较法将奥古斯都时代同罗马历史上的最美好的时代和最坏的时代分别加以比较，以此作出正确的判断与评价。

奥古斯都时代是指罗马帝国的开创者屋大维在位的时期，由于拉丁文"奥古斯都"内含"令人敬畏者"的意思，人们习惯性地以"元首"（princeps，意为"第一公民"）称呼他，因而称奥古斯都的政治统治为"元首政治"。马克思要拿来与奥古斯都时代作对比的，一个是罗马共和国早期（前275—前264年），马克思称其为"最美好的时代"；另一个是朱里亚·克劳狄王朝的最后一位皇帝尼禄统治时期（公元54—68年），即"最坏的时代"。罗马共和国早期由于民风淳朴，由上及下都乐观向上、公正无私，又顺利征服了南意大利而成为最美好的时代。而"最坏的时代"——尼禄统治时期，众所周知，尼禄在位期间，行事残暴，不仅处死了诸多元老院议员，而且连最优秀的公民也被杀害。由于他的多疑、无能，统帅们不敢在战争中建功立业，只能在和平中去寻求功名利禄，"贪婪、奢侈和放纵无度之风却充斥泛滥"①。相较于"最美好的时

---

① 《马克思恩格斯全集》第1卷，人民出版社，1995，第463页。

代"和"最坏的时代",奥古斯都时代以温和著称。在少年马克思眼中,虽然因奥古斯都一人掌握了全部的权力和荣誉而使各种自由现象似乎都消失了,但实际上,罗马人并不认为是奥古斯都在统治他们,而是他们自己在进行统治,"皇帝"不过是一个"官职"。因此,马克思提出,如果连罗马公民自己都坚持认为是自己在进行统治,而非元首剥夺了他们的自由,那么这正是对奥古斯都温和治国的一个最好的明证。除此之外,马克思还将奥古斯都时代的战争同尼禄统治时期作对比,指出:"无论在战争中,还是在和平时期,都不能把奥古斯都时代同尼禄和那些更坏的统治者的时代相比拟。"① 随后,少年马克思在提到要参考古人对奥古斯都的评价时,列举了奥古斯都时代著名的诗人贺拉斯和历史编纂家塔西佗的看法,指出他们二人在谈到奥古斯都和他的元首政治时也总是以最大的尊敬、最高的赞美来评价。马克思由此总结道:"既然奥古斯都时代并不逊于罗马历史上最好的时代,并且看来它有别于那些坏的时代……奥古斯都的元首政治应该算是最好的时代。"②

根据记录,校长维滕巴赫和教员勒尔斯对马克思的这篇作文给予了较高的评价,认为该作文无论是在素材的处理上还是在历史知识的运用上都还不错。不过,马克思这篇中学时期的作文还远不能算是一篇成熟的文章,将对历史时代的衡量建立在"风尚""品质"等人格化的标准之上,反映出少年马克思在对历史现象和社会结构进行观照时还只能停留在可感知的表层,对历史知识的掌握也不够准确、全面。实际上,贺拉斯和塔西佗对奥古斯都的赞美是有限的,尤其是塔西佗,他基本上否定了奥古斯都,而贺拉斯使用"至圣"对奥古斯都进行称呼也是很有节制的。但值得肯定的是,这虽然是一篇肯定专制主义的作文,但少年马克思在其中表达了自己对独裁与权威的看法,强调了"人民自由"的重要性,再次显示出强烈的历史辩证思维,说明马克思已经初步具有了辩证分析历史的能力。

---

① 《马克思恩格斯全集》第 1 卷,人民出版社,1995,第 463 页。
② 《马克思恩格斯全集》第 1 卷,人民出版社,1995,第 464 页。

1835年9月，这个在老师们眼中天赋异禀、聪慧睿智的少年带着众人"希望他发挥自己的才能，勿负众望"的期许顺利地从特里尔中学毕业，开始迈入人生的新阶段——大学。大学时期的马克思继续保持着对历史的研究，不过相较于中学时期对具体历史人物或历史时代的关注与分析，这一时期的马克思多了一些哲学运思，在黑格尔历史哲学的影响下，他开始立足历史事实来理解与评价当下的处境及现实问题，历史主义方法论初显。随后，他将历史主义方法论科学地运用到《莱茵报》时期的政论文章当中，在引用历史事实研究社会现实并以此反驳政论对手的过程中，马克思逐渐发现社会历史观的基本问题，唯物主义的历史卷轴由此打开。

第二节 "新世界观"建构中的法国大革命影响

1789年7月14日，巴黎人民攻下象征法国封建王权的巴士底狱，一场震撼欧洲乃至全世界的革命正式爆发。这场形塑了现代世界面貌的伟大革命，构成青年马克思思想转变的重要因素。马克思以法国大革命历史为中心线索和关键切入点，完成了对黑格尔国家观和青年黑格尔派的批判与清算，逐渐实现了从唯心主义向唯物主义的转变。

一 法国大革命是促成马克思思想转变的重要主题

大学时期的马克思总体上受"文化史"逻辑的支配，表现出对宗教、艺术和哲学的浓厚兴趣，为此他阅读了大量思想史著作。通过马克思寄给父亲的书信，我们可以发现，马克思在大学期间阅读了《拉奥孔》《艺术史》《德国史》等史学类书籍。同时，他也不忘钻研德国法律的发展史，还写下了《关于伊壁鸠鲁哲学的笔记》和《波恩笔记》等以古希腊哲学史和宗教史、艺术史为主题的文化史笔记。随着在法律研习中对哲学思想的关注与思考以及自己的"精神危机"的出现，马克思逐渐告别纯粹理想主义的诗歌创作，转向对现实世界的关注。但是，在青年马克思看来，对现实世界的关注仍然脱离不了对历史的追溯，因为审视历史可以为现实世界提供精神启迪，他在给父亲的信中说道："世界历史本身也喜欢回首往事、审视自己。"①

值得注意的是，引领马克思进入哲学领域的德国思想家们，从康德、费希特、谢林到黑格尔等都曾热情地欢迎发生在莱茵河彼岸的那场1789年的大革命，这场革命带来的社会历史变革曾对这些先哲们的思想产生或多或少的影响。尤其是历经了1789年法国大革命全程的黑格尔成为这场革命所产生影响的代言人，他把自己青年时期对大革命的理想及研究成果直接转化为其哲学体系的重要内容。在黑格尔的多部著作中都可以看到法国大革命的影子，这场革命对他的思想产生了深刻的影响。可以说，离开对法国大革命的思考，便无法深刻地理解黑格尔的政治哲学。德国古典哲学家们特别是黑格尔对法国大革命的热情和考察，无疑极大地影响了青年马克思对这场革命的关注和思考。

马克思对于法国大革命的第一次系统思考发生在《莱茵报》工作期间。此时的马克思将自少年时期便开始自发接受的法国大革命的自由主义精神转化为一种理性的德国哲学形式。在法国大革命自由主义精神的鼓舞下，马克思已经有多篇文章直接介入与普鲁士当局的政治斗争。马克思在这些文章中引用了大量的法国大革命史料。例如，《评普鲁士最近的书报检查令》一文可以归入法国大革命时期《人权和公民权宣言》的"永恒"原则的传统。随后，在关于新闻出版自由的文章中，马克思列举了大量法国大革命史实以及《人权宣言》中关于自由精神的阐述，为言论自由原则和传统辩护。马克思还引用法国大革命时期的伟大演说家米拉波②的例子批判诸侯等级颠倒的逻辑。马克思颂扬了米拉波雄辩

---

① 《马克思恩格斯全集》第47卷，人民出版社，2004，第5页。
② 奥诺莱·加里布埃尔·米拉波（1749—1791年）是法国大革命时期的雄辩演说家，一生曾多次被监禁，1777年至1780年在法国监禁期间完成了大量的阅读和写作。在法国大革命初期，他是法国人民心目中的革命英雄，但从1790年起，米拉波开始了两面派的人生。一方面，在公众面前，他是国王的反对派；另一方面，在私下里却又当起国王的高参，最终他背叛了人民，也被人民所抛弃。

的演说才能，借以讽刺德国新闻出版业在书报检查制度下的日渐枯萎凋谢。1842 年 8 月，面对以胡果、萨维尼为代表的历史法学派为了维护德国封建专制制度，借口法律应该体现民族精神和历史传统而坚决反对 1789 年的法国资产阶级革命，马克思在《历史法学派的哲学宣言》一文中，通过对比法兰西国家在菲力浦第二的荒淫宫廷主政时期与大革命期间国民议会时期的不同解体形式，揭露出历史法学派的反动本质。马克思提出："如果说有理由把康德的哲学看成是法国革命的德国理论，那么，就应当把胡果的自然法看成是法国旧制度的德国理论。"① 在谴责普鲁士政府对新闻出版自由的干预，抨击普鲁士国家反理性的过程中，马克思逐渐发现普鲁士的国家制度、法律、官方报刊无不披着自由的伪装而进行反自由的活动，这与他所信仰的国家乃是自由的最高实现这一黑格尔国家观产生严重冲突，马克思开始对黑格尔的理性国家观产生动摇。法国大革命的理性之花在马克思心田绽放，就像他的思想导师黑格尔一样，马克思希望完整地洞悉现实，但与黑格尔不同的是，马克思只是希望在人类历史上而非在上帝的统治中观察现实世界。《莱茵报》时期，马克思在对德国现实问题的历史性诠释中逐渐萌发出唯物主义的幼芽，而法国大革命正是马克思发生思想转变的重要因素。正是在对 1789 年和 1830 年法国革命的历史总结中，马克思吹响了对德国旧哲学"末日审判的号角"，迈出通向唯物主义历史观道路上的重要一步。

二 法国大革命是马克思批判黑格尔国家观的中心线索

亲近、接受继而批判黑格尔哲学是马克思独立的思想发展过程的起点，因此，无论是探讨马克思早期思想的发展还是其唯物史观的构建，都应该从分析他对黑格尔哲学的批判开始，而法国大革命始终是贯穿这一批判的中心线索。对于马克思来说，如何看待黑格尔的法哲学，一直

---

① 《马克思恩格斯全集》第 1 卷，人民出版社，1995，第 233 页。

是他早期思想发展过程中的重要问题。如前所述，马克思曾经是黑格尔法哲学的忠实信奉者，相信理性和自由的力量。但是，当他在《莱茵报》工作期间，试图按照黑格尔的法哲学原理去反对"现实的国家"时，却发现诉诸黑格尔的理性主义国家观根本无法批判和改变德国的现实处境，于是他找到了黑格尔国家学说的问题所在并试图对其加以批判。对黑格尔的国家和法的理论展开批判由此成为马克思研究的新课题。由于黑格尔的思维方式以巨大的历史感为基础，马克思需要从历史上研究国家与法的沿革与变迁，以便为他的哲学批判提供历史依据，马克思迅速将目光聚焦到 1789 年法国大革命的历史上。

对黑格尔历史哲学的研究与批判使马克思继承了黑格尔的思维方式和研究方法。在《精神现象学》中，马克思"寻求到了一种历史感"①。自《法哲学原理》问世以来，黑格尔围绕法国大革命就自己的国家学说提出了一系列观点，可以说，黑格尔的国家观正是建构在其对法国大革命反思和批判的基础之上的。黑格尔一方面对大革命的积极意义作出肯定回答，认为它的爆发意味着现代国家的到来，通过反思大革命的政治实践，黑格尔提出法国大革命中凸显的自由理念足以彰显现代性的基本原则，指导现代社会的基本建制。同时，黑格尔也流露出对法国大革命政治哲学批判的一面。黑格尔认为，在法国大革命的过程中，卢梭的社会契约论导致了一种与其目标直接背道而驰的结果，导致了雅各宾派式的暴政和恐怖，雅各宾派执政的失败表明国家必须在现代历史中实现理性。马克思则通过对《莱茵报》工作期间的总结与反思，得出了与黑格尔完全相反的结论。在马克思看来，指导现代社会基本建制的基础并不是理性，而且法国大革命的政治诉求也并不彻底，因此还需要进行新的革命，马克思希望自己能够超越黑格尔理性主义的这些征候。马克思认为，黑格尔之所以会对现代国家产生误解，究其根本是因为他误解了法国大革命，因此，马克思希望通过回到法国大革命的历史本身，重新思

---

① 〔法〕雅克·阿塔利：《卡尔·马克思：世界的精神》，刘成富、陈玥、陈蕊译，上海人民出版社，2018，第 19 页。

考黑格尔的理性国家观，这一目标的实现，离不开他在 1843 年对法国大革命的历史研究工作。

从《莱茵报》编辑部辞职后，马克思重新退回到书房，"1843 年夏天……正是在这个时期，马克思特别强烈地感到，他还缺少具体历史知识来解决他所面临的问题"①，于是他在 1843 年 5 月至 10 月短暂地留居在普鲁士的小镇——克罗茨纳赫，在这里，他开始了对世界历史和政治的系统研究工作，摘录了大量古代和现代历史学家的 24 本著作，形成了《克罗茨纳赫笔记》。在马克思摘录的书籍中，多数是阐述法国历史的，其中又以法国大革命为核心内容。在这本笔记中，马克思将法国大革命置于整个西方文明从封建主义到现代性的漫长社会演变过程中，并把它理解为"现代国家的诞生史"。通过对大革命期间法国所有制、阶级、国家和法等问题的考察，马克思初步掌握了关于法国革命的历史线索，构筑了他对哲学问题作历史考察和对历史问题作哲学思考的双向研究路径。在这一时期，他把研究大革命所得到的思想成果直接用于对黑格尔法哲学的批判，并把这一批判一直延续到后面的多部著作中，由此在《黑格尔法哲学批判》、《论犹太人问题》和《〈黑格尔法哲学批判〉导言》中都可以看到 1789 年法国大革命的身影。通过在《克罗茨纳赫笔记》中对法国大革命历史的系统研究，以及在同期的《黑格尔法哲学批判》中关于大革命史实的具体运用，马克思逐渐走向黑格尔的反面，实现了关注视角从国家向市民社会的转变，由此开启了新的哲思征程。可以说，马克思对法国大革命的最初思考与系统研究主要是通过对黑格尔的法哲学尤其是其国家观的批判迂回进行的，马克思从法国大革命的史实出发，得出了与黑格尔完全相反的国家理念，厘清了市民社会与国家和法的关系。对黑格尔法哲学的批判使马克思在认识"社会存在和社会意识的关系问题"上开了一个头，找到了"唯物主义历史观的方向与起点"。

---

① 〔苏〕尼·拉宾：《马克思的青年时代》，南京大学外文系俄罗斯语言文学教研室翻译组译，生活·读书·新知三联书店，1982，第 170 页。

三 法国大革命是马克思建构新世界观的关键切入点

对黑格尔国家观的批判，使马克思关于法国大革命的哲学反思已经内化为其思想发展的重要环节，成为他理论思考的重要参照系，也为他批判理论对手提供了扎实的现实依据。在破除对黑格尔国家观的迷思后，为了彻底摆脱旧哲学对自己思想的影响，马克思继续借助已经形成的关于法国大革命的研究成果向青年黑格尔派发起论战。这一时期，马克思的著作更加频繁地、批判性地提到法国大革命，可以发现在马克思批判青年黑格尔派的代表性著作中，无不表现出他对法国大革命的浓厚兴趣。马克思先是在《论犹太人问题》一文中借助反思大革命后法国犹太人的问题批判了鲍威尔对犹太人问题的错误观点，实现了对鲍威尔的第一次超越，并且通过对法国大革命后建立的资产阶级自由民主制国家的反思，深入揭示了"政治解放"的积极意义与局限性，将批判的矛头直指政治国家本身。3 年后，马克思又在《神圣家族》一文中，再次以法国大革命为议题，批判了鲍威尔及其伙伴在法国大革命问题上表现出来的虚妄特征。随着对法国大革命的深入研究，马克思以法国大革命为切入点，在对黑格尔的法哲学和青年黑格尔派的批判中，逐渐形成趋近于作为其成熟标志的《德意志意识形态》中的唯物主义历史观。

具体来说，马克思与青年黑格尔派的论战首先针对的是它的主将——布鲁诺·鲍威尔。"犹太人问题"是当时德国社会备受争议的现实问题，鲍威尔曾围绕这一问题发表多篇文章以表达自己对犹太人问题的看法。马克思对于犹太人问题的关注同样由来已久，并且这种关注与法国大革命存在紧密的联系。我们知道，马克思的家族曾是犹太教的虔诚信徒，他的父亲作为特里尔犹太人的代表，曾在拿破仑时期特里尔归入法国后享受了不少自由与民主的权利，但在 1815 年，特里尔重归普鲁士之后，法国大革命期间在法律上赋予犹太人的土地、职业、婚姻等权利再一次被剥夺。亨利希·马克思和所有其他曾在拿破仑帝国统治下的犹太人一样，必须在职业与信仰之间作出选择。亨利希·马克思虽然最终改变了信仰，但他一生都致力于确保与捍卫犹太人的权利。亨利希·马克思对犹太人权利的关注与抗争无疑对马克思产生了深刻的影响，并最终促使他将一直以来对犹太人问题的思考写入《论犹太人问题》一文中。马克思以大革命后的法国为例有力地反驳了鲍威尔将德国的犹太人问题仅仅视为宗教问题的狭隘视域。马克思指出，大革命后的法国作为一个已经完成资产阶级革命、推翻本国封建专制制度统治的国家，宗教信仰仍然存在，说明政治解放并不能消灭宗教。马克思提出，宗教是一个充满缺陷的存在，而这种缺陷的根源正是来自国家本身。因此，要想彻底解决犹太人问题，应该将对宗教的批判转变为对政治国家的批判。

除了对布鲁诺·鲍威尔的批判，在《德法年鉴》的办刊过程中，马克思与曾是革命同路人的阿尔诺德·卢格的分歧日益显现，马克思也同样借助对法国大革命的历史分析，划清了他与卢格的界限。在是否将理论批判与现实斗争相结合的问题上，卢格希望能团结德国与法国的自由主义者，而马克思则打算创建一种革命工具来传播对所有存在于世的事物的猛烈批判，并让大众在理论上拥有更明确的阶级意识。卢格相信政治意识与普遍道德的存在，认为它们并不依赖于构成其存在的物质条件，马克思却坚信绝对道德并不存在，社会集体的利益必然是对立的。二人的矛盾随着时间的流逝日益尖锐，直到1844年6月德国爆发了西里西亚纺织工人起义。针对这一事件，卢格发文批评由路易·勃朗领导的《改革报》所提出的必须对社会进行改革的主张，表示西里西亚纺织工人起义虽然将德国社会的贫困问题公之于世，但在非政治的普鲁士国家，从国王到民众普遍缺乏政治理性，他们无法理解贫困的普遍性。不仅如此，卢格认为就连起义的工人也并不理解贫困产生的根源，因此，这场起义只是一个地方性事件，并不具有普遍的政治意义。为了反驳卢格对西里西亚纺织工人起义性质的错误评定，揭示社会贫困产生的真正根源，并且为了公开表明自己与卢格在政治立场和理论观点上的对立，马克思立即在《前进报》上发文对卢格的错误观点进行批判。通过列举拿破仑时期和国民公会时期法国消灭赤贫的不同历史经验，马克思指出，法国革命的经验表明，仅仅局限于政治范围的政治理智，而忽视贫困产生的社会根源，模糊无产阶级的革命目的，是根本不可能消除贫困的，因为贫困的根源在于国家的本质。马克思继《黑格尔法哲学批判》和《论犹太人问题》之后，再次发文强调批判政治国家本身的重要性。

马克思提出，卢格认为一个国家只要具有政治理智就能够消灭贫困的观点，完全是夸大了政治理智的作用。马克思以大革命后法国的普遍贫困说明，即使拥有政治理智，也无法从根本上消灭贫困。马克思指出，拿破仑曾经想通过政治手段一下子完全消灭行乞，为此他专门成立了乞丐收容所，结果却是收容所迅速变成了惩罚机关，穷人的生活变得更加悲惨。不只拿破仑，作为大革命时期政治力量、政治势力和政治理智顶点的国民公会也曾有过一刹那的勇气下命令消灭赤贫，它的结果又是怎样呢？结果是国民公会很快被饥饿的妇女包围了。为什么大革命后的法国无法成功消灭赤贫呢？马克思提出，这是因为无论是拿破仑还是国民公会都是在政治范围内思索贫困，他们"根本没有在国家的原则中看出社会缺点的根源，相反，他们在社会缺点中看出政治弊病的根源"①。就像当国民公会认为赤贫是由私有者的反革命信念造成时就会砍掉私有者的脑袋一样。马克思通过引用拿破仑时期和国民公会时期消灭赤贫的经验批判了卢格提出的政治理智能够发现并消灭贫困的错误观点。在马克思看来，法国大革命期间消灭贫困的失败经验说明：仅仅通过改变管理形式，而不把贫困与国家的本质联系起来，未意识到贫困的原因在于国家的本质，是根本无法消灭贫困的。马克思以法国大革命史实完成对卢格的批判，同时，与卢格的分道扬镳也标志着马克思同青年黑格尔派的决裂。

由此，从《德法年鉴》到《神圣家族》，马克思一步步围绕法国大革命实现了对青年黑格尔派唯心主义旧哲学的超越。随后，马克思又对费尔巴哈唯物主义的直观性和历史观上的唯心主义展开批判，彻底完成对青年黑格尔派的"清算"。至此，马克思以法国大革命为重要主题、

---

① 《马克思恩格斯全集》第3卷，人民出版社，2002，第387页。

中心线索和关键切入点，逐步实现了从思辨唯心主义向历史唯物主义的转变，历史唯物主义的新世界观逐渐形成。

第三节 马克思研究法国革命历史的动因透析

自 1648 年英国革命拉开资产阶级反对封建势力的序幕后，美国和法国也相继爆发了反对本国封建专制统治与压迫的 1775 年美国独立战争和 1789 年法国大革命。翻开马克思的著述可以发现，他虽然也曾对英国资产阶级革命和美国独立战争留有笔墨，但相较于关于 1789 年法国大革命的著述还是略显不足。同样，当 1848 年欧洲多国都深陷革命之时，马克思却对 1848 年至 1851 年法国各场革命的原因、过程和结果作了最为详细、系统的叙述与分析。马克思缘何对法国革命史特别感兴趣？究其原因，既有马克思自身的情感偏好，亦离不开法国革命的世界影响力与历史典型性。

一 法国革命开辟人类历史的新时代

翻开近代法国史可以发现，这是一部不断革命的历史。在不到 100 年的时间里，法国一次次经历动乱、政变和血色革命，这些革命奠定了近代以来法国的政治传统，也使其成为近代欧洲乃至整个世界的政治运动中心，正如马克思所指出的："在英国的工业，法国的政治和德国的哲学制定出来之后，它们就是为全世界制定的了。"① 马克思从不吝啬赞扬法国革命的功绩，他充分肯定了大革命所带来的政治解放的世界历史意义。在马克思看来，尽管 1789 年的法国大革命所带来的政治解放并不彻底，"但在迄今为止的世界制度内，它是人的解放的最后形式"②。马克思认为，1789 年的法国大革命是沿着上升的路线行进的，它达到了资产阶级政治革命的最高点。

---

① 《马克思恩格斯全集》第 42 卷，人民出版社，1979，第 257 页。
② 《马克思恩格斯文集》第 1 卷，人民出版社，2009，第 32 页。

首先，法国大革命带来国家与宗教的分离，实现宗教信仰自由。马克思认为，政治解放是对旧制度的一种改良，旧制度的特征之一是国家与宗教同一以及国王为上帝的代表，这种制度的根基是不存在作为至上存在的人的，它所承认的只是臣民，在那里人把他的人性投射到虚幻的宗教领域。尽管法国大革命带来的政治解放本身不是人的解放，但政治解放使"宗教不再是国家的精神……它成了人同自己的共同体、同自身并同他人分离的表现——它最初就是这样的"①。

其次，法国大革命带来市民社会和国家的分离。国家与市民社会的关系问题首次是由黑格尔在其政治哲学中以一种唯心主义的方式提出来的，正是黑格尔将国家的观念置于这部法国革命历史的核心，在他看来，法国革命的失败与其革命者无法理解国家的"思想—概念"有关。通过对法国大革命的历史研究，马克思得出与黑格尔完全相反的结论。马克思认为，旧制度的同业公会结构在法国大革命中第一次被摧毁，标志着个人与共同体的逐渐分离。法国革命恢复了从分裂的封建主义中解放出来的政治精神，政治精神一旦获得解放，就能构建集体性的普遍领域。同时，对马克思来说，法国革命意味着现代国家的产生，法国革命的意义就在于它发明了现代社会的政治形式。马克思认为，法国革命史体现出新型国家的一系列政体：君主立宪制、雅各宾恐怖政体、议会共和制、波拿巴专政。

最后，法国大革命实现了法权对人权的替代。在马克思看来，"18世纪法国革命的大扫帚，把所有这些过去时代的残余都扫除干净"②。一方面，马克思在《〈黑格尔法哲学批判〉导言》一文中指出，1789年的法国大革命是资产阶级推翻封建专制统治的代表，资产阶级在这场革命中发挥了重要作用，成为解放者的阶级，他们带领各阶级推翻了罪恶昭彰的奴役者等级，于是资产阶级开始了自己的统治。另一方面，在《论犹太人问题》一文中，马克思对大革命时期的《人权和公民权宣言》以

---

① 《马克思恩格斯文集》第 1 卷，人民出版社，2009，第 32 页。
② 《马克思恩格斯文集》第 3 卷，人民出版社，2009，第 151 页。

及 1793 年宪法和 1795 年宪法提出的人权条款进行了详细剖析，指出尽管这些条款只是表面的自由、平等与安全，但毕竟实现了法权对特权的替代，从这个意义上说，法国大革命时期提出的人权观念具有历史进步性。除了肯定法国大革命在确立资产阶级政治统治和人权观念的过程中发挥的重要作用，马克思还在《神圣家族》一文中肯定了法国革命对于促进现代法律秩序的建立所具有的积极意义。面对埃德加·鲍威尔将法国革命的精神视为矛盾的精神，马克思借引蒲鲁东的观点指出："法国革命对全部封建制法的否定导致了更广泛的现代法律秩序的建立。"① 除了上述三个方面，马克思认为，法国大革命还在一定程度上促进了法国工业发展和土地结构的变革。恩格斯同样对法国大革命的积极意义加以赞扬，认为这场革命影响了整个欧洲乃至整个世界，提出"法国大革命是民主制在欧洲的兴起"② 的论断。

马克思恩格斯对于法国 1848 年的二月革命和 1871 年的巴黎公社运动同样加以赞赏，认为这两场革命同样掀起了整个欧洲大陆的革命浪潮，使法国再次成为欧洲的榜样。恩格斯指出："当二月革命爆发时，在关于革命运动的条件和进程的看法上，我们大家都受过去的历史经验，特别是法国经验的影响。因为正是法国在 1789 年以来的全部欧洲历史中起了主导作用，而现在它又再次发出了普遍变革的信号。"③ 法国革命爆发后，欧洲大陆其他一些国家的革命势力陆续进行了反对本国旧势力的革命行动，使革命迅速具有欧洲的规模和意义，从而推动欧洲革命达到了一个新的高潮。1848 年 2 月 24 日法兰西第二共和国宣告成立，紧接着 3 月 2 日德意志西南部发生革命，革命运动迅速扩展到巴伐利亚（3 月 6 日）、柏林（3 月 11 日）、维也纳和匈牙利（3 月 13 日）、米兰（3 月 15 日），随后几乎是扩展到整个意大利，遍及欧洲大陆。④ 1871 年巴黎公社运动更是书写了无产阶级革命的新篇章，正如马克思所说，"不管这件

---

① 《马克思恩格斯全集》第 2 卷，人民出版社，1957，第 38 页。
② 《马克思恩格斯全集》第 3 卷，人民出版社，2002，第 475 页。
③ 《马克思恩格斯选集》第 4 卷，人民出版社，2012，第 381—382 页。
④ 陈乐民、周弘：《欧洲文明的进程》，东方出版社，2020，第 249 页。

事情的直接结果怎样，具有世界历史意义的新起点毕竟是已经取得了"①。总之，法国在 1789 年至 1871 年经历的数次革命对欧洲乃至世界产生了巨大影响。

二 法国革命的历史典型性及其影响力

尽管法国不是最早进行资产阶级革命，推翻封建专制统治的国家，但是自巴黎人民攻占巴士底狱标志着大革命的正式爆发以来，法国革命势头之迅猛、规模之广泛、斗争之激烈、影响之深刻，是此前以及同时期的任何其他地区革命不能相比的，法国大革命因此成为此前欧洲未曾出现过的各种政治改革的实验台。在法国大革命的影响下，立宪共和制成为先进制度的代表，各国争相效仿；《人权和公民权宣言》的颁布使平等和自由成为国民的崇高理想，法国在人权话语的历史谱系中脱颖而出；法律在革命中建立起来，立宪成为普遍的意志；农民身上的封建枷锁被革命冲开，人民群众的革命力量逐渐得到释放；"革命"成为全民族的"口头禅"。正如恩格斯所言，法国"在大革命中粉碎了封建制度，建立了纯粹的资产阶级统治，这种统治所具有的典型性是欧洲任何其他国家所没有的"②。

具体来说，法国革命的历史典型性和影响力首先体现在阶级斗争的过程及其结果在法国表现得最为鲜明上。法兰西第二共和国统治时期是法国历史上风云变幻的时期，先是经历了二月革命波旁王朝被推翻，短暂的第二共和国建立以及路易·波拿巴通过普选当选为共和国总统的君主立宪制的覆灭与共和政体的建立时期；随后又经历了 1851 年 12 月 2 日的波拿巴政变，"叔父的侄子"效仿拿破仑恢复帝制，法兰西第二共和国的覆灭与专制政权的恢复时期。在这期间，资产阶级各派别的权力斗争交替上演。二月革命的胜利，使人们沉浸于短暂的喜悦当中，紧接

---

① 《马克思恩格斯全集》第 33 卷，人民出版社，1973，第 210—211 页。
② 《马克思恩格斯文集》第 2 卷，人民出版社，2009，第 468—469 页。

着，随着工人阶级 1848 年六月起义的失败，以及路易·波拿巴通过普选当选为共和国总统，革命形势急转直下，被二月革命短暂压制的各阶级派别间争斗再次开始。先是资产阶级共和派将小资产阶级民主派逐出权力的舞台，随后代表大资产阶级利益的秩序党又把资产阶级共和派赶下了台，最后，更加反动的波拿巴又通过权谋战胜秩序党，借助政变复辟了帝制。对此，恩格斯总结指出，法国阶级斗争具有完全性，"因而阶级斗争借以进行、阶级斗争的结果借以表现出来的变换不已的政治形式，在那里也表现得最为鲜明"①。马克思认为，法国阶级斗争的典型性决定了关于法兰西第二共和国时期各阶级性质及其矛盾的分析，无论是对于揭示时代的变化和阶级斗争的新形势，指导无产阶级的革命斗争，还是进一步验证阶级斗争在历史发展中的作用和地位，都具有重要的意义。

由此，在 1848 年革命爆发后，马克思迅速将目光投向从旧制度和 1789 年大革命的历史学家那里所继承的阶级和阶级斗争观念，在分析法国 1848 年革命的一系列著作中，运用唯物主义的阶级观点和阶级分析方法，对 1848 年至 1851 年法兰西第二共和国时期社会各个阶级和阶级间的不同斗争进行了详细分析，从而得出了科学的结论。马克思提出，路易·波拿巴这个野心家之所以能够登上历史舞台，在法兰西第二共和国时期崭露头角，究其根本是法国阶级力量对比造成的结果，是当时法国阶级斗争形势发展的合乎逻辑的结局。资产阶级的突然叛变，小资产阶级的举棋不定，工人阶级的不够成熟和农民阶级的觉悟不高，以及由此造成的自二月革命后，法国革命就开始沿着下降路线发展的趋向，是波拿巴反动势力能够成功发动政变、复辟帝制的历史条件。除此之外，马克思对于波拿巴政权的性质进行了阶级分析，指出这个政权从根本上代表了大资产阶级的利益，是大资产阶级和封建反动势力妥协后的产物，它不仅没有缓和资产阶级和无产阶级之间日益尖锐的矛盾，反而使矛盾更加激烈。因此，马克思提出，法国 1848 年革命与 1789 年的大革命以及 18 世纪欧洲其他国家的资产阶级革命有所不同，此时法国的无产阶级

---

① 《马克思恩格斯文集》第 2 卷，人民出版社，2009，第 468 页。

已经成为一支独立的政治力量并在革命中发挥主导作用。法国无产阶级爆发的六月起义，正是分裂现代社会的两个阶级之间的第一次大规模战斗。23年后的1871年3月28日，巴黎公社的成立，法国的工人阶级更是有了建立无产阶级革命政权的第一次伟大尝试，这在无产阶级革命运动史上具有很高的地位和价值。

除了阶级斗争，法国革命的历史典型性和影响力还体现在历次革命的经验教训对其他国家的革命实践具有普遍的指导意义。无论是1848年法国工人的六月起义，还是1871年短暂的巴黎公社运动，作为法国无产阶级反对资产阶级的革命斗争，这两次革命沉痛地打击了反动势力，并在斗争中积累了丰富经验，教育了革命的无产阶级。通过对六月起义和巴黎公社运动的历史分析，马克思指出资产阶级从根本上是害怕群众的。"当群众墨守成规的时候，资产阶级害怕群众的愚昧，而在群众刚有点革命性的时候，它又害怕起群众的觉悟了。"① 这是因为，在反对共同的敌人——封建专制制度的时候，资产阶级由于力量薄弱，它不得不通过欺骗等手段将无产阶级和农民拉入自己的阵营，这时它害怕人民群众的愚昧会影响革命的结果。但是，当广大人民群众发现资产阶级的利益与自身利益是不相容的时候，必然会以革命的暴力反对反革命的暴力，这时它又害怕起人民群众的革命性和觉悟了。六月起义就是资产阶级害怕群众本性的最好诠释。法国1848年二月革命和六月起义的经验表明，任何妄图在资产阶级政权范围内改善工人处境的想法都是幻想，无产阶级必须打碎资产阶级的国家机器，建立无产阶级专政的国家政权。法国革命的历史经验为马克思丰富和发展无产阶级专政理论指明了方向。

与此同时，马克思在总结法国1848年和1871年革命经验时，发现占法国人口多数的农民具有巨大的革命潜力以及与无产阶级相一致的利益，无产阶级应当与农民联合组成工农联盟的阵营。在1848年革命斗争中，法国的广大农民由于受到"拿破仑观念"的影响以及资产阶级的唆使，他们对无产阶级的态度是冷漠、仇视的，致使工人阶级由于缺乏盟

---

① 《马克思恩格斯文集》第2卷，人民出版社，2009，第568页。

友而陷入孤军奋战的境地，最终遭到资产阶级的残酷镇压。巴黎公社运动的命运同样如此，尽管公社曾为争取农民阶级的支持做了一些工作，但最终未能成功组成工农联盟，导致公社由于势单力薄最终遭到反革命势力的绞杀。不容置辩，没有和农民阶级组成联盟是导致巴黎公社运动最终失败的原因之一。因此，马克思指出，对于法国的农民阶级和小资产阶级来说，"在革命进程迫使他们承认无产阶级是自己的先锋队而靠拢它以前，法国的工人们是不能前进一步，不能丝毫触动资产阶级制度的"①。

对于马克思来说，法国革命带来的经验启示远不止上述这些。事实上，在对法国不同时期革命斗争的历史总结中，马克思还形成了无产阶级必须拥有自己的武装部队、必须没收资产阶级的经济资源以此为无产阶级革命奠定良好的经济基础等重要思想。法国革命产生的这些宝贵的历史经验无论是对于法国其后的无产阶级革命，还是对世界上其他国家进行无产阶级革命、建立新型的无产阶级专政的国家政权都留下了很多宝贵的经验启示。

三 法国是"庸人及其国家"的历史参照物

如前所述，马克思的家乡特里尔曾深受大革命和拿破仑改革的影响。但与大革命后法国社会的一片欣欣向荣不同，19 世纪 40 年代的德国在经济上工业发展落后，政治上仍然饱受封建反动统治的折磨，德法之间有着巨大落差。但是，德国的理论变革又走在欧洲的前列，当时黑格尔的法哲学和国家哲学标志着德国理论方面的发展已经远远超过欧洲革命的水平。德国落后的政治与深刻的哲学之间的矛盾十分尖锐，使得整个德国呈现出理论和实践上脱节、错位的情形，"我们是当代的哲学同时代人，而不是当代的历史同时代人"②。一方面，在理论上，德国是其他民族理论上的良心；另一方面，在实践上，由于缺乏"彻底的革命"所

---

① 《马克思恩格斯文集》第 2 卷，人民出版社，2009，第 89 页。
② 《马克思恩格斯文集》第 1 卷，人民出版社，2009，第 9 页。

需要的前提和基础，德国没能发生实际的政治解放运动。这样的脱节和错位所带来的结果是，德国不仅不能像法国一样享受政治革命带来的胜利果实，而且由于理论与实践的错位，还不得不以抽象活动的方式来承担其他国家发展的痛苦，使德国深陷旧制度的"泥潭"。

生长于此的马克思常常痛心于德国的腐朽与落后，由此，"德国的落后观念"以及"未来德国将往何处去"成为马克思自少年时期便一直思考的主题。马克思认为，想要使德国摆脱现在的落后局面，必须站在德国以外的立场并且探索源自过去的奥秘的历史领域，以此汲取历史的成功经验。法国大革命的世界影响性使其成为当之无愧的首选目标，从法、德两国历史与现实的对比中寻求德国现代化的进步是马克思很长一段时间典型的思维方式。与此同时，马克思注意到，法国的思想家们在促成1789年大革命的过程中发挥了重要的推动作用。在大革命前夕，法国的思想家们看到了思想变革对于一场革命的重要性，他们为迎接革命到来所作的思想准备和理论斗争，是与青年马克思的精神追求和现实目标相一致的，马克思也希望能够通过思想变革找到使德国摆脱封建专制统治的正确道路，这愈益激发了马克思对法国的崇拜之情。马克思立志到巴黎这个"新世界的新首府"，在他看来，巴黎将是"真正独立思考的人们"的一个适合的"新的集合地点"。他全神贯注于发明一场新革命的想法之中：这是一场属于德国的革命，在历史作用上，这场革命将会超越并且完成法国的解放。基于此，我们在马克思早期的文献中，可以发现他对1789年法国大革命的评论往往是从探索德国的现实问题出发的，法国大革命常常以历史参照物的形象出现，既用以映衬德国现实的落后与反动，又作为历史经验的代表来丰富其关于德国革命的构想。

"重新使人恢复为人的法国革命"[①] 的政治实践和理想给予马克思巨大的鼓舞，他在1843年5月写给卢格的信中表达了自己希望德国能够建立民主共和国的政治理想。同年10月，离开普鲁士前往法国的马克思曾计划与卢格一起创办《德法年鉴》，为此他们二人进行了大量通信。在

---

① 《马克思恩格斯全集》第47卷，人民出版社，2004，第57页。

《德法年鉴》刊登的书信中，马克思谈及他在荷兰游历后愤怒于因普鲁士的落后制度而倍增的民族耻辱心，然而令他痛心的是，大多数同胞并不具有这种耻辱心。在德国空洞的爱国主义教育下，德国普通民众既没有民族自尊心也没有耻辱感，整个国家仍在炫耀着爱国主义的胜利。但是，对于法国人民来说，"羞耻已经是一种革命"①。马克思以法国大革命及其后的社会状况为参照物，描绘出德国社会的落后状况，指出与致力于重新恢复人权的法国革命相比，德国追求的还是将人变为"政治动物"的庸人制度的完善。马克思特意引用了关于拿破仑曾戏称那些在别列津纳河因为膜拜他而差点被淹死的人为"癫蛤蟆"的传说，指出或许传说是假的，但有一个事实是对的，那就是专制制度的思想是鄙视人民并使他们失去人性，专制君主总是把人看得很低贱。马克思对此表示，这场德国正在上演的专制制度的喜剧，其历史结局将会和当年法国波旁王朝发生的悲剧一样危险，德国的统治者也将会和法国大革命时期被处死的国王路易十六一样，走向历史的"断头台"。在马克思看来，即使德国这艘"满载愚人的船只或许会有一段时间顺风而行，但是它在向着命运驶去……这命运就是我们所面临的革命"②。马克思在给卢格的信中，表达了自己对德国封建专制制度的不满和对未来德国革命的期待。他认为，这艘"满载愚人的船"未来的命运将是超越法国革命实现彻底的德国式革命。

与大革命爆发前的法国不同，德国的国家制度明显低于历史水平，"即使我否定了1843年的德国制度，但是按照法国的纪年，我也不会处在1789年，更不会是处在当代的焦点"③。但马克思的过人之处在于，他在德国落后的各种缺陷中看到了能够进行一场比法国革命更加激进、更加彻底的革命的条件，即虽然德国的历史仍在步法国的后尘，但德国的哲学却已经超越法国，把对"社会现实"的批判提高到了对"真正的

① 《马克思恩格斯全集》第47卷，人民出版社，2004，第55页。
② 《马克思恩格斯全集》第47卷，人民出版社，2004，第55页。
③ 《马克思恩格斯文集》第1卷，人民出版社，2009，第5页。

人的问题"进行批判的水平，这场革命因此而与德国哲学处于同一水平。马克思指出，这场针对德国现状的斗争是具有历史启示意义的，尽管"我们没有同现代各国一起经历革命，却同它们一起经历复辟"①，德国的现状是落后的旧制度的公开完成，是现代国家隐藏缺陷的公开暴露。马克思模仿黑格尔的名言说道，历史总是经过许多阶段才把陈旧的形态送进坟墓，历史的戏剧多次上演，先是上演悲剧（法国），然后又上演喜剧（德国）；悲剧表明新时代的降临，喜剧表明旧时代的垂死挣扎，从而"人类能够愉快地同自己的过去诀别"②。作为先进和文明的象征，1789 年的法国大革命为马克思衡量德国的发展程度提供了历史参照，同时，作为资产阶级革命的成功代表，1789 年的法国大革命又为马克思思考德国未来的革命提供了历史参考。

四 1848 年和 1871 年革命为验证与发展唯物史观提供历史舞台

出走青年黑格尔派的马克思深刻意识到现实世界革命的重要性远远胜过思想领域的革命，因此，他在继续深入对 1789 年大革命历史研究的同时，对于同时代发生的重大历史事件也给予了特别关注。19 世纪的法国相继爆发了两次具有世界历史意义的伟大事件：1848 年革命和 1871 年巴黎公社运动。与 1789 年大革命不同，马克思是这两次历史事件的亲历者和见证人，这两次革命事件构成了马克思生平事业的突出中心点。如果说 1848 年革命以前，马克思主要致力于创立历史唯物主义新世界观，那么，1848 年法国革命和 1871 年巴黎公社运动的爆发，则为马克思新世界观的理论验证提供了广阔的历史舞台。和以往的资产阶级革命不同，在 1848 年法国二月革命和六月起义中，无产阶级作为一支独立的政治力量登上了历史舞台，它在与资产阶级的斗争中提出了自己的政治和经济要求；而在 1871 年巴黎公社运动中，人类历史上的第一个无产阶级政权诞生，这些在以往的革命中尚未出现或不甚明显的历史特点在客

---

① 《马克思恩格斯文集》第 1 卷，人民出版社，2009，第 5 页。
② 《马克思恩格斯文集》第 1 卷，人民出版社，2009，第 8 页。

观上为唯物史观的进一步发展提出了新的要求。

具体来说，一方面，1848 年革命和 1871 年巴黎公社运动在唯物史观发展史上具有特殊的意义，这是马克思历史唯物主义从理论走向实践的重要阶段。1848 年革命爆发以前，马克思以 1789 年法国大革命为主题、线索和切入点，完成对黑格尔国家观的批判，发现市民社会与国家的正确关系，实现对青年黑格尔派的清算与超越，肯定人民群众在历史创造中的重要作用，实现从唯心主义向唯物主义、从革命民主主义向共产主义的转变。唯物史观的创立使马克思能够以唯物主义的历史观科学地分析一切历史事件、过程和人物。但是，应当看到，在 1848 年革命和1871 年巴黎公社运动爆发之前，马克思以 1789 年法国大革命历史研究为依托创立的唯物史观只是对社会历史发展的最一般的说明，随着具体社会革命的爆发以及新兴阶级——无产阶级队伍的不断壮大，这一理论尚有待于在革命实践中接受检验并进一步发展。

1848—1851 年，法国再次成为欧洲革命的"火药桶"，1848 年 2 月22 日至 29 日，巴黎爆发了二月革命，群众连续 3 天的示威运动摧垮了七月王朝政府，以民主、立宪、平等、自由等为基本内容的共和主义以及在 1789 年法国大革命时期提出而在复辟时期被压制的那些原则和理想，又一次像火山爆发一样喷射出来，法兰西第二共和国宣告成立。在这次革命后组织起来的"临时政府"里，第一次有了工人的代表。随后，法国又相继爆发了六月起义、"小拿破仑政变"等多次革命，历史的车轮在"革命"和"反革命"的反复较量中不断前进。此时的马克思和恩格斯刚刚创立了唯物史观，便立即投身到 1848 年欧洲革命的实践当中去了，在《新莱茵报·民主派机关报》和《新莱茵报·政治经济评论》上发表了大量针对 1848 年至 1851 年法国重要历史事件、历史进程和历史人物的报道、分析和评论，从理论出发来观照历史现实和革命实践活动，在 1848 年革命实践的历史检验中，进一步丰富了唯物史观的内容。在整个《新莱茵报》时期，无论是对于法国二月革命还是六月起义，马克思恩格斯都给予了较高的评价。1848 年革命后，1871 年 3 月又在巴黎发生了工人起义，这是一次彻彻底底的工人起义，起义的导火索是 1870 年爆发的普法战争，法国惨败，本来主要是反抗外国侵略的法国人转而把怒火集中在法国政府身上，对外战争变成了"内战"。起义工人们趁势一举占领了巴黎，成立了"巴黎公社执行委员会"，起着"临时政府"的作用。马克思在 1848 年和 1871 年革命爆发后，积极投身于革命进程之中，不断为革命奔走，参与制定了无产阶级革命的基本纲领和策略。革命失败后，他又及时地对革命的经验教训进行了系统全面的总结，写下了一系列运用辩证唯物主义和历史唯物主义分析和总结革命事变的光辉文献，在马克思关于法国革命的"三部曲"——《1848 年至 1850 年的法兰西阶级斗争》、《路易·波拿巴的雾月十八日》和《法兰西内战》中，马克思不仅科学地揭示了这两次革命斗争的实质和规律，而且运用已经创立的历史唯物主义理论，深刻地分析了法兰西第二共和国时期和巴黎公社时期的历史事变，对 1848 年二月革命、六月起义和路易·波拿巴上台与雾月政变的发展从经济基础角度进行了原因分析，验证了唯物史观关于社会存在决定社会意识理论的正确性。同时，马克思通过对"拿破仑观念"和巴黎公社运动中"无产阶级独立意识和革命理论"的科学分析，进一步深化了唯物史观关于社会意识的相对独立性与能动的反作用的认识。马克思通过对波拿巴政变性质和实质的分析，进一步印证了唯物史观关于历史前进性与曲折性相统一的论断。唯物史观的一系列基本原理在 1848 年和 1871 年的革命实践中被证明为科学的理论。在关于这两次革命事件的一系列著作中，唯物史观的诸多重要原理被马克思熟练、巧妙地运用到对当时历史事件的性质、原因、后果及其发展方向的分析当中，使它们成为马克思全面地运用历史唯物主义阐明当代历史的范例，具有重要的史学价值和方法论意义。已经成型的唯物史观理论成为马克思理解法兰西第二共和国和巴黎公社运动的钥匙，同时马克思又用这两段历史检验和发展了他的理论，"这个检验获得了辉煌的成果"①。

---

① 《马克思恩格斯文集》第 2 卷，人民出版社，2009，第 469 页。

1848 年 2 月，反对封建残余统治的二月革命爆发，在以群众为主体的各革命阶级的共同努力下摧垮了七月王朝政府，1789 年法国大革命时期提出而在复辟时期被压制的各种原则和理想像火山爆发一样再次喷射出来。不同的是，由于法国工业的发展，资产阶级和工人阶级都成长起来了，他们有了与 1789 年法国大革命时期不同的力量对比和政治主张。资产阶级因大工业的发展而更加成熟，无产阶级也从 1789 年法国大革命时期"第三等级"的附着者一跃成为独立的政治力量。可惜的是，1848 年革命是一场资产阶级领导的民主革命，此时的无产阶级虽然已经作为独立的政治力量登上历史舞台并且提出了自己的政治要求，但是革命的结果却是更加巩固了资产阶级的政权。但是 23 年之后爆发的 1871 年巴黎公社运动则与以往的革命不同，这一次是由工人阶级完全、独立地发动起义，而且起义的目标非常明确，即推翻法国政府的专制统治，建立无产阶级政权。同时，那些曾在 1848 年革命时期还处于"思想启蒙"阶段的各种政治社会思潮，如机会主义思潮、革命冒险主义思潮等也已经具备"行动性"和"实践性"，它们给工人阶级的运动带来了错误导向，导致 1871 年的巴黎公社运动最终也以失败而收场。虽然两次革命都失败了，但是 1848 年革命和 1871 年巴黎公社运动赖以产生的社会条件和革命所具有的历史特点也在客观上对马克思发展唯物史观的基本原理提出了一系列新的要求，这些要求体现在以下四个方面。第一，1848 年至 1851 年法兰西第二共和国这段历史错综复杂，充满着激烈的动荡，资产阶级共和派、社会主义民主派、保皇派和波拿巴派之间的阶级斗争此起彼伏、从未停止，这就要求马克思进一步科学地阐明阶级和阶级斗争的形成、实质及其在社会历史发展中的作用。第二，1848 年法国进行革命的同时，欧洲其他国家也相继爆发革命，不同国家的革命具有不同的特点，这就要求马克思阐明革命的不同类型、发展过程和一般规律，从而完善和发展唯物史观关于社会动力和发展的理论。第三，1848 年法国二月革命中，巴黎无产阶级的历史作用凸显，1871 年巴黎公社运动的爆发，使巴黎无产阶级建立了世界历史上第一个无产阶级政权，无产阶级历史地位的提高和革命政权的建立要求马克思进一步科学地阐明无产阶级对国家问题的基本观点，揭露资本主义国家本质，提出摧毁资本主义国家的现实途径。第四，"小拿破仑政变"的爆发、农民在政变中作用的发挥，要求马克思进一步阐明历史主体的能动性和历史规律的决定性之间的相互关系，阐明人民群众和个人的历史创造作用。这些新的历史条件和特点要求马克思必须在对 1848 年革命和 1871 年巴黎公社运动的历史事实进行深入研究的基础上，对上述问题作出科学解答，进一步丰富和发展唯物史观的基本原理，把历史唯物主义的发展推向一个新的阶段。

马克思正是在关于 1848 年革命和 1871 年巴黎公社运动的系列著述中，丰富和发展了唯物史观关于社会历史观的基本问题、社会革命的历史动力作用和意义、历史辩证法的主要内容以及人民群众在社会历史中的作用等唯物史观的基本原理，开辟了唯物史观发展的新境界。可以说，1848 年革命和 1871 年巴黎公社运动不仅是马克思全面地运用历史唯物主义来阐明当代历史的范例，而且使马克思在对这两次具体历史事件的分析中进一步丰富了历史唯物主义的理论。

第二章　马克思法国革命史研究与历史本体论的深度阐释

社会存在和社会意识的关系问题是社会历史观的基本问题，正确认识这一问题是解决其他社会历史领域问题的基础。众所周知，在本体论的认识上，马克思经历了从自我意识到物质存在、从唯心主义到唯物主义的转变过程，同样，马克思对于社会历史观基本问题的回答也是在哲学思辨、经济学分析和历史研究的不断探索中得出的。通过对1789年法国大革命中所有制与国家和法的关系、阶级斗争背后的利益动因和社会革命作用的历史考察，马克思对社会历史观的理论标识，即社会存在和社会意识的关系问题作出了科学的唯物主义回答。

第一节　法国革命史与唯物史观的基本问题

在《克罗茨纳赫笔记》中对法国大革命时期所有制和资产阶级私有财产的历史摘录，使马克思初步发现了所有制决定政治与法这一朴素的历史唯物主义观点，提出是社会的物质生活关系决定国家这一接近唯物史观理论标识的重要观点。随后，马克思在对1789年法国大革命时期各个不同阶级政治诉求的历史对比中发现阶级对立的根源在于利益和权力的分歧。带着对物质利益与阶级关系的初步认识，马克思在《神圣家族》中反驳鲍威尔等人关于法国革命的历史错判时，进一步看到了法国大革命背后的物质利益动因，对物质关系在社会历史中的作用有了深刻的认识。继而，马克思把关于阶级斗争和物质利益的相互关系的认识代入对法国 1848 年革命的原因分析当中，在对法国革命经济动因的历史考察中揭示出社会基本矛盾的动力作用，提出从经济基础出发去解释社会现象的伟大原理。

一 《克罗茨纳赫笔记》中哲学立场的初次转变

马克思在《莱茵报》工作时已经初现社会历史观的基本问题。他在与诸侯等级围绕新闻出版自由展开辩论时，面对诸侯等级的辩论人因荷兰报刊没能阻止历史进程而将荷兰报刊视为历史缺陷的观点，提出报刊作用的发挥离不开客观基础，绝不能离开客观基础片面强调报刊的历史作用。这已经开始显现出马克思对社会存在和社会意识的关系问题的思考。受困于当时仍然信奉的唯心主义世界观，并且还没有遇到"关于利益问题发表看法的难事"，马克思并未对这一问题展开深入的思考与系统的论述。随后，通过对现实生活的密切观察与接触，马克思日益认识到各种现实关系的作用。他开始将各等级代表的观点与他们的阶级利益联系起来，看到了物质利益对各个等级现实观点的支配作用。在与普鲁士当局围绕"林木盗窃法"的辩论中，马克思第一次探讨了物质利益同国家和法的关系。

马克思此时已经意识到，物质利益的差异将社会划分为不同的等级，对私人利益的关注控制着人们的思想和行动以及国家官员和立法机关代表的决策行为。市民社会决定国家的现实与马克思所信奉的黑格尔国家观发生了矛盾。由此，马克思产生了"苦恼的疑问"，即物质利益与国家和法究竟是什么关系？为什么当利益与法的原则发生冲突时，"利益所得票数超过了法的票数"[①]？这时的马克思虽然已经洞察到物质利益的重要性，但是要让他清楚地表达自己对物质利益与国家和法的关系问题的看法还是件"难事"，而对这一疑问与"难事"的解答是从马克思

---

① 《马克思恩格斯全集》第 1 卷，人民出版社，1995，第 288 页。

1843 年留居普鲁士小镇克罗茨纳赫时期对世界历史尤其是法国大革命历史的研究开始的。可以说，无论是在对社会历史观基本问题的提法方面，还是在对基本问题的解答即弄清楚社会存在和社会意识之间的相互关系方面，马克思都从法国大革命的历史经验中获得了灵感与启发。

阅读书籍后做读书笔记是马克思自大学时期便养成的好习惯，他的笔记总是按照预定的问题，围绕一定的主题来做。《克罗茨纳赫笔记》是一本以欧洲主要国家的封建史尤其是法国大革命史为中心内容的读书笔记，"这是他自己独立走向社会历史本体的极重要的一个方面"①。马克思在 1843 年 7—8 月留居普鲁士小镇克罗茨纳赫期间，对世界历史进行了大量的研究工作，摘录了 23 部著作和一些文章，其中关涉法国历史和法国革命史的就多达 11 部著作和 5 篇文章。这些作品涉及当时诸多著名的历史学家，且多是大部头的多卷本，其中主要包括克利斯托夫·哥特洛布·亨利希的《法国史》（第 1—3 卷）、卡尔·恩斯特·路德维希的《最近五十年的历史》（第 2 卷）、恩斯特·亚历山大·施米特的《法国史》（第 1—4 卷）、威廉·瓦克斯穆特的《革命时代的法国史》（第 1—2 卷）、列奥波特·冯·兰克的《历史—政治杂志》第 1 卷中的《论法国的复辟时期》等多篇涉及法国大革命的文章，以及卡尔·格奥尔格·茹弗鲁瓦载于《历史论丛》的《继承权的原则和法国与英国的贵族》一文。根据《克罗茨纳赫笔记》中马克思自己编写的主题索引可以看出，他对法国历史以及法国大革命的关注并不在于政治史本身，即王朝更迭、战争和君王等，而是特别关注经济社会的变化对政治的影响，这与其在同一时期撰写的《黑格尔法哲学批判》的主题相一致。《莱茵报》时期发现的关于现实物质领域与理性国家的关系问题，使马克思对黑格尔关于国家决定市民社会的观点产生了怀疑，于是，弄清楚国家和市民社会的关系问题，也就是说，弄清楚关于社会生活的物质经济条件和社会的政治上层建筑的相互关系问题，成为马克思这一时期的理论焦点。在《克罗茨纳赫笔记》中，马克思非常重视对所有制材料的收集，

---

① 张一兵：《回到马克思——经济学语境中的哲学话语》，江苏人民出版社，2009，第 134 页。

他围绕所有制的产生、表现形式、同政治的关系以及这些关系对国家和社会制度的影响等问题，作了详细的摘录和批注，开始以所有制解释法国历史的初步尝试。马克思是把封建所有制的结构和封建所有制的各种形式与所有制对社会结构和社会政治设施的影响联系起来进行研究的。在第一本笔记和第二本笔记的开头，马克思从德国历史学家克利斯托夫·哥特洛布·亨利希的著作《法国史》（第1—3卷）中详细地摘录了14世纪初至16世纪末的法国政治史有关的事实，从这些摘录中可以清楚地看出马克思对封建社会的形成过程、封建占有的不同形式、封建国家及其最重要的设施的形成，以及不同的法律关系和法律机构有着浓厚的兴趣。因此，在第一本笔记中马克思对卡罗林王朝历史的研究同指出封建主义国家的军事制度和所有制关系之间的直接关联融会在一起了。在摘录恩斯特·亚历山大·施米特的《法国史》（第1—4卷）时，马克思特别注意作者关于"采邑制度"变成了封建社会的"政治生活形式"这一思想。他在第二本笔记中从吉伦特党人雅克·夏尔·巴约的论战性著作《对斯塔尔男爵夫人遗著的批判性分析》① 中摘录了认为封建制度是建立在地产基础上的等级制度的总的评价。同时还记下"封建制度构成了多头专制主义，它的一个因素就是对大多数人进行奴役"②。

马克思在《克罗茨纳赫笔记》中最长的一段批注正是在摘录关于波旁王朝的所有制情况时留下的。在摘录列奥波特·冯·兰克的《历史—政治杂志》第1卷时，马克思从主谓语颠倒的角度出发论述了法国波旁王朝时期，国家的具体历史形式和抽象观念之间的关系。马克思对比路易十八时代和路易·菲力浦时代国王与宪法之间的关系指出："在路易十八时代，宪法是国王的恩赐（钦赐宪章），在路易·菲力浦时代，国

---

① 雅克·夏尔·巴约的《对斯塔尔男爵夫人遗著的批判性分析》在王旭东、姜海波著的《马克思〈克罗茨纳赫笔记〉研究读本》中译为雅克·沙尔·巴伊尔的《斯塔尔夫人遗著的考证》。

② 原载《马克思恩格斯全集》国际版第4部分第2卷，转引自姚颖主编《马克思主义研究资料》第11卷，中央编译出版社，2015，第387页。

王是宪法的恩赐（钦赐王权）。"① 在这里，主、谓语之间相互交换，被决定者取代决定者。马克思在对波旁王朝不同时期国王和宪法互作主谓语的历史对比中，开始转向对哲学基本问题的运思当中，即物质和意识的相互关系是怎样的？而将这一问题转移到现实政治生活领域，则是回答究竟是市民社会决定政治与法，还是政治与法决定市民社会。马克思尝试性地对此进行了回答，他指出，黑格尔认为是国家观念决定国家存在，但是"在历史真实中，情况恰恰相反：国家观念总是国家存在的〔旧〕形式的谓语"②。类似的表述也出现在《黑格尔法哲学批判》中，在这里，马克思已经指出是国家存在决定国家观念，所有制决定政治与法。虽然此时关于唯物主义历史观的基本概念在马克思的头脑中尚未形成，但这里实则已经蕴含了朴素的历史唯物主义观点。

在对有关法国革命史的摘录中，可以明显地感觉到马克思极力想要弄清楚资产阶级的阶级利益同财产问题的关系。他首先以法国为例探讨了资产阶级的产生以及资产阶级为争取自己的权利同封建主进行的斗争。在菲力浦二世——奥古斯都时代市民等级的意义已日益增大——成为"采邑主和非自由人……这两个阶级之间的中间等级，它依仗业已获得的和享有的权利已经有资格同强权和专横分庭抗礼。取代城市中的居民（其地位往往像农奴一样低下）的是市民，他们多半由于他们自己，由于他们的勇气和臂膀的力量或者由于他们通过劳动挣得的金钱而使自己的自由和已经享有的权利得到公认"。这个等级唤起了"发明创造精神"，促进了"工商业"的较为迅速的发展。③ 随后，马克思在摘录法国历史学家米涅的《法国革命史》时，特意在"私有财产的巴托罗缪之夜"这一说法下面打上了着重号，并把这一说法列入第二本笔记的索引中。1789 年 8 月 3 日，制宪议会作出重大决策，一方面它强调保护私有

---

① 《马克思恩格斯全集》第 40 卷，人民出版社，1982，第 368 页。
② 《马克思恩格斯全集》第 40 卷，人民出版社，1982，第 368 页。
③ 原载《马克思恩格斯全集》国际版第 4 部分第 2 卷，转引自姚颖主编《马克思主义研究资料》第 11 卷，中央编译出版社，2015，第 387 页。

财产，另一方面又要没收教会财产。马克思发现，这是一项充满矛盾的决策，难道教会的财产不是私有财产吗？在摘录路德维希《最近五十年的历史》（第 2 卷）时，马克思联系制宪议会发行用被没收的教会财产作保证的阿西涅纸币的问题，发表了自己的评论："其中包括重大矛盾，一方面宣布私有财产神圣不可侵犯，另一方面又牺牲私有财产。"① 制宪议会这一自相矛盾的决策使马克思意识到，资产阶级的政权是为维护其阶级利益服务的，法律背后潜藏着阶级的利益诉求，"现代代议制只是资产阶级物质利益的表现"②。也就是说，马克思认为，在阶级社会里，每一个阶级总是从本阶级的特殊利益出发来对待公共事务的，统治阶级也不例外，因此认为法律能够作为普遍性的正义标准而被确立下来的观点，最后只能被证明是一个幻想。

透过马克思的几段评论性文字，可以看出他在对法国大革命时期所有制和私有财产的历史材料收集中，通过梳理所有制以及私有财产同政治和法律之间的内在联系，已经自觉形成了所有制决定政治与法，以及所有制决定社会历史发展的唯物主义观点，可以说，所有制这种具有经济因素的概念指引着马克思走向唯物史观。此时的马克思已经初步形成了"市民社会决定政治国家"的唯物史观，他在这一时期的观点是建立在对法国大革命历史的系统研究之上的，是以具体历史事实为佐证的逻辑思考的结果。除了对所有制和私有财产的研究，马克思为笔记编写的主题索引同样体现出他思想中的历史唯物主义的光芒，赋税、地租等概念与唯物主义有着直接的联系。《克罗茨纳赫笔记》标志着马克思关于社会历史观的唯物主义已经萌芽。马克思在同一时期完成的《黑格尔法哲学批判》中进一步提出"政治国家使私有财产脱离家庭和社会，使它变成某种抽象的独立物"③。他在批判黑格尔支持的长子继承权时，提出"特权都以私有财产的形式表现出来"，"长子继承权，是私有财产的最

---

① 《马恩列斯研究资料汇编》，书目文献出版社，1985，第 9 页。

② 原载 MEGA² IV/2. Dietz Verlag Berlin 1981. einleitung S. 20＊。转引自王旭东、姜海波《马克思〈克罗茨纳赫笔记〉研究读本》，中央编译出版社，2018，第 37 页。

③ 《马克思恩格斯全集》第 3 卷，人民出版社，2002，第 124 页。

高级形式，是独立自主的私有财产"①，进一步细化了所有制决定政治与法的观点。

通过对法国大革命历史中体现的所有制和政治与法的关系的分析，以及对黑格尔行政权、立法权和王权的批判，马克思初步形成了"市民社会决定政治国家"的唯物主义观点。随后，在《神圣家族》的"绝对批判的第三次征讨"（c）部分，即"对法国革命的批判的战斗"中，针对鲍威尔认为国家应当巩固市民社会的观点，马克思继续从法国大革命史实出发，对市民社会与政治国家的真正关系作出回答。在鲍威尔看来，法国大革命废除了封建等级制，使个人摆脱共同体的束缚而成为单个的存在，每个人像单独的原子一样，因此个人的利己主义在社会中兴起。但是通过建立起普遍的国家制度可以将自私的个人团结起来，从而限制个人的利己主义。因此，国家是个人的最高存在。与鲍威尔的理解不同，马克思认为，把市民社会的成员彼此联结起来的并不是国家，而是特性、需要和利益，正是"利益把市民社会的成员联合起来。他们之间的现实的纽带是市民生活，而不是政治生活"②。马克思在这里重申了是物质生活关系决定国家这一接近唯物史观理论标识的观点。他虽然还没有明确地对社会存在与社会意识的关系进行揭示，但是已经确立了社会历史研究的一般唯物主义的前提，即市民社会决定国家与法。马克思知道，解答历史之谜仅仅依靠历史学知识是不够的，还必须贯通哲学和经济学，随着1845年以后马克思经济学研究的不断深入，他将会对社会存在与社会意识的关系作出科学、全面的唯物主义回答。

二　法国革命的启示：阶级斗争由物质利益的对立引起

自1789年法国大革命爆发以来，关于这场改变了世界面貌的历史事件的阐释就开始了。19世纪的法国出现了一批杰出的历史学家，如基

① 《马克思恩格斯全集》第3卷，人民出版社，2002，第136、124页。
② 《马克思恩格斯文集》第1卷，人民出版社，2009，第322页。

佐、米涅、梯叶里、梯也尔等，他们亲身感受到这场革命给法国社会与生活带来的巨大变革，感受到 1789 年至 1830 年各阶级之间的碰撞，不约而同地从"阶级"和"阶级斗争"的角度来叙述和讴歌革命，形成法国复辟时期的历史学派，他们的史学研究成果是当时西方资产阶级史学领域的最高成就。

法国复辟时期，这批历史学家对于法国革命研究的突出贡献在于，他们用阶级斗争的观点来解释革命，把阶级斗争看作历史发展的主要内容和动力。他们第一次提出阶级观点，在他们看来，1789 年法国大革命是第三等级同封建贵族阶级的决战，而大革命以来的全部法国历史正是这两个等级之间阶级斗争的结果。同时，他们提出，阶级斗争根源于经济利益，是不可避免的，应该从阶级的"现实利益"出发去考察各阶级之间的斗争。法国复辟时期历史学家的观点表明，他们对于阶级斗争的历史作用，以及法国革命的历史必然性有了清楚的认识。马克思恩格斯对这一批历史学家关于阶级斗争的理论给予了很高的评价。马克思在 1852 年 3 月致魏德迈的信中说道，无论是发现阶级还是阶级斗争都不是他的功劳，而"要弄清过去的'阶级的历史'，就应当譬如说研究一下梯叶里、基佐、约翰·威德等人的历史著作"①。恩格斯则把法国复辟时期历史学家关于阶级斗争的学说，看作唯物史观形成之前资产阶级历史学家的思想遗产和理论馈赠。恩格斯指出："如果说马克思发现了唯物史观，那么梯叶里、米涅、基佐……已经在这方面作过努力。"② 这就说明，米涅、基佐等人关于阶级斗争的观点，对马克思唯物史观的形成具有直接的促进作用。

对于法国复辟时期历史学家的著作，马克思并不陌生，早在《克罗茨纳赫笔记》中，马克思就对米涅的《法国革命史》、梯叶里的《法国史论文集》、基佐的《法国文明史》进行过摘录。马克思对这一学派能够从阶级斗争的角度来解释法国革命并不感到意外，因为在他看来，作

① 《马克思恩格斯全集》第 28 卷，人民出版社，1973，第 507—508 页。
② 《马克思恩格斯选集》第 4 卷，人民出版社，2012，第 650 页。

为资产阶级利益的代表，这一批历史学家是站在资产阶级立场上的。资产阶级要为革命辩护，从理论上论证资产阶级革命的必然性，需要从阶级斗争的角度来解释法国革命是中世纪以来第三等级与封建贵族和天主教士之间长期阶级斗争的必然结局，以此捍卫革命成果，强调资产阶级掌握政权的合理性。因此，马克思认为，立足这样的阶级立场，法国复辟时期历史学派的学说是有其阶级局限性的。马克思恩格斯在对法国复辟时期的历史学派的科学观点加以肯定的基础上，对阶级斗争学说进行了批判性改造，并在这一过程中逐渐建立并丰富了唯物主义的历史观。

马克思关于阶级和阶级斗争作用的分析最早可以追溯到在《莱茵报》时期，面对《总汇报》提出的共产主义并没有成为法国和英国的一个极端严重的问题，无须引起过多关注的观点，马克思回顾了1789年法国大革命爆发时第三等级在革命中的作用和表现，提出："今天中间等级的状况就好像是1789年贵族的状况，当时中间等级要求享有贵族的特权，并且得到了这些特权；而今天，一无所有的等级要求占有现在执掌政权的中等阶级的一部分财产。"① 在马克思看来，无论是法国大革命时期的第三等级，还是今天德国的"一无所有的等级"，都是在追求本阶级的物质利益。这说明，此时的马克思已经意识到第三等级与第一、第二等级的利益冲突和阶级对立是1789年法国大革命爆发的重要原因，虽然还没有掌握阶级对立的实质——不同等级对生产资料的不同占有，也没有意识到阶级斗争最深刻的根源存在于经济关系之中，但此时的马克思已经发现了阶级对立的存在源于利益和权力的分歧，这为其进一步厘清阶级斗争与物质利益的关系问题提供了思想预设。1844年，在马克思到达巴黎后整理的《巴黎笔记》中，除了有对经济学理论的研究，还有对雅各宾党人勒·勒瓦瑟尔的《回忆录》进行的摘录，勒瓦瑟尔的这部《回忆录》详细地记叙了国民公会时期吉伦特派和雅各宾派之间的斗争

---

① 《马克思恩格斯全集》第1卷，人民出版社，1995，第292页。

过程。马克思不止一次在摘录中提到两派斗争背后所牵扯的物质利益，例如，"在问题涉及导致人民起义的利益的时刻，响起了内战的警钟"①。这说明，相较于《莱茵报》时期对于物质利益与阶级斗争之间关系的模糊认识，通过克罗茨纳赫时期和巴黎时期对1789年法国大革命的历史研究，此时的马克思已经逐渐发现阶级斗争的根源存在于各阶级间物质利益的分歧，而各阶级间物质利益的分歧又是推动革命发展的重要动力。

在《神圣家族》的"绝对批判的第三次征讨"（c）部分，即"对法国革命的批判的战斗"中，马克思针对鲍威尔贬低法国大革命的言论发表了自己的看法。青年黑格尔派思辨哲学的特征决定了无论法国大革命产生了怎样的世界影响力，在他们那里也必然只能是头脑中的思想活动，他们无法把法国大革命看作法国人的革命实验，而只把它当作自己的批判的幻想的"象征和虚像"。马克思对此在《神圣家族》一文中对鲍威尔等人关于法国革命的历史错判进行了一一反驳。在批判鲍威尔的过程中，马克思进一步看到了法国大革命背后的物质利益动因，使其对物质关系在社会历史中的作用有了较《克罗茨纳赫笔记》中更为深刻的认识。

在鲍威尔看来，法国革命只是一种完全属于18世纪的实验，无法对19世纪产生历史启示，同时法国革命仅仅暴露出"群众"的局限性，因为法国革命的"思想"并没有超出暴力革命的范围，它仍然想通过暴力革命推翻旧的秩序。马克思对此进行了反驳。马克思提出，鲍威尔所指的"秩序"即国家制度，法国大革命确实是想通过暴力革命的手段推翻旧的国家制度，建立新的国家政权，但是"思想"和"制度"是不同的范畴。鲍威尔把法国大革命视作纯粹的思想之争，并将革命失败的原因理解为思想的落后，即它没有超出它应该推翻的那个国家制度的范围，这实际上是把思想活动和政治活动相混淆了。实际上，"思想永远不能超出旧世界秩序的范围，在任何情况下，思想所能超出的只是旧世界秩

---

① 《马克思恩格斯全集》第40卷，人民出版社，1982，第388页。

序的思想范围"①。也就是说，在马克思看来，思想是现实社会制度的产物，必须通过人的实践才能得到实现，实践是思想的逻辑起点。以这样的标准来看待法国大革命，会发现法国大革命产生了超越旧世界秩序的思想——共产主义思想。马克思指出，从1789年在社会小组中开始产生到1830年革命以后被邦纳罗蒂所倡导，"这种思想经过了彻底的酝酿，就成为新世界秩序的思想"②。在这里，以法国共产主义思想的产生为例，马克思说明了思想与实践的互动关系以及社会存在对社会意识的决定作用。

面对鲍威尔等人将"精神"和"群众"、"思想"和"利益"相对立，认为正是革命引起了群众的关怀和唤起了群众的热情才导致大革命最后的失败的观点，马克思提出推动法国大革命前进的根本动力是"利益"，而非"群众"和"思想"。马克思指出，表面上看，1789年法国大革命是第三等级为争取自由、平等而发动的思想斗争，但自由、平等思想实质上是以物质利益为核心的，这场革命的实质是资产阶级与封建特权因利益分歧而进行的争斗，自由、平等不过是资产阶级对自身利益诉求的一种概念化呈现，因为在马克思看来，"'思想'一旦离开'利益'，就一定会使自己出丑"③。在1789年爆发的这场利益之争中，资产阶级是获得了胜利的，因为它赢得了政治统治并产生了极有成效的影响，但马克思继续指出，从人民群众的利益来看，法国大革命又不能说是成功的，因为他们没有在革命中实现自己的现实利益。因此，马克思提出，随着无产阶级队伍的不断壮大和对自身利益的关注，一场彻底反对资产阶级统治的革命必将爆发。3年后，1848年二月革命和六月起义的爆发，印证了马克思的观点。法国大革命中"利益"对"思想"的决定作用，使马克思对物质关系在社会历史中的决定作用有了进一步的认识。

1789年法国大革命中"利益"决定"思想"的发现，促进了马克

---

① 《马克思恩格斯文集》第1卷，人民出版社，2009，第320页。
② 《马克思恩格斯文集》第1卷，人民出版社，2009，第320页。
③ 《马克思恩格斯文集》第1卷，人民出版社，2009，第286页。

思历史唯物主义的基本观念——阶级斗争和利益观念的形成。1848 年法国革命的爆发，为马克思正确解答阶级斗争和物质利益的关系问题，提供了最好的历史素材。马克思通过对法兰西第二共和国时期数次革命尤其是波拿巴政变的史学分析，深刻解读了这一时期法国各阶级间斗争背后的利益动因，对阶级斗争与物质利益之间的关系作出了科学的唯物主义回答。马克思认为，波拿巴政变能够取得成功的原因之一在于 1848 年至 1851 年由经济发展造成的法国社会各阶级以及各阶级集团的利益的斗争。1848 年的革命浪潮把法国社会各个阶级都卷入斗争的旋涡之中，不同阶级的阶级本性和政治诉求都在斗争中得到了充分的暴露。1848 年二月革命永远地推翻了大银行家和证券投资投机商组成的政权，在他们垮台之后，城市居民中其余的每个阶级都有过一个出头的时期。首先是卡芬雅克时期的共和派资产阶级；其次是共和国成立后，误以为能够与资产阶级同时掌握政权而提出"社会共和国"方案，随后遭到资产阶级各派别联合绞杀的无产阶级；再次是联合的保皇派对以小资产阶级为主的社会民主派的争斗；最后是国民议会时期，3 个保皇派和妄图效仿拿破仑恢复帝制的波拿巴派之间的争斗。在近 4 年的阶级冲突中，这些阶级时而相互联合、时而又相互斗争，最终使法国在走向共和的旅途中，总是陷入复辟帝制的困境。

由代表大地主阶级的正统派和代表金融贵族与大工业家利益的奥尔良派联合构成的秩序党，是法兰西第二共和国时期法国阶级联合与分离的典型代表。二月革命后，共和派资产阶级在秩序党的绞杀下走向消亡，随后秩序党开始了对法兰西第二共和国的统治。马克思指出，从表面看，"奥尔良派和正统派同处于共和国中并提出同样的要求"①。那么是什么东西使它们相互联合呢？难道真的是它们的保皇主义信仰吗？答案当然是否定的。在马克思看来，使它们联合起来的原因当然有旧日的回忆和相似的信念与原则，但事实是，使这两个在不同的财产形式和社会生存条件下产生的阶级联合起来的根本原因是短暂的利益共赢。那么，这种

---

① 《马克思恩格斯文集》第 2 卷，人民出版社，2009，第 499 页。

因趋利性而结成的组合是否可以长久存在呢？答案仍然是否定的。马克思认为，这两个政党虽然在面对共同的敌人——"纯粹的共和派"和社会民主党时可以沆瀣一气，但这种结合绝对是短暂的，随着"纯粹的共和派"和社会民主党势力的衰弱，秩序党内部的分裂将不可避免。马克思提出，无论奥尔良派和正统派如何欺骗自我和他人，让大家相信它们后来的分裂是由于要效忠于不同的王朝，都无法掩盖历史的真相，即它们的分裂"是由于各自的物质生存条件，由于两种不同的财产形式"①。马克思指出，这场正统派和奥尔良派合演的"大型政治历史剧"，实际上不过是热衷于地租和热衷于资本的两个利益集团在"捍卫不同王朝"情感托词之下的利益之争，其本质仍旧是根源于物质经济利益对立的阶级斗争。

通过对 1848 年至 1851 年法兰西第二共和国时期各阶级斗争，尤其是秩序党内部奥尔良派和正统派争斗的分析，马克思无论是对物质利益的决定作用，还是对物质利益与阶级斗争的关系都有了更为全面的认识，得出阶级斗争归根结底是由物质利益的对立引起的这一历史唯物主义的观点。正如恩格斯后来所总结的："正是马克思最先发现了重大的历史运动规律。根据这个规律，一切历史上的斗争……实际上只是或多或少明显地表现了各社会阶级的斗争，而这些阶级的存在以及它们之间的冲突，又为它们的经济状况的发展程度、它们的生产的性质和方式以及由生产所决定的交换的性质和方式所制约。"② 以物质利益为中心的阶级斗争成为马克思用以理解法兰西第二共和国和人类社会历史发展规律的钥匙。

三　从经济状况出发——对 1848 年法国革命的起因分析

提到 19 世纪研究法国革命的思想家，亚力克斯·德·托克维尔绝对是不能忽视的一位。托克维尔虽未亲身经历 1789 年的大革命，却能够感

① 《马克思恩格斯文集》第 2 卷，人民出版社，2009，第 498 页。
② 《马克思恩格斯文集》第 2 卷，人民出版社，2009，第 469 页。

受到这场革命所带来的政治变革。作为一个具有公共精神的法国贵族，托克维尔既留恋旧制度也认同民主时代，因此，他的一生是在对民主的探索与追求，以及对本阶级的继承与决裂中度过的，这也决定了他看待1789年法国大革命，以及之后爆发的1848年革命有着不同于他人的独特视角。在对法国革命这场现实的长剧的考察与研究中，托克维尔曾留下两部专门研究法国革命的著作，一部是记录了从1848年二月革命爆发到1851年波拿巴政变这段时期法国政治现实的《1848年法国革命回忆录》；另一部是试图通过对1789年法国大革命源头的追溯来寻找法国民主进程历经坎坷原因的《旧制度与大革命》。托克维尔的著作以史料的真实性和立论的严谨性在关于法国革命研究的同类著作中脱颖而出，在法国革命的史学研究中始终占据着不可动摇的权威地位。

托克维尔与马克思有许多相似之处，如二人都有献身国家和社会的热情，都曾遵从家人的意志学习法律，与法律有过短暂"交集"，也都对法国革命有着深刻的洞见。1848年法国革命的爆发，让二人的思想产生了联系。在此之前，马克思已经阅读过托克维尔的著作，并在写作中引用过他的观点，如马克思在写作《论犹太人问题》一文时便从正面引用了托克维尔对于宗教与国家之间的关系的观点。二人在关于1848年革命的看法上也有着许多相似的认识，例如，他们都认为这场革命是多种因素共同作用的结果，都认为法兰西第二共和国是这场革命的主要成果，决定了革命的性质，都意识到路易·波拿巴是一位无才无德的政治冒险家，将会给法兰西第二共和国带来无穷灾祸。但二人也有很多观点不一致的地方，最突出的表现为在诱发1848年革命的多种因素中，马克思从唯物史观的角度出发，将经济因素视为导致这场革命的决定性因素，而托克维尔则更加关注政治因素，认为引发这场动乱的不是物质的匮乏，而是观念，尤其是民情。可以说，马克思和托克维尔关于1848年革命的不同见解，反映出二人不同的分析路径，前者以对资本主义社会的批判为中心线索展开，以及在此基础上对人类社会发展规律进行科学揭示；后者表现出的是对民主社会的分析逻辑，以及在此基础上对自由平等的追求。无论如何，二人从不同视域出发对法国革命作出的精辟分析，都为后世留下了宝贵的精神财富。

众所周知，马克思在《德意志意识形态》一文中，系统论述了唯物史观的基本理论，并且通过反驳施蒂纳关于法国大革命历史本质的错误观点，再次强调了社会存在对社会意识的决定作用。在《德意志意识形态》第三章"教阶制"中，马克思批判施蒂纳追随黑格尔把法国革命仅仅看作精神的统治的新的更完备的阶段，认为在法国革命中占统治地位的应当是抽象思想，因此提出以利己主义的观念转变来克服"精神的统治"的观点。在马克思恩格斯看来，施蒂纳对"精神的统治"的克服仍然停留在观念内部，而没有看到观念所依赖的社会现实。除此之外，施蒂纳认为，法国大革命后确立的政治统治实际上"是观念或僧侣主义的统治"，即以精神作为统治的教阶制，"例如罗伯斯比尔〈好一个'例如'！〉、圣茹斯特等等〈好一个'等等'！〉都彻头彻尾是僧侣等等"①。对此，马克思指出，与青年黑格尔派的其他人一样，施蒂纳也认为是精神和观念"统治"生活，但实际上"这不决定于意识，而决定于存在；不决定于思维，而决定于生活"②。与此同时，施蒂纳将法律关系看作统治者的个人意志。马克思对此进行了批判，他以《拿破仑法典》为例指出法律关系绝不是统治者个人意志随心所欲的规定，而是符合市民社会利益和发展阶段的产物。在这里，马克思再次指出，施蒂纳之所以会将法律关系视为统治者权力的产物，原因就在于他没有从市民社会出发把握法律关系的实质。唯物史观关于社会存在决定社会意识这一基本原理的提出，不仅标志着马克思科学历史观的形成，还为马克思认识和理解世界提供了一种科学的方法论。

在《1848年的六月失败》一文中，马克思以当时法国工业和经济发展状况为切入点，系统地分析了二月革命爆发的原因，认为是1845年和1846年的马铃薯病害和歉收，以及英国的普遍的工商业危机这两起"具

---

① 《马克思恩格斯全集》第3卷，人民出版社，1960，第192页。
② 《马克思恩格斯全集》第3卷，人民出版社，1960，第295页。

有世界性的经济事件"直接导致了二月革命的爆发。这两起经济事件使本来就对政府怀有强烈不满的法国民众终于掀起了革命，推翻了七月王朝政府，成立了资产阶级临时政府。

马克思详细地考察了法国当时的阶级状况，基于各阶级的经济地位，探究其阶级的特性和阶级斗争结局的根源。1848 年革命时期，法国经济状况的特点如下。金融事业、投机生意、高利贷营业在国民经济中占据重要地位，国债的利金是投资生意的重大对象；工业资本虽然有所发展，但其发展水平仍然低下，在国民经济中并不居统治地位，而广大的小生产在农业经济中占有突出优势。这样的经济条件，决定了金融贵族在法国仍然大量存在，并占据中心地位，它是资产阶级的靠山和首脑。尽管工业资产阶级在某种程度上具有革命性，但它同时具有软弱妥协的可能。这导致受工业资产阶级发展影响的工业无产阶级地位低下，未能获得应有的地位。无产阶级力量的薄弱和不成熟也在一定程度上预示了随后发生的六月起义的失败。1848 年法国六月起义失败之后，欧洲的革命局势逐渐恶化，各国的反革命势力逐渐重新掌握了国家政权，并最终实现复辟。

除了二月革命，马克思也从社会基本矛盾出发对六月起义的失败原因进行了分析。他认为，当时法国的社会生产力还没有达到推翻资产阶级统治的高度，资本主义的生产方式仍然有很大的发展空间，是六月起义失败的根本原因。随后，在《1850 年普选权的废除》一文中，通过对世界经济史的研究，马克思继续从经济基础的角度出发对法国 1848 年二月革命和六月起义的失败原因进行了深入分析。马克思指出，1847 年的世界贸易危机是 1848 年欧洲爆发大规模革命运动的根本原因，而逐渐恢复的工业繁荣又是推动欧洲反革命势力再次强大起来的动力。马克思由此总结道："只有在现代生产力和资产阶级生产方式这两个要素互相矛盾的时候，这种革命才有可能。"[1] 在这里，马克思以阶级斗争角度切入生产方式，将之前关于阶级斗争是由物质利益的对立引起的观点进一步

---

① 《马克思恩格斯文集》第 2 卷，人民出版社，2009，第 176 页。

细化，指出阶级对立是建立在经济基础之上的。

马克思继续运用自己所创建的从经济基础出发去解释社会现象的伟大原理在《路易·波拿巴的雾月十八日》一文中对1848年至1851年法国的另一个重大历史事件，即路易·波拿巴的"雾月政变"作了科学的史学分析。马克思认为，1851年商业危机的爆发直接导致议会外资产阶级脱离秩序党而转向对路易·波拿巴的支持。而造成法国1851年商业危机的主要原因来自两个方面，一方面是由于资本主义的生产过剩危机，另一方面是由于原材料的供应问题直接导致法国产业资本循环的断裂，除此之外，由于世界市场的形成，英国商业的破产也在一定程度上加剧了法国的商业危机，所以，1851年的法国在经历本国商业危机的同时，还在经历着世界市场的普遍危机。在这种双重危机的影响下，在秩序党与波拿巴斗争的白热化阶段，法国大资产阶级的突然倒戈给了秩序党致命一击，最终导致波拿巴在这场阶级角逐战中获胜。马克思在分析完物质因素对波拿巴政变产生的影响后，还进一步从经济基础的角度分析了波拿巴可以成功复辟帝制，建立法兰西第二帝国的原因。马克思认为，首先，法国强大的银行资本构成了波拿巴政变后法兰西第二帝国得以建立的经济基础；其次，广泛存在的小农经济同样构成了法兰西第二帝国的经济基础，小农落后的生产方式是波拿巴君主政体得以立足的社会条件。

无论是对二月革命爆发与六月起义失败原因的分析，还是对波拿巴成功复辟帝制的分析，马克思始终坚持历史唯物主义的指导思想，在当时的社会历史背景下对革命的爆发和政变的成功进行考察。一切历史事变都是根植于物质经济发展状况的历史唯物主义观点使马克思在分析社会历史问题时，总是从经济基础的发展变化及不同的状况出发去理解社会历史现象，从社会基本矛盾的运动中分析历史事变。正如恩格斯所说的，马克思总结1848年法国革命经验所写的著作，是"唯物主义观点从一定经济状况出发来说明一段现代历史的初次尝试"①。

---

① 《马克思恩格斯选集》第4卷，人民出版社，2012，第378页。

第二节　法国革命图景中社会意识的能动性

通过分析 19 世纪德国哲学思想与发展水平的不平衡性，以及与鲍威尔围绕法国大革命的辩论和《新莱茵报》时期关于 1848 年法国革命的时政分析，马克思深刻认识到社会意识具有相对的独立性。同时，通过对 1789 年法国大革命时期革命精神对政治革命的促进作用，以及对卢格政治理智蒙蔽社会本能的批判和 1851 年波拿巴政变中"拿破仑观念"的历史作用分析，马克思发现社会意识对社会存在具有能动的反作用，进一步从历史唯物主义角度回答了社会存在和社会意识的关系问题。

一　雅各宾派悲剧的启示

如前所述，马克思曾在《〈黑格尔法哲学批判〉导言》一文中，将 19 世纪德国社会的现状与 1789 年法国大革命爆发之前的社会状况相比较，认为德国的国家制度低于历史平均水平。但是马克思同时提出未来德国的革命一定会超过德国的现状，因为德国在哲学中已经经历了自己未来的历史，是其他国家的理论良心。"德国的国家学说的现状就表现了现代国家的未完成，表现了现代国家的机体本身的缺陷。"[①] 因此，在马克思看来，只要批判以黑格尔哲学为理论支撑的德国国家学说，就能够找到现代国家的缺陷，进而提出更加完善的国家形式。尽管马克思此时还没有意识到社会变革并不是取决于哲学的发展和批判的水平，而是依赖于现实历史的发展，但是从他对德国哲学的肯定中也可以看出此时的马克思已经意识到社会意识具有相对的独立性。19 世纪在经济上落后于英、法的德国，在思想领域却超过了它们，使整个德意志呈现出"现实的落后"与"思想的超前"双重交织的鲜明特征，这表明社会意识的发展与社会经济发展水平具有不完全同步性，先进的社会意识也可能出

---

① 《马克思恩格斯文集》第 1 卷，人民出版社，2009，第 11 页。

现在经济落后的地区，并且能够对社会产生积极影响。

在《神圣家族》一文中，马克思批评了鲍威尔对法国大革命历史意义和革命失败原因的错误理解，进一步揭示了社会意识具有相对独立性及其表现。在马克思看来，鲍威尔由于颠倒了国家与市民社会、政治革命和社会革命的关系，因而无法找到法国大革命失败的真正原因。鲍威尔认为，法国大革命时期雅各宾派政府倒台的原因在于圣茹斯特按照古罗马的正义和美德标准来要求大革命后的"自由人民"，而这是根本行不通的，只能通过"恐怖"政策才能勉强施行一段时间，而罗伯斯比尔将公共的美德当作民主政府的根本原则也是行不通的。马克思驳斥了鲍威尔的观点，指出雅各宾派之所以会倒台，并不是"自由人民"的思想与"人民大众"中卑劣和自私分子之间矛盾斗争的结果，而是因为他们混淆了古典古代实在论民主共同体和现代唯灵论民主代议制国家。也就是说，随着所有制的改变，作为革命领导者的罗伯斯比尔和圣茹斯特不能唯物地分析社会，无论是他们的思想还是主张都没有建立在对法国社会现实进行准确分析的基础上。

马克思指出，当法国已经从奴隶制社会进入资本主义社会之后，商业竞争普遍化，人们以自由地追求私人利益为目的，这时人的自然与精神个性都发生了异化，对人权的渴望成为公民的普遍诉求，但这种诉求的满足如果只是着眼于单个人的自然特性和精神特性，而完全忽视资本主义的生产关系是根本行不通的。这是因为，圣茹斯特所赞扬的那些具有自由、正义、美德特征的古罗马的英雄们——柯德尔、凯撒、卡西乌斯等人，以及罗伯斯比尔所宣扬的曾在希腊和罗马创造了伟大奇迹的"公共的美德"——热爱祖国和祖国的法律，都已经发生了变化。也就是说，《人权和公民权宣言》中的人民，因为所处历史阶段生产关系的变化，他们与古典古代时代的人民早已不同，用古罗马时代的自由、正义、美德要求资本主义社会的人民自然是行不通的。很可惜，圣茹斯特并不理解这一点，因此他在临刑之日还指着"人权"的大牌子，以自傲的口吻说道："正是我创造了这个业绩。"所以，在马克思看来，罗伯斯比尔和圣茹斯特以及雅各宾派失败的真正原因，在于他们的思想和主张没有随着所有制结构的变化和社会现实状况的改变而改变。他们没有清楚地认识到，在现代资本主义生产关系的条件下，单纯依靠对古典古代社会的政治形式的模仿是根本行不通的。这说明，思想并非总是随着社会结构的变化而变化，社会意识的发展和变化并不总是与社会存在的发展和变化完全同步。雅各宾派领导者们政治构想的虚幻性与滞后性表明，社会意识虽然是社会存在的反映，但它并不总是同社会的发展保持着动态的对应，而是或前或后，这说明社会意识具有相对的独立性。

与罗伯斯比尔和圣茹斯特不同，通过雾月十八日事变获得政权的拿破仑对于现代国家的本质已经有了一定的认识。"他已经懂得，现代国家是以资产阶级社会的顺利发展、私人利益的自由运动等等作为基础的。"① 对国家本质的认识使拿破仑得到过自由资产阶级的支持，然而，由于不能正确理解市民社会与国家之间的关系，拿破仑还是把国家看作自己的目的本身。与此同时，在拿破仑不断发动的对外战争中，他要求资产阶级在必要的时候牺牲掉自己，而且一旦当资产阶级社会的商业和工业发展同拿破仑的政治利益发生冲突时，他也同样毫不珍惜它们。由此可见，尽管自由资产阶级在拿破仑政变中占了上风，但还是成为拿破仑国家至上和政治至上的牺牲品。正因如此，法国的商人才策划了动摇拿破仑权势的事件。1814 年拿破仑帝国覆灭，波旁王朝复辟，自由资产阶级再一次遭遇了"反革命"。直到 1830 年 7 月推翻复辟的波旁王朝，自由资产阶级才真正明确了自己在社会历史发展中的作用和意义，资产阶级的政治认识也在不断的革命和反革命中得到了升华。

由此，马克思提出，拿破仑统治的覆灭与自由资产阶级政治意识的不断发展再次确证了社会意识具有相对独立性。这表现在社会意识反映社会存在总是受到主客观条件的限制，由于受到主观认识的限制，在拿破仑那里，不是市民社会决定国家，而是国家决定市民社会。这导致即使他已经意识到自由资产阶级的重要性，但仍然反对资本主义社会，无

---

① 《马克思恩格斯文集》第 1 卷，人民出版社，2009，第 325 页。

视资产阶级的物质利益和政治需求，最终遭到资产阶级和被压迫民族的反抗，导致政权的覆灭。与此同时，马克思认为，随着客观环境的不断改变，主体的社会意识也会发生相应的改变，虽然这种改变可能存在一定的延迟性。自由资产阶级曾是拿破仑政变的支持者，但在拿破仑时代再次遭遇革命的恐怖主义以及波旁王朝复辟后，封建势力对资产阶级利益进行了比拿破仑时代更加猖狂的遏制，使得他们改变了自己的政治意识，他们不再要求实现国家的普遍制度，而是力求实现自己的阶级利益，法兰西民族的利己主义由此得到最大限度的发挥。拿破仑政权的覆灭说明社会意识的独立性是相对的，旧的社会意识在其物质基础被消灭之后就不可能长久存在下去，而资产阶级政治观念的变化表明，只有在社会发展满足新的要求的情况下，新的社会意识才能产生。社会意识具有独立性但这种独立性又具有相对性。

二　"拿破仑观念"是波拿巴政变成功的秘密

雅各宾派和拿破仑政权的覆灭表明，是否以唯物主义的思维方式客观而公正地把握社会现实及其历史发展趋势对于革命是成功还是失败至关重要。这说明，社会意识的相对独立性最突出地体现在它对社会存在具有能动的反作用，即社会意识可以促进或阻碍历史发展。马克思注意到，在1789年的法国资产阶级革命中，摧毁封建制度的象征性举动是攻占反动势力的代表——巴士底狱。而在此之前，法国的唯物主义者和资产阶级启蒙学家，曾首先向封建主义的思想堡垒发起猛烈的攻击。法国启蒙运动的蓬勃发展，孕育了资产阶级革命的思想观念，加速了革命风暴的到来。可以说，没有法国的唯物主义者和启蒙思想家对封建主义思想堡垒的冲击，就不会有巴黎人民攻占巴士底狱行动的胜利。除此之外，马克思还注意到，法国第三等级的平等意识和革命精神对政治革命同样具有重要意义。

1789年的法国大革命是在当时法国社会的基本矛盾中行进的，一方面，资本主义社会生产力的发展使资产阶级开始享有经济与社会权利，在经济上已经占据了社会的首要位置；另一方面，传统的封建君主专制制度又使资产阶级被排斥于政治权力之外，在政治上毫无自由和权力。因此，要求享有平等参政的自由和权利成为他们的政治诉求，也成为1789年"三级会议"重新开幕和最终导致矛盾激化、革命爆发的重要契机。为了获得社会其他革命主体的支持与配合，资产阶级把自由、平等、人权等反对封建专制主义的资产阶级思想描述成唯一合理的、具有普遍意义的政治哲学思想，以吸引其他被压迫阶级对封建专制统治的联合反抗。这样，资产阶级联合其他革命阶级最终推翻了封建专制统治，取得了法国资产阶级革命的胜利。由此可见，马克思认为，法国大革命时期的旧口号——自由、平等、博爱，"作为当时当地一定的发展阶段的东西曾经是正确的"①。深刻意识到社会意识对社会存在具有能动的反作用之后，马克思领导的第一国际虽然并没有直接促使巴黎公社诞生，但是以其思想和影响孕育了公社革命。在马克思执笔给国际工人协会总委员会关于普法战争的第二篇宣言中，马克思对于法国工人的策略问题作出详细的指示，他虽然已经识破了法国临时政府的阴谋，但仍然告诫工人不要去推翻它，指出敌人正在侵袭，此时"一切推翻新政府的企图都将是绝望的蠢举。法国工人……不应当为民族历史上的1792年所迷惑……他们不应当重复过去，而应当建设未来"②。也就是说，法国的工人们应该利用共和国的自由加强自己阶级组织的建设。马克思亲自给巴黎公社提了许多宝贵的指示和意见，希望通过这些正确的策略指导巴黎公社朝着正确的方向前进。

同时，马克思也深知即使法国大革命时期资产阶级的政治主张曾经促进了社会历史的发展，但这也并不意味着社会意识都会对社会存在产生积极的促进作用，归根结底，社会意识是由社会存在决定的，社会意识的作用终归取决于它所赖以产生并为之服务的经济基础的性质。如果这个经济基础能够适合并促进生产力的发展，那么反映这一经济基础的

① 《马克思恩格斯选集》第3卷，人民出版社，2012，第349页。
② 《马克思恩格斯文集》第3卷，人民出版社，2009，第127—128页。

要求和发展方向并为之服务的社会意识就是可以促进社会发展的先进意识，反之则是阻碍社会发展的落后意识。在法国大革命爆发前夕以及革命的初期阶段，资产阶级的自由、平等与人权观念作为代表资本主义先进生产力的政治口号，对革命的发展起到过积极的促进作用。然而，随着资产阶级统治的确立，资产阶级人权理论的虚伪性逐渐暴露出来。马克思在《克罗茨纳赫笔记》第二本笔记的"主题索引"中列举了这样一些标题——"财产·所有者与共同体的关系……平等和财产"，从而说明了参加革命的各种平等派别的平等观同它们对待财产的这种或那种形式的态度之间有什么直接联系。法国资产阶级革命宣告，法律面前人人平等。作为佐证，马克思在第四本笔记上从瓦克斯穆特的著作中摘录了《人权和公民权宣言》第一条，并在"权利平等"这几个字下面划了一条横线。马克思注意到了下述事实，即贫民大众和反映他们利益的激进派所要求的平等——得到财产分配的保障的真正社会平等是有别于资产阶级的另一种平等，这种平等要求超出了以资产阶级所有制为基础的法制范围。为此，马克思就 1793 年 9 月 4 日在巴黎发生的"反对财富贵族"的人民骚动作了摘要。他很注意 1793 年 3 月"忿激派"所提出的"财产完全平等（die loi agraire），即把一切富人都变成穷人"的建议，以及为了"建立真正的平等，即财产的平等"在巴黎公社的领导下自立为"公共福利的集中中心的篡权企图"。不仅如此，马克思还注意到，对平等的解释成了法国大革命时期尖锐的党派斗争的内容。他记下了吉伦特派的领袖之一皮埃尔·维克图尔尼安·弗尼奥的演说。演说清楚地表明，最温和的资产阶级的代表们已经懂得，平民对真正平等的要求对他们来说多么危险，他们力图把平等的含义局限于纯法律的观点："平等对于社会的人来说，只不过是法的平等。"马克思在《论犹太人问题》一文中第一次以展开的形式揭示了资产阶级人权的虚伪性，指出法国大革命以来，资产阶级提出的自由、平等和人权观念与目标仅仅局限于政治解放的视野内，并不能获得人类解放，并不能获得真正的人权，也不能实现人民群众的自由与解放。因此，马克思预示，随着资本主义社会生产力与生产关系矛盾的不断激化，以及无产阶级队伍的不断壮大，法国大革命时期的自由、平等和人权的虚伪性将被揭露，以实现全人类解放为目标的无产阶级革命终将爆发。

随后，马克思在《神圣家族》一文中指出，翻看法国大革命的历史可以发现，雅各宾派的代表人物圣茹斯特和罗伯斯比尔在为法国构建他们内心所要求的自由、正义、美德的特征时，一直在唤起民众对于古希腊、罗马人精神品质的追忆。例如，圣茹斯特是以古代的方式对丹东作出指控的，在关于逮捕丹东的报告中，他明确说过："在罗马人以后，世界变得空虚了，只有想起罗马人，世界才充实起来，才能够再预言自由。"① 在关于普遍警察制的报告中，圣茹斯特列举了柯德尔、莱喀古士、凯撒等人的名字，指出"革命者都应当成为罗马人"②。与圣茹斯特一样，罗伯斯比尔也不断地唤起人们对古典古代的"人民大众的回忆"，他也提到了古典英雄如莱喀古士、狄摩西尼、米太亚得、亚里斯泰迪兹、布鲁土斯，还提到了败类如卡提利纳、克劳狄乌斯等。显然，无论是圣茹斯特还是罗伯斯比尔，他们思想所及都是古希腊和古罗马真实的、活生生的人物及事例，拿这些人物及事例来具体表现他们对于法国大革命的期许——让曾经属于斯巴达人、雅典人、罗马人强盛时代的自由、正义、美德，在法兰西共和国创造出更加惊人的奇迹。这表明，历史传统与精神在人们书写新的历史时往往能够发挥重要作用。

社会意识的相对独立性及其能动的反作用既是唯物史观的基本内容，也是马克思在 1848 年革命期间所着重考察的一个问题。他在《路易·波拿巴的雾月十八日》一文中提出的核心问题就是，路易·波拿巴的这场历史闹剧究竟是如何发生的？马克思认为，其中的一个重要原因来自落后的历史传统对法国人民，尤其是法国社会中人数众多的小农所造成的迷信和幻想。马克思在分析波拿巴政变的过程中发现在资产阶级革命中存在一个规律性的历史现象，那就是在革命的危机时代，资产阶级的代

---

① 《马克思恩格斯文集》第 1 卷，人民出版社，2009，第 323 页。
② 《马克思恩格斯文集》第 1 卷，人民出版社，2009，第 323 页。

表人物总是习惯于"请出亡灵来为自己效劳……用这种借来的语言，演出世界历史的新的一幕"①。那么，为什么在进行社会变革时资产阶级的代表人物总是习惯打着先辈们的旗号呢？这就涉及对传统观念在历史发展中性质和作用的理解。马克思认为，社会意识的相对独立性决定了历史传统作为传统所有制的产物并不会随着传统所有制关系的灭亡而即刻消亡，相反，它可能会表现出更加顽强的生命力，尤其是那些在它所出现的时代里曾经产生过重要影响的历史传统的生命力往往更加顽强。由于传统观念具有巨大的历史惯性，人们往往会将历史传统与现实需要相结合，让它们在新旧社会交替时对新社会的产生与发展产生巨大的影响。

值得注意的是，辩证的历史思维使马克思并不局限于将历史传统仅仅视为传统所有制关系的遗留物，相反，马克思提出，科学合理地利用历史传统可以对新社会的发展产生积极的促进作用。但是，在波拿巴主导的这场妄图用拿破仑遗留的历史传统来掩盖其鄙陋可厌面貌的历史模仿中，传统观念非但没有加速历史进程的发展，反而阻碍了历史的进步。因此，马克思对"拿破仑观念"在这场历史闹剧中的作用进行了详细剖析。马克思指出，拿破仑在法国历史上造就的辉煌功绩使法国人在从事革命时总是无法摆脱对他的追念，尤其是法国的小农阶级，他们仍然固守对拿破仑的迷恋与膜拜。所以，无论是 1848 年 12 月 10 日波拿巴取得选举的胜利，还是 1851 年 12 月 2 日波拿巴发动政变都是法国小农阶级对这一认知的回答，可以说，波拿巴政变的成功，正是法兰西民族对这种历史传统迷信的延续。除了有对"拿破仑观念"这一历史传统的痴迷之外，法国小农阶级对路易·波拿巴的支持，还有一种法国特有的历史传统在发挥重要作用，即在法国小农阶级心中，葡萄酒税与政府对农民的态度直接有关，通过政府对葡萄酒税赋的相关政策，便可以判断出政府对农民的政治态度。也就是说，在法国，"农民具有一种父子相传的特有的历史传统，他们已从这一历史经验中形成了一种信念：任何一个政府要想欺骗农民时，就答应他们废除葡萄酒税，而当它一旦骗取了农

① 《马克思恩格斯文集》第 2 卷，人民出版社，2009，第 471 页。

民的信任时，就把葡萄酒税保留或恢复起来"①。路易·波拿巴在 1848 年选举之初，一直宣称自己是人民的代言人，上任之际便会废除葡萄酒税，然而，他上任后即刻恢复葡萄酒税的事实表明，这位农民票选出来的总统和其他人是一样的。法国农民用自己的行动验证了唯物史观关于社会意识的能动的反作用的分析，即错误的社会意识会导致历史的倒退。在 1848—1852 年，只有旧革命的幽灵在法国徘徊，当法国人民以为利用革命加速了自己的前进运动时，却突然意识到他们实际上已经被拖回了一个早已死亡的时代。

长久以来一直流传着唯物史观是机械的经济决定论的观点，认为唯物史观只强调经济在历史发展中的决定作用，而忽视精神因素的作用。马克思对波拿巴政变中"拿破仑观念"这一历史传统的分析正是对此种论调的有力驳斥。在马克思看来，在肯定经济因素对历史事件的影响的同时，也不能忽视思想观念、历史传统等精神因素的作用。但正如前文所述，马克思并没有停留于奢谈精神的旧历史观上，而是在强调精神因素的同时探究了传统观念与思想意识产生的经济根源、主观动机背后的物质动因，实现了对一切传统的唯心主义历史观的超越，驳斥了错误的"经济决定论"偏见。

三　巴黎工人的宝贵经验：理论一经掌握群众，也会变成物质力量

对社会意识的相对独立性及其能动的反作用的分析，使马克思确认了科学的社会意识能够推动社会历史的发展，但是，思想转化为现实需要有使用实践力量的人，而这一实践主体就是人民群众。在《〈黑格尔法哲学批判〉导言》一文中，马克思阐释了革命理论同革命实践相统一的思想，提出要想获得成功，理论与实践同样必不可少，"理论一经掌握群众，也会变成物质力量"②。因此，马克思认为，一种社会意识对社

---

① 《马克思恩格斯文集》第 2 卷，人民出版社，2009，第 158 页。
② 《马克思恩格斯文集》第 1 卷，人民出版社，2009，第 11 页。

会存在作用的大小，与掌握它的群众的广度和深度密切相关，一种思想理论体系只要能够被人民群众所掌握，就会对社会历史的发展产生影响。马克思一直把解剖法国革命的历史经验作为他和恩格斯创立的新学说的社会典型。1848 年和 1871 年法国革命的爆发，为马克思验证与发展唯物史观的重要观点提供了历史舞台，在对法国革命实践的历史分析和革命经验的科学总结中，马克思进一步深化了关于社会意识能动的反作用的认识。

马克思通过对法国 1848 年二月革命和六月起义的历史分析，发现巴黎无产阶级逐渐丧失二月革命的胜利果实和六月起义失败的重要原因之一在于法国工人和农民的不成熟，这集中表现为工人和小农阶级对资产阶级意识形态的轻信和他们自身理论的不足。在《德意志意识形态》一文中，马克思提出了自己的意识形态理论，他认为无产阶级虽然是被统治阶级，但是他们必然从一开始就能够认识到自己同资产阶级利益的不同，实现与资产阶级意识形态的彻底决裂，产生革命的共产主义意识，成为未来新社会的主体。然而，1848 年的法国革命却给了马克思一个极大触动，无产阶级在现实的革命运动中并没有像他和恩格斯所预想的那样，彻底摆脱资产阶级意识形态的束缚，相反，他们轻易相信了资产阶级共和国的意识形态谎言，放弃了自己的阶级立场。二月革命取得胜利后，共和派资产阶级为了消散工人们的革命热情，将意识形态的宣传由最初的"革命"变为"法兰西共和国！自由，平等，博爱！"，工人阶级竟然迅速沉浸在这个由资产阶级意识形态编织的谎言当中。对此，马克思心痛地说道："工人们相信能在资产阶级旁边谋求自身解放，同样，他们也认为能够在其他资产阶级国家旁边实现法国国内的无产阶级革命。"[①] 无产阶级虽然最后发动了六月起义以表达自己的不满与反抗，但这种在资产阶级逼迫下的被动应战，从一开始就注定会失败。

随后，马克思在《1848 年的六月失败》一文中，对无产阶级六月起义的失败原因进行了详细分析。在马克思看来，缺乏科学的革命理论和

①　《马克思恩格斯文集》第 2 卷，人民出版社，2009，第 88 页。

正确的政治路线的指导虽然不是起义失败的根本原因，但也是六月起义失败的重要原因。作为无产阶级发动的一场自发的起义，它既没有提出一个统一的关于社会与政治要求的纲领，也没有形成系统的革命理论。由于缺乏科学理论的指导，小资产阶级社会主义和蒲鲁东主义在工人中有着广泛的影响，许多工人是布朗基主义和蒲鲁东主义与无政府主义的信众，由此导致部分工人、群众竟然相信有可能通过和平方式来实现社会革命而放弃了武装斗争。马克思一针见血地指出，这些对工人运动影响巨大的革命者误导了革命，在马克思看来，他们看不到无产阶级解放所需的物质条件，而只是在"倡导普遍的禁欲主义和粗陋的平均主义"①。与六月起义相似，马克思在总结1871年巴黎公社运动的失败教训时同样注意到，缺乏正确的革命战略与策略领导，是巴黎公社运动最终失利的重要原因。由于无产阶级的不成熟，1871年的法国仍然没有形成成熟的工人政党，这导致当时法国工人阶级的大部分人，对于自己的革命任务和实现这些任务的办法并无明确的概念。马克思虽然一直密切关注着巴黎公社的革命进程，并通过第一国际总委员会向公社领导者提出过不少正确的决策建议，但并未被采纳。这导致当时工人阶级的社会主义认识水平普遍不高，而布朗基主义和蒲鲁东主义在工人中的影响很大，尤其是布朗基主义。但事实上，在这两种思想指导下的布朗基派和蒲鲁东派的成员中鲜少有真正的科学社会主义者，当时公社中的多数人把小资产阶级的民主革命与无产阶级的社会主义革命混为一谈。1848年六月起义和1871年巴黎公社运动的相继失败，使马克思深刻地意识到科学革命理论的指导对于无产阶级运动的重要意义，这也成为他不断总结和完善唯物史观的内生动力。

这两次巴黎的无产阶级运动和社会革命虽然因无产阶级对资产阶级意识形态的迷信和自身理论的缺乏而相继失败，但马克思坚信，随着法国社会矛盾的充分发展，工人和农民必将从这些资产阶级的理论虚构和错误的社会主义观念中清醒过来，进而成长为自为的革命主体，实现工

---

① 《马克思恩格斯文集》第2卷，人民出版社，2009，第62页。

农联盟。如何宣传科学理论，引导无产阶级革命实践走向成功，成为马克思思考的一个重要问题，他将目光投注到"历史的人民精神的英勇喉舌和它的公开形式"——报刊。1848 年 6 月，马克思恩格斯在德国创办《新莱茵报》，对发生在 1848 年的欧洲革命尤其是法国革命进行了详细揭露。《新莱茵报》也成为马克思恩格斯总结革命经验，并向无产阶级宣传革命纲领、路线和策略的重要武器。《新莱茵报》的文章主题和内容与革命进程发展之间保持着一致性，在革命高潮的时候，他们的文章对革命充满了乐观的情绪；在革命遭遇困境的时候，他们的文章以抨击、揭露反革命为主要内容，同时系统梳理、总结革命失败的原因和经验教训。早在《莱茵报》工作期间，马克思便对报刊在革命运动中的作用给予了极高的评价，认为报刊能够把物质斗争变成思想斗争，"成为文化和人民的精神教育的极其强大的杠杆"①。1848 年欧洲革命爆发后，马克思又在《新莱茵报》上对法兰西第二共和国时期所发生的历次革命的原因、经过、结果和历史经验进行了系统的概述，提出革命社会主义、共产主义是根本不同于在革命进程中破产的小资产阶级空想理论的，是引导无产阶级取得社会革命成功的科学指南。1845 年，马克思和恩格斯在《神圣家族》一书中，从 1789 年的法国大革命中发现了一种共产主义思想，指出这种思想可以超越整个旧世界秩序。当时，产生最广泛影响的共产主义思想还不是马克思主义的，而是空想社会主义，但是经过 1848 年法国革命实践的洗礼与检验之后，马克思不断加深了自己对于共产主义思想的认识。在《新莱茵报》时期，他始终强调科学共产主义的理论性，强调他所寄予厚望的现代无产阶级是一个有着明确阶级意识、能够进行自我教育的阶级，他们的反抗运动如恩格斯所言，是"德国古典哲学的继承者"②。随后，马克思在《新莱茵报·政治经济评论》中通过与无产阶级内部错误思想的斗争，加强了对无产阶级的思想领导，澄清了无产阶级内部的某些错误认识。马克思坚信，法国革命的实践表明，无

① 《马克思恩格斯全集》第 1 卷，人民出版社，1995，第 329 页。
② 《马克思恩格斯文集》第 4 卷，人民出版社，2009，第 313 页。

产阶级随着自身革命理论不断成熟和力量的发展壮大，无产阶级反抗资产阶级的斗争终将取得胜利，以实现自由人的联合为旨归的共产主义终将显现胜利的曙光。

第三节　从法国革命的演变逻辑中探寻历史发展的动力机制

1789 年法国大革命之后，法国政府先后经历了一系列政权更替：封建君主专制被废除、君主立宪制建立、以中小资产阶级为首的雅各宾派掌权、热月政变爆发、拿破仑帝国建立、波旁王朝复辟……这些政体变革和政权变更往往是政治革命的直接结果。通过对法国革命的政治实践的分析，马克思充分肯定革命在社会历史发展中的重要作用，提出"革命是历史的火车头"①。以法国革命史的历史经验为蓝本，马克思对于资产阶级政治革命的进步意义与历史局限进行了区分，提出法国革命进程证明了不断革命的现实可能性，"不断革命"理论的提出使马克思认识到革命发展是间断性和不间断性的统一。与此同时，马克思虽然充分肯定了革命在推动历史发展中的重要作用，但也不排除在物质条件充分的情况下，人民通过和平方式争取解放的可能，这在一定程度上区分了马克思与雅各宾派暴力和恐怖的本质不同，对马克思与雅各宾派的关系作出了历史唯物主义的回答。

一　"革命是历史的火车头"

马克思的一生是在探索革命的理论与进行革命的实践中度过的，因此，"革命"是马克思著作中的重要主题之一。早在马克思投身于无产阶级革命之初，他在多部著作中都曾论述过以 1789 年法国大革命为代表的政治革命的必要性。1845 年，面对青年黑格尔派将一切斗争都理解为

①　《马克思恩格斯文集》第 2 卷，人民出版社，2009，第 161 页。

纯粹的观念斗争，马克思恩格斯在《神圣家族》一文中，以 1789 年法国大革命的政治实践为例，指出单纯依靠思想斗争是无法摆脱现实的枷锁的，必须通过革命才能真正实现现实的解放。马克思认为，"一般的革命——推翻现政权和废除旧关系——是政治行动"①。政治革命是阶级斗争发展的必然结果，是阶级斗争的最高形式，它根源于社会基本矛盾的尖锐化，必须通过革命手段来摧毁或扫除阻碍历史前进的障碍。1789 年的法国大革命正是在国家与市民社会的辩证关系中行进的，一方面，资本主义生产力的解放使第三等级享有经济与社会权力；另一方面，封建君主专制制度又将资产阶级排斥于政治权力之外，最终导致第三等级发动革命推翻君主专制制度，建立新政权。同样，1848 年巴黎无产阶级发动的六月起义也是根源于当时法国社会基本矛盾的尖锐化，马克思指出："无产阶级的起义，就是消灭资产阶级的信用，因为它意味着消灭资产阶级生产及其制度。"② 马克思在总结以法国革命为代表的 1848 年欧洲革命的历史经验中深刻凝练出革命在促进社会发展中的重要作用，提出"革命是历史的火车头"的名言。在马克思看来，革命是通过暴力手段打碎陈旧的政治上层建筑以此向新的社会形态的转变，相较于改良、改革等温和的方式，革命具有更加快速和更加彻底的特性，就像"火车头"一样牵引着历史"车厢"快速前进。具体来说，革命的"火车头"作用体现在以下三个方面。

第一，革命是加速新的社会制度充分发展的历史条件。马克思曾在《论犹太人问题》中提出 1789 年法国大革命是人类历史进程中的一个大事件。英、法两国率先完成的推翻本国封建专制统治的革命并不仅仅是代表它们两国的革命，"而是欧洲的革命……它们宣告了欧洲新社会的政治制度……1648 年革命是 17 世纪对 16 世纪的胜利，1789 年革命是 18 世纪对 17 世纪的胜利"③。首先，资产阶级政治运动的进步意义在于它

---

① 《马克思恩格斯全集》第 3 卷，人民出版社，2002，第 395 页。
② 《马克思恩格斯文集》第 2 卷，人民出版社，2009，第 92 页。
③ 《马克思恩格斯文集》第 2 卷，人民出版社，2009，第 74 页。

完成了政治国家和市民社会的分离，马克思把这种分离看作一种进步，是历史发展的必然趋势。其次，政治革命带来了资本主义的充分发展。在分析 1789 年法国大革命的意义时，马克思注意到，政治革命有利于加速国内竞争，促进资本主义的发展，"国内的自由竞争到处都必须通过革命的手段争得——英国 1640 年和 1688 年的革命"①，而 1848 年欧洲革命的形势表明，只有通过剧烈的社会变革才能实现资本主义的充分发展。马克思以法国为例，指出法国的生产关系是受到对外贸易制约的，因此，"如果没有一场击退英国这个世界市场暴君的欧洲革命战争，法国又怎么能打破这种生产关系呢?"② 马克思提出，只有通过对外战争和本国的暴力革命建立起工业资产阶级的统治，才能铲除封建社会的物质基础，从而为实现无产阶级革命奠定基础。就像 1848 年的法国二月革命那样，它为资本主义在法国的进一步发展扫清了道路。最后，资产阶级的政治革命也在一定程度上加速了无产阶级与资产阶级的最后决裂。在马克思看来，具有资产阶级民主革命性质的二月革命的爆发对于随后不久无产阶级的六月起义具有最直接的意义。二月革命使资本统治的真面目赤裸裸地暴露出来了，那么原来隐藏在王权背后的资产阶级和无产阶级的阶级对立和阶级矛盾就立刻显现了出来。马克思指出："当共同的敌人一被消灭，战场上就只剩下这两个敌对的阶级，它们两者之间就必然要开始决战。"③ 也只有这样，无产阶级革命者才能够形成鲜明的无产阶级意识，才有可能进行完全意义上的无产阶级革命。

第二，只有革命才是无产阶级实现全人类解放的实践途径。马克思虽然肯定了资本主义政治革命的进步意义，但他从法国大革命后犹太人的现状以及资产阶级政治统治的虚伪性中看到资产阶级政治革命的局限性，它并不能带来人的真正解放。在马克思看来，资产阶级革命仅限于推翻封建专制制度，在政治上废除封建特权，但它并不能消灭真正的社

① 《马克思恩格斯文集》第 1 卷，人民出版社，2009，第 565—566 页。
② 《马克思恩格斯文集》第 2 卷，人民出版社，2009，第 88 页。
③ 《马克思恩格斯全集》第 5 卷，人民出版社，1958，第 532 页。

会差别，即人们在社会生活中的实际的不平等，这一目标只有在共产主义社会才能实现，而共产主义的实现需要革命。也就是说，"无论为了使这种共产主义意识普遍地产生还是为了实现事业本身……在革命中才有可能实现"①。作为资本主义社会里两大敌对阶级之间的首次大交锋，1848年的六月起义第一次"侵犯了"资产阶级秩序，而1871年的巴黎公社运动更是通过革命手段实现了无产阶级专政的第一次伟大尝试。

第三，革命有助于锻炼和改造革命的阶级，使它成为建设新社会的基础。在马克思看来，革命的目的在于推翻旧世界、建立新世界，革命阶级只有在具体的革命实践中才能逐渐认识与克服自身的缺点，学会建设新社会的本领。马克思提出，革命者"只有在革命中才能抛掉自己身上的一切陈旧的肮脏东西，才能胜任重建社会的工作"②。正如法国二月革命虽然是一场资产阶级领导的民主革命，但革命的主体是工人、学生和广大人民群众，无产阶级在这次革命中表现出了革命的坚定性和领导力。"由于这次革命获得胜利，法国的无产阶级又成了欧洲运动的领袖。荣誉和光荣属于巴黎的工人们！"③ 同时，马克思认为，社会革命对于加快政党的成熟同样具有促进作用，即"只是通过和这个敌对势力的斗争，主张变革的党才走向成熟，成为一个真正革命的党"④。例如，在法国1848年无产阶级的六月起义中，虽然此时法国的工人阶级还没有能力真正实现自己的革命目的，但他们有了推翻资产阶级统治的第一次勇敢尝试，并在这次斗争中产生了丰富的实践经验，为其后的无产阶级斗争留下许多宝贵的经验。同时，历史辩证思维使马克思意识到胜利的革命和失败的革命，在社会历史发展和历史进步中都起着重大的推动作用。就像六月起义虽然没有成功，但"在这些失败中灭亡的并不是革命，而是革命前的传统的残余，是那些尚未发展到尖锐阶级对立地步的社会关

---

① 《马克思恩格斯文集》第1卷，人民出版社，2009，第543页。
② 《马克思恩格斯文集》第1卷，人民出版社，2009，第543页。
③ 《马克思恩格斯全集》第4卷，人民出版社，1958，第548页。
④ 《马克思恩格斯文集》第2卷，人民出版社，2009，第79页。

系的产物"①。也就是说，它彻底击碎了无产阶级对资产阶级的政治幻想。

值得注意的是，马克思虽然高度肯定革命在社会历史发展中的动力作用，但他始终强调革命不是人为创造的产物，而是历史发展的必然结果。对于革命发生的历史前提和必然性，马克思在总结 1848—1851 年革命中无产阶级的行动时曾指出："只有在现代生产力和资产阶级生产方式这两个要素互相矛盾的时候，这种革命才有可能。"② 伯恩施坦曾认为马克思是没有革命理论的，他在这方面完全承袭了布朗基，是一个彻头彻尾的布朗基主义者。事实上，马克思的革命理论与布朗基主义的革命学说完全不同。以布朗基为代表的布朗基主义是 19 世纪工人运动中的革命冒险主义思潮，幻想通过少数知识分子的密谋活动来推翻资产阶级的统治，建立突袭的少数人的专政。1871 年巴黎人民推翻梯也尔政府后，在布朗基主义的领导下，巴黎公社忽视革命理论的意义，忽视人民群众的作用，最终导致公社运动的失败。马克思恩格斯对于布朗基主义那种试图人为地预先制造革命发展过程的"革命的炼金术士"的密谋行径曾作过多次批判，指责"布朗基是过去一代的革命家"③。与布朗基认为革命是人为创造的结果不同，马克思既反对从抽象人性的角度对革命事业进行思辨论证，也反对任何人为地创造超越历史进程的革命的做法，他始终以历史发展的内在矛盾为基础去探索无产阶级革命的现实可能性。由此可见，马克思对于革命的理解与布朗基主义有着本质的不同，那些将马克思视为布朗基主义者的观点，完全是没有理解马克思革命理论实质与内涵的错误观点。

二　法国革命进程中的历史间断性和历史连续性

马克思在充分肯定革命的社会动力作用后，在进一步总结法国大革命历史经验的基础上，逐步提出"不断革命"的思想，并在其后法国革

---

① 《马克思恩格斯文集》第 2 卷，人民出版社，2009，第 79 页。
② 《马克思恩格斯文集》第 2 卷，人民出版社，2009，第 176 页。
③ 《马克思恩格斯文集》第 3 卷，人民出版社，2009，第 359 页。

命的实践中不断深化对这一思想的理解，认识到无产阶级革命是历史间断性与历史连续性的统一。所谓"不断革命"的思想，即无产阶级应该在完成以法国大革命为代表的资产阶级民主革命后，继续进行社会主义革命。"不断革命"的思想最早起源于巴贝夫，巴贝夫依据性质将革命分为两种不同的类型，即"富人的革命"和"穷人的革命"，并指出以1789年法国大革命为代表的革命就是"富人的革命"，这种革命是为少数富人谋利益的，其革命的领导者和发动者的目的是有限的，一旦富人通过革命获取了利益，对于他们来说"革命已经完成了"，但是对于广大人民来说，革命还没有完成，还必须乘胜追击"不断闹革命"，即继续进行"人民的革命"。巴贝夫因此提出："谁要是抱怨'我们想不断闹革命'，他在将来必然要被看作人民的敌人。"[1] 巴贝夫关于人民"不断革命"的设想对于马克思"不断革命"的思想的形成具有重要的促进作用。

马克思"不断革命"的思想的萌芽最早可以追溯到《德法年鉴》时期，在《论犹太人问题》一文中，马克思通过对1789年法国大革命的考察发现，资产阶级革命带来的政治解放并不彻底，它只是使资产阶级获得对封建特权的胜利，并没有实现人的解放的历史使命，因此马克思提出，"只有宣布革命是不间断的，才能做到这一点"[2]。这是马克思第一次提出"不断革命"的思想。实际上马克思在这里阐明了共产主义革命同资产阶级革命的区别，但此时他还没有对人类解放的具体图景作出描述，也没有对实现人类解放的主体进行说明。随后，在同时期完成的《〈黑格尔法哲学批判〉导言》一文中，马克思在探索落后德国的出路时借鉴了法国大革命的历史经验，他希望德国能够再现法国大革命所经历过的革命不断上升过程。但是德国1843年的社会状况远远落后于现代各国的水平，根本不具有进行法国式革命的前提和基础，这使得马克思已经不再满足于在德国完成一场法国式的革命，而是提出应该去探求新的更高级的解放形式。同时，马克思认为，德国如果不进行一场彻底的革

① 〔法〕G. 韦耶德、C. 韦耶德合编《巴贝夫文选》，梅溪译，商务印书馆，1962，第35页。
② 《马克思恩格斯文集》第1卷，人民出版社，2009，第33页。

命，就不可能真正完成革命的任务。马克思在这里延续了他在《〈黑格尔法哲学批判〉导言》一文中提出的关于法国大革命的不彻底性的观点，认为与法国大革命只造成了部分解放不同，"在德国，普遍解放是任何部分解放的必要条件〔conditio sine qua non〕"①。马克思进一步丰富了对于未来社会革命的构想，并且明确提出人的解放的实现需要无产阶级和哲学的联合。在《神圣家族》一文中，马克思通过对法国大革命物质动因的分析，看到了大革命政治原则背后起决定作用的利益因素，由此提出，物质生产的发展必然使追求着自己利益的、现实的人民群众登上历史舞台，进一步深化了对"不断革命"的历史实现主体的认识。

随后，马克思在《共产党宣言》一文中阐述了他和恩格斯制定的关于德国未来资产阶级革命的设想，指出"德国的资产阶级革命一定要成为无产阶级革命的直接序幕"②。但此时的他对于如何衔接和区分资产阶级革命与无产阶级革命这两种不同性质的革命，还没有明确的表述。直到 1848 年欧洲革命的爆发，尤其是法国二月革命和六月起义的发生，使马克思对于资产阶级革命和无产阶级革命有了清楚的认识。首先，马克思在对 1848 年至 1851 年法兰西第二共和国时期各阶级之间的斗争进行研究时发现，"从决定于经济发展的阶级斗争中怎样产生出社会革命"③。同时，马克思还发现通过民主革命获得统治权之后的资产阶级绝不会主动地放弃自己的特权，而是想方设法来捍卫政权，二月革命后资产阶级政党之间的一系列争斗就是对这一点的最好说明，因此，无产阶级进行一场彻底的反对资产阶级的斗争势在必行。通过对 1789 年以来，尤其是 1848 年二月革命的系统总结，马克思指出，无产阶级政党的"战斗口号应该是：'不断革命'"④，明确提出"不断革命"的思想。1848 年 6 月，巴黎无产阶级六月起义的爆发证明了"不断革命"的现实可能性。这场无产阶

---

① 《马克思恩格斯文集》第 1 卷，人民出版社，2009，第 16 页。
② 《马克思恩格斯全集》第 4 卷，人民出版社，1958，第 503—504 页。
③ 〔法〕科尔纽：《马克思恩格斯传》第 2 卷，樊集译，生活·读书·新知三联书店，1965，第 18 页。
④ 《马克思恩格斯文集》第 2 卷，人民出版社，2009，第 199 页。

级同资产阶级的第一次公开战斗虽然失败了，但是马克思认为"伟大的决战已经开始……而结局只能是无产阶级的最终胜利"①。1848 年德国三月革命的爆发，也在一定程度上印证了马克思的"不断革命"的思想。恩格斯在评价三月革命时指出："它只是一个不彻底的革命，只是长期的革命运动的开端。"②

通过对 1789 年法国大革命及之后发生的 1848 年革命的思考，马克思论证了无产阶级在完成资产阶级民主革命后还应该向社会主义革命转变的必要性和可能性。可以说，马克思的"不断革命"的思想直接起源于对法国大革命及其后革命事件的不断思考，法国革命的历史经验是马克思关于"不断革命"的思想的重要来源。这样，马克思从历史和理论两个层面论证了革命的"不间断性"。与此同时，马克思指出，"不断革命"的思想的核心内容就是要消灭阶级，这一目标的实现需要具备一定的主客观条件。一方面，从客观上说，资本主义的经济发展状况要成熟到可以铲除资本主义生产方式的程度；另一方面，从主观上说，革命的无产阶级要成熟到已经有能力解决这个任务的程度。这样，马克思在把握住未来革命必然是资产阶级革命向无产阶级革命转变这个总的方向上，进一步研究了革命的特点。法国的革命斗争经验表明，革命作为一个过程，应该是间断性和不间断性的统一。当革命赖以产生和进行的主客观条件足够成熟时，革命可以采取激进的方式；当革命赖以产生的主客观条件还不够成熟时，无产阶级必须充分尊重社会发展和革命进程的一般规律，而不能随心所欲地进行革命。为此，1848 年欧洲革命失败后，马克思对无产阶级运动内存在的那些革命的冒险主义政策进行了彻底批判，告诫无产阶级要在革命条件不够成熟的时候尽力保存实力，不要盲动。可以看出，马克思关于革命发展中间断性和不间断性相统一的思想，始终体现着他对于社会历史条件的尊重、对于革命规律的尊重、对于人民群众历史首创精神的尊重，深刻体现了辩证唯物主义和历史唯物主义的原则。

---

① 《马克思恩格斯文集》第 4 卷，人民出版社，2009，第 538 页。
② 《马克思恩格斯全集》第 5 卷，人民出版社，1958，第 73 页。

三 暴力不是革命的代名词：对雅各宾派的科学态度

谈论法国大革命，"暴力"是无法回避的问题，法兰西民族的特性使得暴力在旧制度时代一直十分活跃。首先，1789 年法国大革命正是"暴力"手段的产物，旧制度末年社会矛盾的不断激化，最终导致法国人民用暴力推翻了封建王朝的专制制度，确立了资产阶级的统治。随后，在 1789 年至 1792 年 3 年时间里，面对封建王权合法性的突然崩塌，法国社会出现权力真空，在这一时期，"暴力"成为"合法"的代名词，各个权利主体普遍选择用暴力来解决社会矛盾，法国社会陷入一片混乱。最后，暴力逐渐被中央政府完全垄断，并在雅各宾派执政时期达到极致，雅各宾派政权用暴力恐怖基本上稳定了法国社会局面。引人反思的是，当大革命用暴力手段摧毁封建的旧秩序后，接踵而至的却是暴力、恐怖和屠杀，尤其是随着雅各宾派和拿破仑执政时期恐怖政策的推行，人们不禁开始质疑革命暴力的正当性。

马克思曾对雅各宾党人，尤其是其领袖罗伯斯比尔抱有赞赏，称赞雅各宾党人的政治现实主义和革命能力，这让很多厌恶或误解马克思主义学说的人将他们归为一类，冠以马克思"雅各宾派"的身份，并将雅各宾派对暴力的追逐同化到马克思的身上，将马克思标榜为"罗伯斯比尔第二"，这是对他进行的概念化与标签化解读。事实上，马克思和雅各宾派之间存在本质区别。尽管马克思恩格斯充分肯定了暴力革命在促进社会发展和历史进步中的重要作用，讴歌革命的历史功绩，但他们并没有排除斗争形式的多样性和战略的灵活性，也没有排除无产阶级用和平手段实现自己政治目的的可能性。在《共产党宣言》中，马克思恩格斯提出无产阶级解放全人类的革命目的"只有用暴力推翻全部现存的社会制度才能达到"[①]。但是德国西里西亚纺织工人起义和法国无产阶级六月起义的相继失败，使马克思逐渐意识到无产阶级革命不是盲目的行动

---

① 《马克思恩格斯选集》第 1 卷，人民出版社，2012，第 435 页。

和不必要的流血牺牲，当资本主义社会的生产力以及无产阶级自身革命能力都还没有达到能够消灭资本主义的程度时，革命是不会成功的。在这种情况下，马克思立即改变革命策略，希望无产阶级能够在下次革命到来之前保存实力，同时利用和平方式展开进一步的斗争。对此列宁总结道："当1848—1849年革命时代已经结束时，马克思便反对任何以革命为儿戏的做法了（反对沙佩尔和维利希），要求人们善于在似乎是'以和平方式'准备着新革命的新阶段进行工作。"①

在总结1848年至1851年法兰西第二共和国时期的历史经验时，马克思恩格斯将无产阶级有可能通过和平方式争取斗争胜利的构想转到对普选权的合理使用上。马克思提出，波拿巴派废除普选权，是资产阶级反动统治的标志，是"资产阶级专政的最后一言"，无产阶级可以充分利用普选权进行革命决战前的准备。对普选权的论述再次说明了马克思从未将暴力革命作为无产阶级争取解放的唯一手段。随后，马克思在1872年完成的《关于海牙代表大会》一文中，将这一思想具体化，明确指出无产阶级可以通过暴力与和平两种不同的方式推翻维护旧制度的旧政治，并对二者的使用前提作出了明确的说明，提出像美国、英国的"工人可能用和平手段达到自己的目的"②。这说明，即使马克思认为暴力手段是推翻资产阶级旧统治的主要手段，但他也不反对，同时也希望用和平的方式来实现共产主义。

同时，马克思所说的暴力革命问题的方式与目的也和雅各宾派明显不同。不可否定的是，马克思确实肯定暴力的意义，认为它是推翻旧秩序的必要手段，是每一个孕育着新社会的旧社会的"助产婆"。我们知道，法国大革命的战斗精神极大地鼓舞了马克思，他曾在《哲学的贫困》一文中指出："在每一次社会全盘改造的前夜，社会科学的结论总是：'不是战斗，就是死亡；不是血战，就是毁灭。问题的提法必然如

---

① 《列宁全集》第26卷，人民出版社，2017，第81页。
② 《马克思恩格斯全集》第18卷，人民出版社，1964，第179页。

此'。"① 但这绝不意味着马克思认为可以利用暴力来滥杀无辜和维护少数人的利益。在马克思看来，滥用革命暴力和恐怖统治的结果只能是自食恶果。例如，尽管拿破仑已经了解到现代国家的本质，但是他仍然把国家看作自我目的本身，以战争代替不断革命的恐怖主义，最终导致拿破仑帝国的覆灭与波旁王朝的复辟。同样，马克思恩格斯坚决反对雅各宾派专政时期的恐怖暴行，即便面对曾经给予赞许的罗伯斯比尔，马克思也不曾袒护。罗伯斯比尔执政期间，恐怖变成了一种荒谬的东西。罗伯斯比尔用恐怖暴行建立起来的统治是一种真正的专政，"到处人头落地"，"处决犯人的协和广场每天流血成河"。② 这种恐怖统治的结果是丹东和罗伯斯比尔本人以及他们的所有朋友都被控以"人民公敌"而被送上了断头台。在马克思看来，革命需要激情，更需要保持理性，需要现实主义的审慎和精明，需要在准确判断革命主客观条件的前提下采取适当的行动。由此可见，马克思对雅各宾派执政期间的革命恐怖所持立场是科学的，也是理性的，他赞同革命的必要性，但反对以革命名义演化而来的暴力恐怖，也不会对雅各宾派的暴行和错误曲意辩解。由此可见，关于"马克思是雅各宾派"的标签是片面化的曲解与误读。

---

① 《马克思恩格斯选集》第 1 卷，人民出版社，2012，第 275 页。
② 〔法〕皮埃尔·米盖尔：《法国史》，蔡鸿滨等译，商务印书馆，1985，第 284 页。

第三章　马克思法国革命史研究与历史辩证法的多维建构

在建立唯物史观的过程中，马克思恩格斯通过批判性地吸收黑格尔辩证法的合理内核创立了唯物辩证法，并把唯物辩证法运用于观察、分析和认识社会历史现象，从而获得了关于人类社会历史发展规律的科学认识，即历史辩证法。历史的思辨，需要具有张力的命题的思考与表达，历史的前进与后退、客观性与选择性、普遍性与特殊性都是其中的重要命题。通过对 1789—1871 年法国革命史的具体考察，马克思发现人类历史是在矛盾运动中辩证发展的历史，是一个前进性与曲折性、统一性与多样性、人的自觉活动与社会发展客观规律的统一过程。

第一节　从波拿巴政变看历史进步与曲折的辩证关系

马克思的历史进步理论是唯物史观的重要观点，是他运用历史辩证思维揭示社会历史发展内在规律的具体体现。在《莱茵报》时期，马克思通过对宫廷主政与国民议会时期法兰西国家不同解体形式和动因的历史对比，初步发现社会历史的进步趋势。随后，马克思又借引法国七月革命的历史事实，在对"哥廷根七君子"事件进行历史分析中进一步深化自己对于历史进步趋势的认识，指出应该正确认识历史进步趋势中出现的停滞和倒退，找到衡量历史进步的正确标准。1848 年以法国为中心的欧洲革命爆发后，马克思在对波拿巴政变的历史分析中，进一步深化对历史进步的认识，提出人类社会历史进步是前进性与曲折性的统一。同时，马克思运用历史辩证法的联系观点，在全面把握法兰西第二共和国全部历史进程的基础上，揭示出波拿巴当选总统这个看似偶然的"历史之谜"有其必然性的合理逻辑，是历史偶然性与必然性相互作用的结果。

一 对比七月革命与汉诺威宪法冲突初涉历史进步理论

在《莱茵报》工作期间，马克思曾在《历史法学派的哲学宣言》一文中，公开对以胡果、萨维尼为代表的历史法学派展开过批判。马克思通过对比宫廷主政（主要是路易十五）时期和国民议会时期法兰西国家的不同解体动因和形式，批判胡果对康德理性存在的背离。与此同时，在以史实依据揭示历史法学派妄图恢复旧制度的历史倒退实质时，马克思发现社会历史的进步并不会因主观的忽视与抗拒而止步，相反，社会历史进步是必然趋势。在马克思看来，尽管奥尔良公爵主政时期和国民议会时期，法兰西国家的命运都是解体，但这两种解体却存在本质的不同。奥尔良公爵——菲力浦第二，是路易十五继位后的最初 8 年（1715—1723 年）的摄政王。在路易十四去世前，他曾宣布将王权交由自己的孙子，年仅 5 岁的路易十五手中，并确定由自己的侄子菲力浦第二作为摄政王。很可惜，这位奥尔良公爵生性放荡，喜好女色且昏庸无能，以致在他摄政的 8 年间，法国上层社会在相当程度上呈现出一种醉生梦死的狂欢风气，即马克思所言的"荒淫宫廷主政时期"。菲力浦第二这个摄政王在位期间给法国带来了无尽的贫穷、战乱和荒淫，以致交到末代君主路易十六手里的法国早已是风雨飘摇、千疮百孔，整个社会出现严重动荡，最终导致绝对君主制的回天乏术，一场前所未有的大革命终将爆发。对于这一时期法兰西国家的解体，马克思认为它是被动的，"在宫廷主政时期，解体表现为放荡的轻佻……去戏弄腐朽的废物并且在这些废物的戏弄下被迫走向解体"①。

---

① 《马克思恩格斯全集》第 1 卷，人民出版社，1995，第 232 页。

但是，在国民议会时期，法兰西国家的解体则充满了精神的主动性，体现着从封建君主制向资本主义代议制转变的历史进步性。与路易十五时期绝对君主制的被动走向衰亡不同，国民议会时期的第三等级从三级会议提出抗议，到"网球场宣誓"，以及攻占巴士底狱，标志着法国大革命的爆发等一系列行为都是对现存秩序的主动反叛，体现着进步阶级对旧制度的主动抵抗。对此，马克思提出："在国民议会时期，解体则表现为新精神从旧形式下的解放。"① 在马克思看来，法国大革命的爆发标志着旧的社会制度已经无法承载革命的新精神，理性之光已经照耀大地，历史的经验表明社会历史将不断走向进步。需要注意的是，这时的马克思仍然是从唯心主义的观点出发的，他不是从社会的物质生活，而是从精神领域去探寻社会进步的动力，认为新精神的产生是摆脱旧制度压迫的根源和基本要素，但此时的马克思已经敏锐地洞察到社会历史的进步趋向，并且觉察到历史进步的内容应该是具体的、有层次的，既有类似于宫廷主政时期的被动的、非对抗性进步，也有像国民议会时期的主动的、对抗性进步。同时，马克思已经意识到历史进步的趋势是由内部动因决定的。尽管此时的马克思由于还没有对经济学进行深入、系统的研究，还无法了解到历史进步的深刻根源来自社会基本矛盾的激化，也没有看到人民群众在历史变革中的重要作用，但他在对比宫廷主政时期和国民议会时期法兰西国家的不同解体时已经意识到活动的人本身即历史进步的动力所在，这离马克思从唯物主义的角度提出成熟的历史进步理论已为时不远。

1837 年发生的"哥廷根七君子"事件再次深化了马克思对于历史进步趋势的认识。该事件起源于汉诺威国王恩斯特·奥古斯特宣布废除具有温和自由主义性质的《1833 年宪法》，转而恢复了保留封建等级代表制和严格限制省议会权力的《1819 年宪法》，这一历史倒退的行径立即引起了资产阶级反对派和知识分子的强烈抗议。1837 年 12 月 14 日，来自哥廷根大学的 7 名自由派教授公开反对奥古斯特一世的行动，随后政

---

① 《马克思恩格斯全集》第 1 卷，人民出版社，1995，第 232—233 页。

府对这 7 名教授进行了严厉处罚。针对汉诺威宪法冲突中资产阶级反对派和知识分子的行为，马克思在《莱茵报》上撰写了《汉诺威自由主义反对派的失误》一文。其后，面对部分人对文章标题中"自由主义反对派"这一用语的质疑，马克思又专门撰文对这一用语进行了解释。在关于 1830 年的法国七月革命与 1837 年的汉诺威宪法冲突的历史对比中，马克思进一步深化了关于社会历史进步趋势的认识，指出应该正确认识历史趋势中出现的停滞和倒退，找到衡量历史进步的正确标准。

马克思指出，之所以有人反对使用"自由主义反对派"这一用语，原因有二。其一，反对者们认为，就形式来说，以哥廷根大学 7 名教授为代表的反对派，他们的目的是维护带有专制性质的旧宪法，即使《1833 年宪法》存续下去。这表明，他们从本质上仍然是保守主义者而不是自由主义者。事实上，《1833 年宪法》相较于被恩斯特·奥古斯特恢复的《1819 年宪法》虽然多了几分先进性，但其本质并未改变，因此，《莱茵报》称这些维护《1833 年宪法》的反对派为自由主义是名不副实的。对此，马克思通过分析法国 1830 年七月革命的动因和意义，对这一言论进行了反驳。马克思提出，如果按照反对者们的观点，那么以维护宪章为目的的法国七月革命也是一场保守的革命，"尽管如此，自由主义却宣布七月革命是他们的事业"①。马克思为什么要以法国七月革命为例来论证将拥护《1833 年宪法》者称为"自由主义反对派"的合理性呢？因为在马克思看来，法国 1830 年的七月革命与 1837 年的汉诺威宪法冲突充满历史相似性。如果按照反对"自由主义反对派"这一称谓的观点，法国七月革命同样是一场保守的革命，因为这场事先没有任何准备的巴黎民众起义基本上属于一种自发行动，它的目的仅仅是维护《1814 年宪章》而不是提出更加自由、民主的新主张。尽管如此，自由主义者仍然宣布七月革命是他们的事业，就像维护《1833 年宪法》的人同样宣称自己是自由主义者一样。马克思提出，在强大的封建反动势力的压迫下，自由主义当然是保守的，它首先要维护现存的自由，使其免

① 《马克思恩格斯全集》第 1 卷，人民出版社，1995，第 305 页。

受物质利益的侵犯，成为特权等级专属的产物，即便自由主义没有实现完全意义上的绝对自由，也不能因此就否定自由主义的本质和存在。七月革命的意义在于它扼杀了妄图恢复绝对君主制的企图，捍卫了带有资产阶级宪法性质的《1814 年宪章》。《1814 年宪章》标志着 1789 年大革命自由理论的胜利，反映了当时温和自由主义的大部分基本原则，是法国政治史上的一份重要的、带有进步倾向的文件，其同企图维护封建专制制度的"七月敕令"相比，更能体现自由和进步。

在这里，马克思通过对法国 1830 年七月革命原因和性质的历史分析，深化了自己关于历史进步趋势的认识，他意识到历史的基本趋势是前进与上升的，并且前进的历史趋势在社会形态由低级向高级发展的历史转折过程中尤为突出，君主立宪制对封建专制制度的超越正是历史进步的体现。同时，马克思也看到，人类社会的前进和上升并不是直线的，而是充满曲折的，甚至包含着某些停滞和倒退，如大革命后法国封建王朝——波旁王朝的复辟，以及汉诺威国王对封建专制制度的重新拥护。但是，马克思强调，应该辩证地看待历史进步中出现的停滞或倒退，因为这种停滞或倒退本身又孕育着更大发展的条件，如查理十世对《1814 年宪章》的废除，直接导致了七月革命的爆发，而七月革命爆发的结果是七月王朝的建立，重新恢复了立宪君主制，并在 1830 年通过了新宪章，新的立宪宪章采纳了旧宪章的主要条款并对其进行了改进，法国民众由此获得了更多关于"自由"的权益，虽然这些权益多数也只是停留于书面，但也绝对不能否认它的客观进步性。又如，汉诺威国王对《1819 年宪法》的恢复，虽然是走向历史进步反面的行为，却引起了资产阶级自由派的强烈反对，"哥廷根七君子"事件更是直接反映出知识分子对自由的热爱与捍卫宪法的勇气，体现着自由理想对专制制度的反抗，这一事件在一定程度上促进了德意志通识教育的发展和民众阅读人数的增加。在这里，马克思再一次展露出他对于历史进步的正确理解，除了提出历史进步虽然包含着短暂的停滞和倒退，但进步的总趋势不会改变这一唯物史观的重要观点之外，马克思也意识到，历史进步虽然具有变动性，但这并不意味着没有一个评价它的标准，社会制度更替本身就标志着历史的进步。

在马克思看来，如果说君主立宪制是比封建君主制更能体现进步的制度，那么，人民代议制则是更加进步的体现，虽然随着后期对代议制历史和法国大革命史的深入研究，马克思逐渐发现了资产阶级人民代议制的虚伪性，并提出了更加符合社会历史发展规律的先进制度形式，但此时的马克思仍然对资产阶级的人民代议制抱有幻想和期待，毕竟正确的思想并不是一日可以形成的。但可以肯定的是，此时的马克思已经找到了判断社会进步与否的标准——先进制度的产生与落后制度的消亡，至于这个标准是不是根本的和唯一的还有待马克思继续去发掘。

二　连续与断裂——波拿巴政变表明历史总是在曲折中前进

《莱茵报》时期的马克思科学地揭示了人类社会历史进步的必然趋势，并指出历史发展不是一直沿着直线上升的运动，而是存在短暂的停滞和倒退。随后，马克思在《〈黑格尔法哲学批判〉导言》一文中再次确证了这种观点，提出历史总是经过许多阶段才把陈旧的形态送进坟墓这一唯物史观论断，但如何正确认识历史前进性与曲折性的关系，马克思并没有作出明确的回答。直至在总结 1848 年法国革命经验，尤其是波拿巴政变的历史经验时，马克思才正确厘清了二者的关系，科学地揭示了人类社会历史进步是前进性与曲折性的统一，进一步丰富了唯物史观关于社会历史进步的理论。

马克思认为，发生在 1848 年至 1851 年法兰西第二共和国时期的革命，相较于 1789 年的法国大革命总体而言是倒退的。从二月革命以后，法国历史一直沿着下行的路线行进，这种历史倒退集中体现在这一时期法国政治舞台上的一系列颠倒，即在各个阶级本身的阶级利益与政治实践之间存在交叉错位，似乎每一个党派都在干着与自己政党性质截然相反的事情，然后使革命的领导权日益转入更加反动的党派手中。在这一时期，本该拥护宪法的资产阶级立宪派却公然反对宪法，主张革命的资

突，但"路易-拿破仑的统治并没有结束阶级之间的战争。它只是暂时中止了时时标志着这个或那个阶级夺取或保住政权的企图的流血冲突"①。波拿巴的军事专制"没有任何出路，这个笑剧必然自行垮台"②。果然，在政变发生几年后，法国民众对波拿巴的幻想开始破灭。正像马克思所预测的那样："如果皇袍终于落在路易·波拿巴身上，那么拿破仑的铜像就将从旺多姆圆柱顶上倒塌下来。"③ 这一画龙点睛之句预示了波拿巴政变的历史结局。最终，1870 年普法战争后，由波拿巴缔造的法兰西第二帝国，在更具世界历史意义的无产阶级的新的斗争中走向了命运的终点。

马克思通过对波拿巴政变原因、经过和结果的分析，进一步深化了唯物史观关于历史进步的理论，提出应该坚持用唯物辩证的观点去看待历史发展进程中的曲折与倒退，既要看到它的暂时性，又要看到历史倒退背后隐藏的某些前进和发展。法国爆发的六月起义和巴黎公社运动表明，尽管无产阶级革命指引着历史前进的方向，预示着人类解放和进步，但这并不意味着无产阶级革命不会有曲折与失败，也不能因为无产阶级革命出现的暂时失败而去否定它的进步性质和正确方向。马克思恩格斯相信，人类历史不会总是一帆风顺、按部就班地向前发展，它有时会出现停滞和倒退，但历史发展的总趋势是前进和进步的，那些暂时出现的停滞和倒退无法阻挡社会发展的基本进程，历史总会踢开一切绊脚石而继续前进。

三　冒险家的胜利——路易·波拿巴成功的必然性与偶然性

对于人类社会发展进程中出现的偶然性因素，马克思同样重视。在马克思看来，社会历史的发展过程中除了具有历史必然性，同时还存在历史偶然性，如果对历史事件中各种偶然性因素忽略不计，则会使历史

---

① 《马克思恩格斯全集》第 11 卷，人民出版社，1995，第 266 页。
② 《马克思恩格斯全集》第 48 卷，人民出版社，2007，第 453 页。
③ 《马克思恩格斯文集》第 2 卷，人民出版社，2009，第 466 页。

过程带上宿命论与神秘论的色彩。马克思认为，一方面，经济关系决定着历史发展的总趋势，是历史必然性的体现；另一方面，多种因素的相互作用和随机结合又使历史事件的发生表现出偶然性。马克思对此总结道："这里表现出这一切因素间的相互作用，而在这种相互作用中归根到底是经济运动作为必然的东西通过无穷无尽的偶然事件……向前发展。"① 在法兰西第二共和国这场风云变幻的历史斗争中，资产阶级共和派、正统派、奥尔良派、小资产阶级和无产阶级都曾是这场群雄角逐战的主角，但是，这些优势明显的阶级最终都未能站在胜利的舞台上，相反，斗争的结果却是一个平庸可笑、龌龊下流的冒险家一夜之间充当了法国历史的代言人，成了革命成果的继承者，这是一个"让所有人都感到震惊但没有一个人理解它"的结局。从表面上看，波拿巴发动政变不过是对拿破仑的拙劣模仿，他的成功似乎只是历史偶然。然而，在马克思看来，波拿巴成功发动政变绝不是对拿破仑的简单模仿，而是法国阶级斗争所造成的各种偶然性因素耦合作用的结果。因此，在全面把握法兰西第二共和国全部历史进程的基础上，马克思运用唯物辩证法的联系观点，科学揭示了波拿巴成功发动政变、复辟帝制这一历史之谜，指出这个看似偶然的历史结果却有其必然性的合理解释，是必然规律和偶然事件的统一。

第一，各个阶级囿于自身的利益，都希望从选举中获得好处，由此在 1848 年 12 月 10 日的总统选举中，支持了路易·波拿巴，为波拿巴日后政变成功创造了第一个有利条件。马克思全面地总结了在法兰西第二共和国的总统选举中，各个阶级投票支持波拿巴的主要原因，指出除了小农阶级幻想着波拿巴能够像拿破仑一样减免他们的赋税和徭役，保护他们的小块土地之外，其他阶级出于自身利益的考虑，也将选票投给了路易·波拿巴。对于无产阶级来说，他们选择波拿巴是为了撤换掉卡芬雅克和推翻制宪议会。大资产阶级用波拿巴代替卡芬雅克意味着封建王朝复辟的开端，而军队选择波拿巴就是为了表示反对和平而拥护战争。

---

① 《马克思恩格斯选集》第 4 卷，人民出版社，2012，第 604 页。

各个阶级从自己的利益考虑出发，都希望能够通过波拿巴上台获取好处，而事实却是产生了逆历史潮流而动的一个独裁者。

第二，资产阶级共和派隐藏的帝制思想是波拿巴政变得以成功的偶然性因素之一。在马克思看来，1848 年二月革命后，执掌政权的资产阶级共和派并不是一个由共同利益聚集而成的资产阶级政党，而是由一群仍然对旧的共和国充满怀念的幻想家聚合而成的，其中隐匿了巨大的复辟帝制的欲望。对此，马克思指出，资产阶级共和派的机关报《国民报》在路易·菲力浦统治期间就有"很大一部分拥护者都是因为它鼓吹这种隐蔽的帝制思想而获得的，也正因为如此，后来在共和国时期，这种帝制思想就能以路易·波拿巴为代表，作为一个置人于死地的竞争者来同《国民报》本身对立"①。因此，马克思认为，资产阶级共和派隐藏的帝制思想是他们最后选择支持波拿巴复辟帝制的重要原因，波拿巴的复辟欲望最终不过是满足了部分资产阶级共和派自己的复辟欲望罢了。

第三，《1848 年宪法》中普选权的重新确立，在未来的政治选举中决定了法国的命运。资产阶级共和派拟定的共和主义宪法，使总统和国民议会的矛盾凸显，因为总统拥有了实际上的权力，而国民议会只能保留精神和道义上的权力。《1848 年宪法》规定总统是由全国人民选出的，由所有法国人直接投票选举，这样，选民的人数是决定最终结果的唯一因素，普选权的恢复使占法国总人口 2/3 的农民获得了投票权，波拿巴的主要支持力量正是来自农民。可以说，普选权的恢复是波拿巴获取政权的重要杠杆。马克思不由得感慨道："1848 年的宪法就是这样。它在 1851 年 12 月 2 日不是被人头撞倒，而只是被一顶帽子碰倒了，诚然，这顶帽子是三角拿破仑帽。"②

第四，小资产阶级的软弱性和妥协性是社会民主派最后支持波拿巴的重要原因。法兰西第二共和国时期的社会民主派虽然是由山岳党、小资产者和工人阶级联合组成的，但其基础成员还是资产阶级民主派，因

---

① 《马克思恩格斯选集》第 1 卷，人民出版社，2012，第 679 页。
② 《马克思恩格斯文集》第 2 卷，人民出版社，2009，第 487 页。

此社会民主派维护的还是小资产阶级的根本利益。在马克思看来，小资产阶级由于自身的软弱性导致社会民主派始终以民主主义的方法来改造社会，而没有想过消灭社会剥削的两极——资本和雇佣劳动。同时，小资产阶级的狂妄性又使社会民主派以为自己可以完全超然于阶级对抗之上，而去忽视无产阶级的力量，仅仅让他们成为被领导者。而小资产阶级的妥协性使得社会民主派最终背叛了自己的代表，背叛了自己的同盟者——无产阶级。因此，马克思认为，小资产阶级的缺陷使得社会民主党很难得到人民的支持，也无力组织大规模的革命运动，所以它无论是在与秩序党还是与波拿巴的斗争中都要不可避免地遭受失败。"山岳党的失败也就是波拿巴的直接胜利，也就是波拿巴个人对他那些民主派敌人的胜利。"①

第五，秩序党内部分裂造成的权力空缺是波拿巴成功的主要原因。在法兰西第二共和国存在的短暂 4 年历史中，秩序党占据着十分重要的地位。秩序党主要由正统派和奥尔良派两大保皇党组成，两者虽然拥有共同的保皇主义信仰，但是联合的保皇党人在议会之外，总是暗自争斗。长期存在的内部分歧导致秩序党不仅没有抓住机会反击波拿巴的公然挑衅，反而惧怕人民的革命，惧怕失去在国民议会中的地位而步步后退。马克思对此一针见血地指出："由于害怕失去在和革命进行斗争中所获得的一切，它让敌手攫取了它所获得的果实。"② 同时，马克思认为，国民议会的长期休会，也为波拿巴政变提供了契机。"国民议会在一个相当长的时期内退出舞台，只留下路易·波拿巴这一个……国民议会的这种举动是失策的。"③ 最终，秩序党彻底崩溃，历史又倒退到个人专制时代。

第六，资产阶级对无产阶级的恐惧，使得资产阶级把政权送给了波拿巴。马克思指出，当秩序党企图联合资产阶级共和派和社会民主派同

① 《马克思恩格斯文集》第 2 卷，人民出版社，2009，第 506 页。
② 《马克思恩格斯文集》第 2 卷，人民出版社，2009，第 527 页。
③ 《马克思恩格斯文集》第 2 卷，人民出版社，2009，第 509 页。

路易·波拿巴继续抗争时，资产阶级党派却由于惧怕无产阶级的势力，害怕无产阶级再度发动革命，将希望寄托于路易·波拿巴，希望他可以扼杀无产阶级起义的威胁。"法国资产阶级反对劳动无产阶级的统治，它把政权送给了以十二月十日会的头目为首的流氓无产阶级。"① 在此形势之下，波拿巴实现了他蓄谋已久的政变。

1848 年至 1851 年法兰西第二共和国时期，混合着各种惊人的矛盾，从二月革命推翻七月王朝，资产阶级共和派联合其他阶级共同成立法兰西第二共和国，到秩序党伙同波拿巴先后绞杀资产阶级共和派和社会民主派，独掌国民议会大权，再到三个"保皇派"内部分裂，各自为政，从"政治形式的外衣"看，这是一大堆杂乱无章、互不连贯甚至互相矛盾的事件。似乎从表面上看，这段历史充满了历史的偶然与机遇，令人"难以捉摸"。但是，马克思的伟大之处在于，他可以通过许多偶然的事件看到历史发展的必然性。在分析波拿巴政变这一具体的历史事件时，马克思坚持以唯物辩证法的联系观点，始终以全面分析的原则，既考察这一事件必然发生的一般原因，也充分看到各种偶然的个别因素对事件发展所产生的影响。他在全面分析 1848 年至 1851 年革命的历史进程之后得出结论：波拿巴政变的成功是以往事件过程的必然的结果。马克思指出："不管波拿巴怎样泄露秘密，不管国民议会怎样事先完全知悉内情，这个政变都是会成功的，因为这是先前的事变进程的必然而不可避免的结果。"② 虽然与根源于物质对立的阶级冲突和小农迷信"拿破仑观念"导致波拿巴得到多数选民的支持相比，产生于阶级冲突和囿于阶级局限性形成的个别因素似乎与波拿巴政变更像是偶然发生的联系，并不能决定政变的最终走向，但是历史必然性与偶然性的辩证关系告诉我们，在重视必然性因素对历史的决定作用时，也不能忽视偶然性因素的作用，历史的必然性与偶然性相互作用，必然性需要通过无数偶然性来证明，如果离开法兰西阶级斗争造成的这些偶然性结果，波拿巴政变也难以成

---

① 《马克思恩格斯文集》第 2 卷，人民出版社，2009，第 560 页。
② 《马克思恩格斯文集》第 2 卷，人民出版社，2009，第 554 页。

功。因此，在分析具体的历史事件时，应该在历史必然性与偶然性的统一中对历史事件作出科学的回答。

第二节 法兰西第二共和国中的历史选择性
和历史规律性

除了历史必然性与偶然性的统一，马克思认为，历史上的任何一次变革，都是历史主体的选择性与历史规律的客观性相统一的结果。法国1789年至1871年爆发的历次革命都是社会政治经济发展的必然产物，它们的发生、发展深刻地贯穿着一般规律的制约作用。被卷入革命当中的每一个阶级、阶层和政党都会普遍地受到历史规律的影响，在历史规律的推动下参与变革现有的社会和政治关系，这些参与变革的阶级、阶层和政党有的在历史的激流中脱颖而出，有的则被历史的潮流所淘汰。这说明，具有不同社会历史背景的历史主体在参与社会变革与发展时会有不同的选择与表现。1848年至1851年法兰西第二共和国这段历史错综复杂，各革命主体先后登上历史舞台并展开激烈的权力之争，在总结这一时期法国革命的历史经验时，如何理解并解决历史主体与历史规律之间的关系问题是摆在马克思面前的一个重大理论问题。

一 结构的历史：二月革命爆发的历史必然性

一般来说，历史规律性问题往往是和历史必然性、历史决定论问题联系在一起的，这个问题最早由17世纪著名历史学家维柯提出。维柯在其代表作《新科学》中，率先提出人类历史是一个有规律的发展过程。"永恒规律是由一切民族在他们兴起、进展、成熟、衰颓和灭亡中的事迹所例证出的。"[1] 继维柯之后，有许多著名学者讨论过历史规律性问题。黑格尔是继维柯之后关于历史规律性认识的集大成者，他已经意识到自然

---

[1] 〔意〕维柯：《新科学》，朱光潜译，人民文学出版社，1986，第562页。

与历史之间的差别，并将辩证法思想应用于对自然和人类社会的研究。
"黑格尔第一次——这是他的伟大功绩——把整个自然的、历史的和精
神的世界描写为一个过程，即把它描写为处在不断的运动、变化、转变
和发展中，并企图揭示这种运动和发展的内在联系。"① 而对历史规律性
的观念进行革命性的变革则是源于马克思和恩格斯创造的唯物史观。法
国革命史在马克思对历史规律的理解与揭示过程中发挥了重要的促进
作用。

在马克思看来，历史发展的规律性首先表现为历史具有客观性，也
就是说，历史是一种不以人的意志为转移的客观过程。马克思对于社会
历史观的基本问题的唯物主义回答实际上已经说明了历史发展的客观性。
历史的客观性是由社会中的物质因素及其在社会存在发展中的决定作用
所规定的。正如 19 世纪的法国虽然不是资本主义经济的领头羊，但它依
然是政治动荡的高发区："法国革命不断死灰复燃。"② 自 1848 年七月王
朝垮台后，新一轮的残酷革命重新出现，到 20 年后，法兰西第二帝国垮
台时，革命者用巴黎公社的纪念游行和起义装饰了新的共和国，法国革
命一再复活，而这"复活"的背后是客观的社会基本矛盾运动作用的结
果，是社会历史发展的必然结局。

早在 1848 年欧洲革命爆发之前，马克思就已经敏锐地观察到革命蓄
势待发，并将遍及整个欧洲。他在《共产党宣言》一文中运用已经形成
的唯物主义历史观对欧洲革命的前景进行了理论预测和判断。马克思认
为通过对以往社会历史，尤其是现代工业社会以来的经济发展和阶级斗
争的概括，在资本主义条件下阶级斗争将日益"简单化"为资产者和无
产者的对立。不久后，欧洲爆发大规模的革命运动，其中法国革命来势
迅猛，规模庞大，斗争激烈和复杂，迅速成为欧洲革命的"火药桶"。
革命的爆发，为马克思的理论预测提供了现实材料，对于这场发生在眼
前的革命事件，马克思给予了透彻分析。在《1848 年的六月失败》一文

---

① 《马克思恩格斯选集》第 3 卷，人民出版社，2012，第 793 页。
② 〔法〕托克维尔：《托克维尔回忆录》，董果良译，商务印书馆，2004，第 98 页。

中，马克思运用唯物史观对法国二月革命爆发的原因进行了深刻剖析，指出法国社会生产力与生产关系的矛盾是革命爆发的根本原因。当时法国的大工业已经起步，资本主义经济已有很大发展，但是当时法国国内实际掌权的是资产阶级中的上层，即金融贵族和大资产阶级，以路易·菲力浦为例，他出身于奥尔良财阀集团，实为金融资本家的代表，而当时工业资产阶级在议会中只是少数派，随着工业资产阶级经济实力的增强，他们必然要求更多的政治权力。当时法国社会矛盾已经十分尖锐，冲突即将爆发，这从托克维尔的《回忆录》中也可以得到印证，"从1789 年到 1830 年的历史，从远处和整体看，无非是一幅激烈斗争的图卷，一方是旧体制、旧传统、旧记忆、旧期望以及贵族所代表的人们，另一方是中产阶级所牵引的新法国"①。当时的法国被分为两个"不平等的圈子"：在统治着全部政治生活的上层里，弥漫着懈怠、无能、贪婪和停滞的气氛；相反，在下层的政治生活中，已经开始不时地表现出细微的反抗征候。1845 年和 1846 年的马铃薯病害和歉收，1847 年英国的普遍的工商业危机，以及随之而来的人口贫困成为革命爆发的"导火索"，使本来就有强烈不满的法国民众终于发动了革命。可惜的是，托克维尔并没有将国家权力的发展与任何特定的社会群体联系在一起；"民主"与"平等"是具有渗透性的结构趋势，尽管它们可能如"巨大扫帚"般横扫一切，但似乎是没有掌控的"巨大扫帚"。结果是，在托克维尔的阐述中，革命行动者的身份和意图与大革命的进程几乎毫不相干。革命者是谁，革命者有什么想法，这些都没有意义，因为革命者是在不自觉的状态下被卷入绝对权力的梦想之中的，是绝对权力的梦想最终形塑了法国大革命的整个过程。与托克维尔不同，马克思看到了革命背后的经济动因，看到了利益的一致性是把资产阶级与其他革命阶级联结起来的根本原因。

马克思在对资本主义社会生产力与生产关系的矛盾冲突以及由此引发的经济危机所带来的种种后果的历史分析中，揭示了二月革命爆发的

---

① 转引自陈乐民《欧洲文明的进程：对话欧洲》，生活·读书·新知三联书店，2014，第191页。

必然性。随后，马克思恩格斯运用经济分析的方法对德国三月革命同样进行了深刻剖析，他们认为德国三月革命的爆发同样具有必然性，因为生产力与生产关系的矛盾冲突是德国三月革命爆发的根本原因。在马克思恩格斯看来，无论是否有法国二月革命的促进，德国三月革命也必然会爆发，因为社会基本矛盾的尖锐化决定了德国早已处在革命的前夜。这样，马克思通过对法国二月革命、德国三月革命以及其他历史事件的原因探究，对于社会经济基础的分析与经济危机和革命时机之间基本上建立了比较合理的联系，确证了《共产党宣言》中关于革命必然性的认识。虽然此时的马克思还没有建构起完整的政治经济学体系，但他对生产力和生产关系矛盾的分析基本能够确定资本主义生产力的边界，即确定资本主义生产关系是否已经不适合生产力的发展而必须进行革命。

这是否意味着资本主义已经发展到末期，社会主义革命已经来到并将取得胜利呢？答案是否定的，因为历史发展在具有客观性的同时，还表现为历史发展自身所固有的规律性，社会规律既是历史客观性的表现，又是它的确证。对于无产阶级与资产阶级之间的决战，马克思在 1848 年之初还保留着对革命的盲目乐观情绪。那时的他认为"不可能有丝毫怀疑：伟大的决战已经开始……而结局只能是无产阶级的最终胜利"①。确实，此时的马克思"用极为典型的乐观主义宣称反动的资产阶级共和国只不过是革命的温室"②，但 1848 年六月起义的结果却是无产阶级的失败。马克思在《路易·波拿巴的雾月十八日》一文中，反思了之前过于乐观的态度，对无产阶级之所以没有表现出先前所预期的那种革命状态作了具体分析。马克思认为，法国二月革命的时候，资本主义工商业一片繁荣，无产阶级可以充分就业，使得资产阶级与无产阶级之间的尖锐矛盾没有完全暴露，当时巴黎的无产阶级对资产阶级仍然心存幻想，他们"这样和气地抛开阶级矛盾，这样温柔地调和对立的阶级利益，这样

---

① 《马克思恩格斯选集》第 4 卷，人民出版社，2012，第 382 页。
② 〔英〕戴维·麦克莱伦：《马克思传》（第 4 版），王珍译，中国人民大学出版社，2016，第 247 页。

想入非非地超越阶级斗争"①。对此，马克思总结道："在资产阶级社会的生产力正以在整个资产阶级关系范围内所能达到的速度蓬勃发展的时候，也就谈不到什么真正的革命。"② 通过对 1848 年法国的社会和经济结构以及二月革命和六月起义的历史进程的分析，马克思确证了关于社会历史发展的规律性构想，提出法兰西第二共和国时期的革命实践表明，社会历史发展同自然发展一样，是受其内部规律制约的。

二　从二月革命到六月起义：无产阶级作为历史主体的选择性

历史唯物主义关于历史的客观规律性认识遭到了西方人本主义者的非难，他们指责马克思和恩格斯"见物不见人"，只承认物和经济关系对人的决定作用，而不承认人对物和经济关系的主体作用，这是不符合实际的。事实上，马克思恩格斯既非"经济决定论"者，也不是"历史宿命论"者。相反，马克思恩格斯不仅认识到历史发展的客观规律性，而且重视历史主体的能动选择性，他们始终认为，"历史不过是追求着自己目的的人的活动而已"③。

马克思恩格斯认为，无论是 1848 年的二月革命，还是随后进行的六月起义，巴黎的无产阶级都表现出伟大的革命激情，他们在革命中的价值追求、自觉选择和能动创造，突出表现了这种历史主体性。在二月革命中，虽然资产阶级是领导阶级，但是无产阶级才是革命的主力军，他们在与其他各阶级的联合作用下，推翻了路易·菲力浦的金融贵族统治，成立了临时政府。随后，面对资产阶级在革命胜利后立即转变立场，迅速瓜分内阁中的一切职位，无产阶级汲取曾在 1830 年 7 月被资产阶级虚伪本质欺瞒的教训，"他们准备重新开始斗争，以武力强迫成立共和国"④。在无产阶级的强势逼迫下，临时政府宣告以普选权为基础的法兰

---

① 《马克思恩格斯选集》第 1 卷，人民出版社，2012，第 456 页。
② 《马克思恩格斯选集》第 1 卷，人民出版社，2012，第 541 页。
③ 《马克思恩格斯文集》第 1 卷，人民出版社，2009，第 295 页。
④ 《马克思恩格斯文集》第 2 卷，人民出版社，2009，第 85 页。

西第二共和国成立。无产阶级也因此招致了整个资产阶级来和它作斗争，面对无产阶级在二月革命以后希望继续进行革命的要求，执掌临时政府的资产阶级共和派实施了反对无产阶级的政策，封闭"国家工厂"的挑衅性法令激起巴黎工人的强烈反抗。随后，巴黎工人在 1848 年 6 月 26 日举行了大规模的武装起义，即六月起义，然而这场起义在资产阶级的残酷镇压下最终失败了。这次起义虽然失败了，但马克思仍给予其极高的评价，在马克思看来，六月起义意味着推翻资产阶级社会的勇敢尝试，"无产阶级至少是带着进行过世界历史性的伟大斗争的光荣而失败的；不仅法国，而且整个欧洲都被六月的地震所惊动"①，这场起义充分彰显出无产阶级的历史首创精神和主体作用。

除了对无产阶级历史主体地位的肯定，对于那些忽视主体选择性的错误观点，马克思也同样予以了反驳。1851 年 12 月 2 日的波拿巴政变震惊了包括马克思在内的众多欧洲思想家和革命家。如前文所述，马克思利用唯物史观对波拿巴政变发生的原因、过程和结果进行了详细的分析。与此同时，法国无政府主义思想家蒲鲁东对于这一事件也发表了自己的看法，蒲鲁东在《从十二月二日政变看社会革命》一文中，完全忽视历史主体的选择性，将这场政变描述成以往历史发展的必然结果，这种观点立即遭到马克思的反驳和批判。在马克思看来，蒲鲁东对历史主体能动性的否定，导致"在他那里关于政变的历史构想不知不觉地变成了对政变主角所作的历史辩护"②。实际上，这并不是马克思第一次用唯物主义的历史观点批判蒲鲁东关于历史主体能动性和选择性的错误论断，马克思在 1846 年 12 月写给安年科夫的信中就已经对蒲鲁东进行过唯物主义的批判。马克思说道："蒲鲁东先生无法探索出历史的实在进程……在他看来，人不过是观念或永恒理性为了自身的发展而使用的工具。"③

马克思通过对农民阶级能动性与革命性的分析，提出了一种解决无

---

①　《马克思恩格斯文集》第 2 卷，人民出版社，2009，第 478 页。
②　《马克思恩格斯文集》第 2 卷，人民出版社，2009，第 466 页。
③　《马克思恩格斯全集》第 47 卷，人民出版社，2004，第 441 页。

产阶级历史主体问题的方案——工农联合。在他看来，农民作为历史主体具有巨大的革命潜力。一方面，农民作为劳动者，具有天然的反抗剥削和压迫的本性；另一方面，随着资本主义不断发展的是资产阶级对农民剥削和压迫的加剧，最终将广大农民推入无产阶级的阵营，成为无产阶级的同路人。但是，同所有的小资产者一样，农民也有保守、落后的一面，他们囿于对"拿破仑观念"的幻想而先后将波拿巴推上总统和皇帝的宝座。因此，马克思认为，农民的保守和落后使他们无法成为革命的领导者，但由于其革命本性和能力，他们又能够成为无产阶级的同盟军。马克思指出，一旦法国农民对波拿巴复辟帝制感到失望，"无产阶级革命就会形成一种合唱，若没有这种合唱，它在一切农民国度中的独唱是不免要变成孤鸿哀鸣的"①。法兰西第二共和国的历史经验表明，在一个农民占人口多数的国家里，能否获得农民的支持并与其结成联盟，是决定革命成败的重要因素之一。因此，在总结法兰西第二共和国时期的革命斗争经验时，马克思提出在充分发挥无产阶级的历史主体作用的同时，也不应该忽视对农民主体作用的发挥与肯定。这样，马克思在对法国六月起义中无产阶级作用的肯定和工农联盟的历史分析中，充分肯定了历史主体的能动作用。

三 1848 年"革命"的两次对比：历史选择性与历史规律性的辩证统一

需要注意的是，同样是在 6 月，法国小资产阶级也举行了一次所谓的"起义"，然而不是去进行巷战，只是上街游行。在无产阶级六月起义后的 1 年，1849 年 6 月 13 日，小资产阶级的代表山岳党在林荫道上高呼"宪法万岁"，但在大资产阶级的保卫者尚加尔涅的镇压下，游行队伍顷刻瓦解，山岳党的这次起义以失败告终，对此，马克思讽刺道："只要指出这次运动是以山岳党为首的，就足以知道这次运动要被镇压

---

① 《马克思恩格斯选集》第 1 卷，人民出版社，2012，第 769 页①。

下去。"① 对于这两次同样发生在 6 月的起义，马克思在《1848 年至 1850 年的法兰西阶级斗争》一文中作了深刻的比较，他认为"这两次起义中的每一次都是发动起义的那个阶级的典型纯粹的表现"②。不同的是，不同于无产阶级在 1848 年六月起义中表现出来的历史首创精神和历史主体作用，小资产阶级在 1849 年 6 月 13 日的起义中完全丧失了自己应有的革命精神，其全部行为"只不过划过一道冷清清的闪电"③。这说明，在同一历史时期，不同历史主体会表现出不同的能动性与选择性。

　　不仅资产阶级与无产阶级在同一历史时期表现出不同的能动性与革命性，即使同样是资产阶级，也会表现出不同的主体作用。从本质上说，1848 年革命是一场资产阶级领导的民主革命，尽管"反对政府的群众是由各种各样的成分组成的，它们的利益各不相同，但或多或少都受资产阶级领导"④。马克思认为，尽管法国的资产阶级存在自身的缺陷，但是它作为革命的领导阶级成功指挥了 1848 年法国二月革命，推翻了七月王朝的封建统治，确立了资产阶级的共和政体。但是，同样是爆发于 1848 年的资产阶级革命，德国资产阶级在三月革命中的表现却远不如法国资产阶级那样彻底。为什么同一时期的历史主体，无产阶级与资产阶级，以及不同国家的资产阶级会表现出不同的能动作用呢？马克思的伟大之处在于，他虽然肯定历史主体的能动作用，但绝不片面夸大历史主体的作用，而是始终强调历史主体精神的发挥，离不开客观社会历史条件的制约。马克思提出，法、德资产阶级在革命中的不同表现归根结底是受到本国资本主义发展程度的影响，在德国，尽管在 1848 年三月革命爆发之前，资本主义就已经有了一定程度的发展，但德国从总体上来说仍然是一个落后的农业国。农奴制度改革的不彻底使德国封建残余的势力仍然强大，这些客观因素不仅严重阻碍了德国资产阶级革命的进程，而且

① 《马克思恩格斯文集》第 2 卷，人民出版社，2009，第 136—137 页。
② 《马克思恩格斯文集》第 2 卷，人民出版社，2009，第 143 页。
③ 《马克思恩格斯文集》第 2 卷，人民出版社，2009，第 439 页。
④ 《马克思恩格斯文集》第 2 卷，人民出版社，2009，第 374 页。

极大地限制了资产阶级能动作用的发挥。这说明，任何历史主体都不能够超越现有的社会历史条件来创造历史。正如马克思在谈到法国社会民主派的失败时指出，社会民主派认为应该是形势来适应它的旧观点，而不是它去主动放弃旧的观点，但事实却是"没有一个党派像民主党这样夸大自己的力量，也没有一个党派像民主党这样轻率地错误估计局势"①。

正确认识历史主体与历史规律之间的辩证关系，对于无产阶级实现其历史使命具有重要意义。就像法国的无产阶级在1848年革命中虽然充分显示了它的历史主体作用，勇敢地掀起了反抗资产阶级压迫的斗争，但最终还是陷于失败。其中最重要的原因是，当时法国的社会历史条件尚未达到完全消灭资产阶级的客观条件，因此，1848年革命后欧洲资本主义进入了长期稳定的发展阶段。在这种情况下，马克思恩格斯并没有盲目地利用无产阶级的革命热情，而是根据现实的客观形势冷静地估计了无产阶级革命的可能性，坚决反对在革命条件尚未成熟的前提下走革命的冒险主义和密谋主义路线。马克思指出，这些密谋家"要做的事情恰恰是要超越革命发展的进程，人为地制造革命危机，使革命成为毫不具备革命条件的即兴之作"②。任何超越历史条件和摆脱历史客观规律制约的主体能动作用的发挥，都是唯意志论的表现，这种唯意志论是和无产阶级的历史主体作用格格不入的。不同于密谋家们人为跨越历史发展的客观进程，无视历史规律的"人造革命"，马克思提出，只有历史的必然性与历史主体的主动性相统一，历史才能前进。而在此之前，无产阶级需要不断提高自身的阶级意识，培养技能，适时地按照现实条件来制定革命的步骤和策略。

马克思恩格斯关于历史主体的选择性和历史的客观规律性相统一的思想，是唯物史观最基本的问题之一，它深刻地阐明了历史规律对历史主体的制约性和历史主体在合乎规律的基础上所应发挥的能动作用。对历史主体的选择性和历史的客观规律性相互关系的正确认识，使马克思

① 《马克思恩格斯文集》第2卷，人民出版社，2009，第503—504页。
② 《马克思恩格斯全集》第10卷，人民出版社，1998，第333页。

恩格斯面对 1871 年巴黎公社，能够从客观因素和主观条件两个方面对公社经验进行科学总结。一方面，马克思高度肯定了巴黎工人阶级面对挑战不断坚持英勇斗争的重大历史意义。他指出，如果巴黎工人不战而降，直接被资产阶级解除武装，其后果只会使无产阶级的士气低落，瓦解无产阶级的斗志，而英勇抗战则能激发无产阶级的革命精神，在欧洲进一步掀起社会主义运动的高潮。马克思认为，只有无产阶级作为历史主体的选择性得到发扬，并保持强烈的革命精神，才能为解决社会革命的历史任务和实现历史的必然性带来希望。另一方面，面对巴黎公社运动的失败，马克思认为，虽然社会生产力和生产关系的矛盾必然会引发经济危机，促使革命的爆发，但这并不意味着无产阶级革命将会一帆风顺，必须正确看待无产阶级在革命过程中出现的困难、曲折，在实践中总结经验，深化认识。马克思反对对未来的无产阶级革命作出完全的预测，指出如果要求绝对正确地估计革命胜利的时机、进程和各项细节，这实质上是把科学的唯物史观降低到神秘的唯心史观的水平，陷入"历史预成论"的误区。这表明，马克思认为创造历史是一项复杂而艰巨的任务，为此，我们不仅要理解和把握历史发展的客观规律，而且要充分估计和引导群众的历史主动性，既要反对把一切都看作必然的"历史宿命论"，又要反对把一切都看成能够进行主观预测的"历史预成论"。由此，马克思从历史选择性与历史规律性的辩证统一的角度出发，既解决了如何正确看待巴黎公社的失败问题，也解决了如何在各种复杂的情况下将无产阶级革命进行到底的问题。

第三节　《法兰西内战》的启示：历史发展道路的普遍性与特殊性

如前文所述，马克思指出人类社会历史的发展具有客观规律性，强调各个民族都不可能违背这种普遍规律，但是，遵循人类社会历史发展普遍规律的方式多种多样，其中又内蕴着对历史发展普遍性与特殊性之间关系的回答。作为历史学家的马克思，除了要揭示人类社会历史发展的普遍规律外，还要运用唯物主义的历史理论、历史发展规律学说去深刻研究与认识不同时期、地区、民族和国家的历史发展的多样性，对这些历史内容作出合乎历史唯物主义原则的科学揭示。马克思通过分析法国 1789—1871 年的革命历史，总结出资本主义统治的普遍特征，结合他晚年《历史学笔记》中关于欧洲各国资本主义史前史的考察，对以法国为代表的资本主义的历史普遍性与德国资本主义的独特发展道路作出了科学回答。这说明，马克思在强调事物普遍性的同时，从不忽视特殊性的存在。除此之外，在《法兰西内战》关于公社制度及其形态的历史考察中，马克思既承认社会历史发展规律具有普遍性，也尊重各民族历史发展道路的特殊性。以共性和个性的辩证观点为指导，马克思在尊重客观规律的前提下为人类社会的发展提供了多元化的选择与方案。

一　法国道路的历史普遍性与德国的独特发展道路

历史普遍性与历史特殊性是历史哲学最为重要的矛盾范畴之一，马克思关于法国革命史的历史研究，始终内蕴着社会历史发展是普遍性与特殊性相统一的哲学运思。在马克思心中，法国在他关于资本主义社会的政治问题研究中具有类似于英国在资本主义生产方式中的典型性和成熟性，正是法国社会中政治运动所具有的成熟性和极端性构筑了他探索资本主义发展道路的现实土壤。在马克思看来，1789—1871 年的法国革命浪潮形塑了现代资本主义政治统治的一般模式，体现着资产阶级政治统治的共同特点，预示着资本与劳动冲突的展现方式。巴黎公社运动作为一项具有普遍历史意义的重大事件，代表着现代社会资产阶级和无产阶级之间矛盾的最突出的政治表达和最极端的解决方案。因此，马克思在分析法国 1789—1871 年的革命史实中，总结出资本主义统治的普遍特征。

1789 年至 1871 年现代法国的重大历史事件：1789 年资产阶级革命—1804 年拿破仑第一帝国建立—1830 年七月革命资产阶级对封建地主

和保皇派的胜利—1848 年二月革命资产阶级共和派崛起为统治阶级代表—1852 年路易·波拿巴发动政变复辟帝制建立法兰西第二帝国—1870 年普法战争后国防政府组建法兰西第三共和国—1871 年巴黎公社运动，推翻梯也尔临时政府，实现无产阶级专政的第一次伟大尝试。在接踵而至的社会动荡和革命乱象中，马克思详细分析了法国革命的三个关键节点，以此提炼出资本主义统治的一般特征。第一，1789 年新兴资产阶级反对封建势力而建立的君主专制国家是现代法国的起点，是法国资产阶级通过政治革命登上历史舞台的划时代起点。马克思提出，大革命清除了那些妨碍建立现代国家大厦的最后障碍，法国国家机器是"在专制君主时代，在封建制度崩溃时期产生的"①。君主专制以中央集权的形式联合了分散的封建势力，建构了统一的民族国家，这为资产阶级的社会化大生产提供了必要前提，是时代进步的标志。第二，1804 年拿破仑第一帝国的建立削弱了封建势力对现代法国的倒戈，"现代国家大厦是在第一帝国时期建立起来的"②。拿破仑确立的军事独裁统治进一步巩固了中央集权，因为"现代社会所需要的国家中央集权制，只能在军事官僚政府机器的废墟上建立起来"③。此后资产阶级以立法权和行政权分离的方式运用议会制衡政府，在以后各个时期的政治体制下，政府都处于议会的控制之下，也就是说，政府处于受有产阶级直接控制的地位，国家政权也因此逐渐演变成资本奴役劳动的阶级统治工具。1830 年的七月革命和 1848 年的二月革命进一步巩固了资产阶级在政治统治中的决定性地位。马克思指出，资产阶级在这一时期彻底实现了"操治理国家之心，得治理国家之利"④。第三，1852 年由路易·波拿巴任总统的法兰西第二帝国内含的议会制共和国实质是资产阶级政治统治的极盛时期，因而也是资产阶级政治统治由盛而衰的标志。一方面，法兰西第二帝国以议会共和的方式缓和了统治阶级内部的矛盾，并以"波拿巴"之名笼络了国

---

① 《马克思恩格斯文集》第 2 卷，人民出版社，2009，第 564 页。
② 《马克思恩格斯文集》第 3 卷，人民出版社，2009，第 151—152 页。
③ 《马克思恩格斯文集》第 2 卷，人民出版社，2009，第 573 页。
④ 《马克思恩格斯文集》第 3 卷，人民出版社，2009，第 152 页。

内的一切社会阶层，他成为跨越一切阶层的"总代表"。"在以往各种体制下，统治阶级内部的分裂还使国家政权受到制约，现在由于这个阶级的联合，这种制约已经消失了。"① 另一方面，法兰西第二帝国时期资本主义高速发展的假象无法消解根本的利益分歧，资产阶级的利益分歧与劳资双方的对立同时出现。这说明，帝国制度"是在资产阶级已经丧失统治国家的能力而工人阶级又尚未获得这种能力时唯一可能的统治形式"②。

可以看出，马克思在对法国近 90 年的资本主义发展演变规律进行历史考察时，始终抓住历史唯物主义原理的关键——以政治与经济的相互关系为中心内容。通过对法国 1789—1871 年革命进程的总结，马克思发现法国从 1789 年至法兰西第二帝国建立的历次革命既是资产阶级在经济上占优势地位之后进而在政治上谋求对等地位的过程，又是资产阶级政治统治一路攀升至极点因而也即将衰落的过程。"每经过一场标志着阶级斗争前进一步的革命以后，国家政权的纯粹压迫性质就暴露得更加突出。"③ 同时，劳资双方的对立也更为扩大和加深。在马克思看来，法国的新兴资产阶级通过革命手段建立了一种以君主专制为代表的中央集权的统治形式，它成为基于封建贵族和资产阶级势力均衡的君主政权，是向资本主义过渡时期封建贵族的统治。法兰西式从封建主义向资本主义的转型过程是西欧资本主义发展的普遍模式，西班牙、意大利都是典型的代表，但是这一结果的达成需要以王权将封建主义条件下的分散权力重新整合为绝对权力进而形成统一的民族国家为前提。在此历史过程中，有一个明显的例外是德国——它通往资本主义的道路不是趋向于统一，而是始终伴随着分裂。作为长期分裂的结果，德意志民族以其独特性跻身于资本主义世界中，生成了一种与法国完全不同的资本主义发展模式。辩证的历史思维使马克思在强调事物普遍性的同时，也不忽视特殊性的

---

① 《马克思恩格斯文集》第 3 卷，人民出版社，2009，第 153 页。
② 《马克思恩格斯文集》第 3 卷，人民出版社，2009，第 153 页。
③ 《马克思恩格斯文集》第 3 卷，人民出版社，2009，第 152 页。

存在。关于德意志资本主义的研究需要回归到马克思晚年的《历史学笔记》当中，在这部研究欧洲各国资本主义史前史的读书笔记里，马克思对包括德国和法国在内的西欧主要资本主义国家的封建历史都进行了系统摘录。

关于德国的资本主义发展道路，马克思曾坚持认为，德国只有参照业已完成工业革命的英国和完成政治革命的法国的历史经验，才有可能在现实中完成资产阶级的资本主义建构，实现现代转型。然而，德意志民族的历史与特性决定了德国在资本主义社会的形成与发展上，走上了一条与英、法等西方模式不同的独特的发展道路。在晚年的《历史学笔记》中，马克思对德、法两国之间的历史渊源进行了系统摘录。马克思提出，德意志民族由于长期以来一直处于封建割据状态且饱受战争的影响，德国无论是在工业革命上还是在政治革命上，相较于英、法等国都起步较晚。在马克思看来，尽管德国在 1848 年欧洲革命浪潮的影响下，也于 3 月爆发了本国的资产阶级革命，但囿于封建守旧势力的强大，以及资产阶级的软弱、妥协，德国既没有通过革命完成国家统一，也没有建立起西欧式的资产阶级民主共和国。与法国采用的自下而上的革命手段不同，德国从封建社会向资本主义社会的过渡是通过资产阶级性质的自上而下的改革逐步实现的。具体来说，德意志发展长期受到以法国为主的影响和制衡，直到 1870—1871 年，普鲁士首相俾斯麦趁普法战争之际清除了法国对德国的长期干预，德意志民族才以第二帝国的形式实现了统一。第二帝国在政治上实行容克资产阶级的半专制主义统治，这种半专制主义统治一直持续到第二次世界大战后才被推翻，继而建立了德国历史上的第一个资产阶级共和国——魏玛共和国。可以说，尽管德国的资产阶级作为统治阶级初次登上了政治舞台，但在 1945 年之前，德国资产阶级的民主政治进程发展缓慢，资产阶级从未建立起绝对的政治统治。

作为一个思虑周全的历史研究者，马克思在对西欧资本主义社会演变和发展的历史普遍性考察中举起了个体性的旗帜，而个体性的最佳展现就是德国资本主义自身的发展过程。根据历史唯物主义的一般原则，政治与经济的关系是决定一个国家经济发展、社会进步和历史前进方向的重要因素。在资本主义社会中，以法国体制为主要代表的资产阶级民主共和制是有利于自由资本主义经济发展的政治外壳，也就是说，资产阶级政治民主与经济自由的基本同步协调发展是一般资本主义社会的运动发展规律。然而，德国在较长的历史时期内，政治都滞后于经济的发展，政治与经济的不同步性成为德国资本主义走上独特发展道路的原因之一。马克思运用唯物史观揭示出资本主义社会普遍性与特殊性矛盾存在的本质。在他看来，考量历史应该坚持一个完整的分析结构，不仅要反对用抽象的普遍性代替特殊性，而且要避免过分强调特殊性而抛弃了普遍性的概念。为了正确理解和分析普遍性与特殊性之间的关系，应该历史地、具体地，特别是从经济规律和历史规律双向分析的角度对两者之间的矛盾进行历史学和哲学的考察。马克思创立的历史唯物主义的重要成果之一就是确认社会历史发展有其统一性和一致性的一面，即以社会基本矛盾运动为线索，找出了社会历史发展的基本规律和共同方向。但唯物史观也指出，历史发展具有多样性和特殊性的一面，马克思对法国资本主义和德国资本主义发展道路的不同分析，正是关于"社会历史发展的统一性和多样性的统一"思想的诠释，他既看到了历史一致性的一面，又看到了各个民族由于各自不同的生活环境和生存方式而产生的特殊性和多样性的一面。

二 巴黎公社的重要经验——历史规律的普遍性与各民族的特殊性

除了对 1789—1871 年法国资本主义统治的确立与发展作出梳理总结外，马克思在《法兰西内战》一文中对巴黎公社运动的起因、经过、结果和性质等也作了系统论述。在马克思看来，辨析巴黎公社运动需要着重说明作为整个革命核心的公社及其性质，马克思在对巴黎公社形式与性质的分析中，进一步深化了对历史规律的普遍性与各民族发展道路的特殊性的理解。从政治组织形式上看，公社基本上是自治制度的同义词，它在历史上有多种表现形式。在巴黎公社运动爆发之前，马克思就对公社制度进行过研究。他在《1857—1858 年经济学手稿》一文中分析资本主义生产方式出现以前的各种形式时，曾以物质组织形式来理解公社，认为亚细亚公社、古希腊罗马公社和日耳曼公社中生产者与土地的分离过程以及个人与共同体的关系演变勾勒了人类社会在经济层面的演进路线。巴黎公社出现后，马克思从历史发展普遍性的角度出发，以中世纪形成的市镇自治制度对巴黎公社进行分析，即"这个新的、摧毁了现代国家政权的公社，就恰恰被误认为是那最初产生于现代国家政权之先、尔后又成为现代国家政权基础的中世纪公社的再现"①。事实上，巴黎公社的产生与中世纪形成的市镇自治制度确实存在历史渊源，但二者也存在不容忽视的历史差异。从共同性的角度看，巴黎无产阶级组织国民自卫军，推翻国防政府进而建立自己政权的过程，在形式上是公社与国家政权这一对历史矛盾的再次爆发，这一点是人们混淆巴黎公社与旧的自治制度的根源。得益于唯物主义历史观和政治经济学批判的理论发现，马克思认为时代的特殊性使巴黎公社与此前的自治制度具有质的差别。一方面，作为公社革命对象的法兰西第二帝国是资产阶级国家机器的最高发展形态，因而针对它的革命有可能产生某种划时代的历史意义，这是以往的公社所无法比拟的；另一方面，尽管中世纪公社实行自治，但真正的统治权仍然掌握在资产阶级手中，而作为巴黎公社主体的无产阶级则是在现代社会中最有可能粉碎一切阶级统治形式的革命性力量，这为市民社会从国家政权的统治下解放出来提供了可能。因此，当无产阶级组建的公社针对现代国家的最高形态而展开革命时，整个社会制度将会产生颠覆性的变化，这就是无产阶级专政的新形式。

巴黎公社运动使马克思在资本与劳动最极端的对立中找到了一条社会解放的现实途径。在马克思看来，巴黎公社的出现使自治制度在现代社会条件下具有了全新的意涵，它从历史发展趋向上证明了自治制度可以作为新社会的起点。马克思将这种新公社制度的特征概括为起源于公

---

① 《马克思恩格斯文集》第 3 卷，人民出版社，2009，第 156 页。

社与国家政权之间的对立，从根本上否定了旧有的国家形式。"它实质上是工人阶级的政府，是生产者阶级同占有者阶级斗争的产物，是终于发现的可以使劳动在经济上获得解放的政治形式。"① 以公社为中心，马克思在一个更为广泛的范围内探索人类历史的复杂性和社会变革道路的多样性。

巴黎公社运动复活了自治制度，俄国社会也在 1861 年农奴制改革之后围绕"公社"进行了激烈的争论，马克思在与俄国政治活动家交往的过程中逐渐接触到这一问题。与巴黎公社将自治制度作为国家政权发展到极端之后的替代性选择不同，俄国社会的主要问题是农村公社的现代化，即农奴制改革以后公社的去留与样态，以及如何破解农村公社的资本主义化问题。当时俄国社会流传两种观点，一种认为农村公社制度优于西欧资本主义的社会制度，因此农村公社制度应该保留下来；另一种认为农奴制被废除后，农村公社也应该私有化进而走上资本主义道路。马克思通过与俄国政治活动家丹尼尔逊的通信了解到俄国农村公社的成因，并对农奴制改革后俄国资本主义发展状况进行了分析，预示了农村公社解体的趋势。但马克思认为，农村公社解体推导不出自治制度灭亡、俄国社会走上资本主义道路的必然结论。因为俄国作为保存了完整古代公社的国家，可以充分发挥自治制度的优势。马克思开始构想古代公社的自治制度能否在新的历史条件下作为解决资本主义劳资矛盾的新起点。巴黎公社运动的历史经验告诉马克思，无产阶级只有彻底推翻资产阶级的国家机器，进而采取无产阶级专政的手段才有可能推动社会解放，使现实的个人实现自由。因此，"要挽救俄国公社，就必须有俄国革命"②。因为它是唯一有可能接续巴黎公社运动复活的自治制度的革命。一旦社会主义在俄国取得成功，它就能通过无产阶级革命的方式从东向西引爆欧洲资产阶级社会的内外矛盾，从而完成对资本主义的超越。马克思在完成巴黎公社和俄国农村公社的研究之后，以公社这种古代类型的社会

① 《马克思恩格斯文集》第 3 卷，人民出版社，2009，第 158 页。
② 《马克思恩格斯文集》第 3 卷，人民出版社，2009，第 579 页。

在新的历史条件下的复活提出自治制度有可能是通向社会主义的现实新起点。由此，马克思在完成资本主义历史性的必然性论证之后，进一步提供了一种替代方案——公社制度。应该说，这一结论的得出，离不开马克思对 1871 年巴黎公社运动的系统研究，俄国农村公社特殊性的发现源自对法国巴黎公社运动研究成果的隐性继承。

马克思通过考察资本主义社会这个现实蓝本，在《德意志意识形态》《〈政治经济学批判〉序言》等文中提出了五种所有制形式的构想，恩格斯随后提出了"五种社会形态说"，这一理论反映了各民族发展的普遍规律性。然而，通过对巴黎公社延伸出的自治制度的考量，以及晚年对俄国历史的研究，马克思逐渐意识到虽然资本主义有其产生和发展的历史必然性，但由于俄国农村公社的特殊性质及其所处的特定的历史环境，它可以采取不同的方式度过资本主义生产的阶段。这说明，在马克思看来，历史发展绝不是一条单一的直线，而是一幅多彩的图画。作为一种科学的理论抽象，历史规律适用于人类社会发展的总体进程，但是历史上不同时代、地区和民族的社会形态的具体演进模式都有其自身的历史条件和环境，应该根据其自身的特殊实际展开。历史规律正是通过各民族发展道路的多样性展现出来的。马克思关于巴黎公社运动的研究以及俄国发展模式的大胆构想再次说明唯物史观既不是机械的历史决定论，也不是客观唯心主义的历史宿命论、预成论。那些认为所有民族都必须按照五阶段的历史模式发展的简单化、公式化的观点，是对马克思关于历史发展规律的普遍性和各民族发展道路的特殊性关系的极大误解。

第四节　历史认识的真理是绝对性与相对性的统一

历史认识产生于人们对历史事实认知的需要，客观的历史事实是历史认识的对象，马克思认为历史认识是对历史发展过程的认识，只有将历史作为过程去考察，才能正确认识历史。1789 年至 1871 年法国革命的历史事实构成了马克思历史认识的重要对象，通过对法国革命期间一系列历史事实的探寻与论证，马克思提出并发展了历史唯物主义的重要观点。受主客观条件的制约，马克思的历史认识是在不断的修正中趋向完善的。例如，马克思在 1848—1852 年，对法国二月革命的评价表现出不同的倾向，具体可以分为三个阶段。马克思在 1848—1849 年的《新莱茵报》时期，对二月革命的历史意义进行了肯定，到 1850 年写作《1848 年至 1850 年的法兰西阶级斗争》时依然持这一基本态度，但是到 1851—1852 年写作《路易·波拿巴的雾月十八日》时，马克思对于二月革命的论述则转为批判的视角。

第一阶段，在《新莱茵报》时期，马克思对二月革命作出激情而又不失理性的评价。1848 年 2 月 28 日，马克思还在布鲁塞尔的时候，就与民主协会的其他领导人一同高度评价了二月革命的胜利，"我们向 1848 年 2 月的法国致敬，因为它是各民族的模范，而不是各民族的统治者"，"法国人，荣誉和光荣归于你们！"①《新莱茵报》时期，马克思承继了这一观点，并增加了理性的成分，在《六月革命》一文中指出："二月革命是一个漂亮的革命，是一个得到普遍同情的革命，因为当时激烈反对王权的各种力量之间的矛盾还在尚未充分发展的状态中平静地安睡，因为构成这些矛盾背景的社会斗争还只是一种虚幻的存在，还只是一种词句上和言语上的存在。"② 当时马克思认为，二月革命的爆发对于六月革命具有直接的意义，由于二月革命完全确立了资产阶级政权，使资产阶级与无产阶级之间的对立日益凸显，也只有这样，无产阶级革命者才能够形成明确的无产阶级意识，才有可能进行完全意义上的无产阶级革命，"在二月革命中，资产阶级和无产阶级为反对共同的敌人而斗争。当共同的敌人一被消灭，战场上就只剩下这两个敌对的阶级，它们两者之间就必然要开始决战"③。

---

① 《马克思恩格斯全集》第 4 卷，人民出版社，1958，第 584—585 页。
② 《马克思恩格斯全集》第 5 卷，人民出版社，1958，第 154 页。
③ 《马克思恩格斯全集》第 5 卷，人民出版社，1958，第 532 页。

第二个阶段，在《1848 年至 1850 年的法兰西阶级斗争》中，马克思保留了对二月革命的理性评价。马克思通过对临时政府人员构成的分析，尤其是对拉马丁的分析，科学判定了二月革命胜利后临时政府的性质，意识到这个临时政府的本质就是资产阶级政府，代表资产阶级利益，拉马丁"这个二月革命的代言人，按其地位和观点看来是属于资产阶级的"①。马克思认为，资产阶级共和国代替资产阶级君主国，进一步完善了资产阶级的统治。因此，二月革命的首要意义在于它为无产阶级的发展提供了新的前提，因为随着工业资产阶级获得统治权，全新的生产力和生产关系得到创造，无产阶级也才能由此成为全国性的存在。这是因为，马克思看到，二月革命时期的法国，只有在巴黎的无产阶级才具有实际的力量和影响力，在法国的其他地区，无产阶级几乎没有什么力量。

在第一阶段和第二阶段，马克思还是把二月革命作为单独的历史事件进行分析，而在第三阶段，即在 1851—1852 年写作《路易·波拿巴的雾月十八日》时，历经了法兰西第二共和国全程的马克思将当时的法国革命分为二月时期（1848 年 2 月 24 日至 5 月 4 日）、共和国建立时期或制宪国民议会时期（1848 年 5 月 4 日至 1849 年 5 月 28 日）、立宪共和国时期或立法国民议会时期（1849 年 5 月 28 日至 1851 年 12 月 2 日）三个阶段，这样就把二月革命置于比较完整的历史时期中进行更加全面的、反思性的评价。此时，马克思对二月革命采取了与六月起义对比的方式进行评价，以更加审慎的态度反思了二月革命。

在马克思看来，"二月革命对于旧社会是一个突然袭击，是一个意外事件，而人民则把这个突然的打击宣布为具有世界历史意义的壮举，认为它开辟了一个新纪元。12 月 2 日，二月革命被一个狡猾的赌徒的骗术所葬送，结果，被消灭的不再是君主制度本身，而是一个世纪以来的斗争从君主制度方面夺取来的自由主义的让步"②。这一时期的马克思认为，二月革命本来的目标仅仅是选举改革，结果却演变为实际冲突，最

① 《马克思恩格斯文集》第 2 卷，人民出版社，2009，第 85 页。
② 《马克思恩格斯文集》第 2 卷，人民出版社，2009，第 473—474 页。

终建立了共和国，但共和国的建立并不是资产阶级政治统治的完结，而是资产阶级政治统治的完善，致使无产阶级误把共和国视为代表自己利益的"社会共和国"。"当巴黎无产阶级还陶醉于为它开辟的伟大前景并且认真地埋头讨论各种社会问题时，旧的社会力量却在集结、联合、醒悟，并获得了国内群众的意外支持，即获得了那些在七月王朝这个障碍物被推翻后立刻跃上政治舞台的农民和小资产者的意外支持。"① 结果，在随后的六月起义中，无产阶级就完全处于孤立、被动的地位了。显然，在 1852 年波拿巴政变之后，马克思对于法国二月革命的评价变得更加审慎、全面，在肯定了二月革命对六月起义的促进作用的同时，也意识到二月革命以及无产阶级此时所表现出的局限性。马克思在历史不断发展的过程中更新了对二月革命的看法，这说明在一定时期内，受主客观条件限制，人的认识所能达到的真理性是有限的，历史认识只能产生相对的历史真理，而非绝对的历史真理。

同样，恩格斯的历史认识也是随着历史进程的不断推进而发生相应的改变，不少学者在解读恩格斯为马克思的《1848 年至 1850 年的法兰西阶级斗争》一文所作的导言时，认为恩格斯在晚年放弃了暴力革命的思想，转而坚持合法斗争策略，背离了马克思暴力革命的基本原则。事实上，恩格斯晚年在阐述合法斗争策略时，曾特别指出和平过渡的前提条件，并且始终强调党在任何时候都不能放弃暴力革命这一基本的历史权利。从单一暴力模式到合法斗争与不放弃革命权相结合，是恩格斯对马克思主义革命策略的丰富和完善，是随着历史环境和资本主义时代条件的不断变化而推进革命策略演进的必然结果。法国大革命以来欧洲人民为争取民主革命的胜利而进行的一系列革命实践确实让马克思恩格斯认为暴力革命是推翻旧政权建立新社会的不二选择，但随着 1848 年欧洲革命和 1871 年巴黎公社运动的相继失败，马克思和恩格斯对视暴力革命为唯一策略的思想进行了反思。马克思恩格斯认为，当无产阶级解放所必需的物质条件还远没有成熟到可以铲除资本主义生产的程度时，为了

---

① 《马克思恩格斯文集》第 2 卷，人民出版社，2009，第 477 页。

保存革命实力，避免不必要的牺牲，"凡是利用和平宣传能更快更可靠地达到这一目的的地方，举行起义就是不明智的"①。这表明，马克思恩格斯在肯定暴力革命作用的同时，已经开始思考合法斗争与和平过渡的可能性。随后，随着资本主义社会进入垄断资本主义阶段，生产力的不断增长以及资本主义内部自我调整能力的不断增强，恩格斯根据无产阶级革命斗争条件、性质、环境和进程的变化，适时地调整了革命策略，在《卡·马克思〈1848年至1850年的法兰西阶级斗争〉一书导言》②中提出利用普选权和开展议会斗争，是无产阶级的一种新的斗争方式。同时，恩格斯强调，不容许绝对放弃暴力行为，并且指出夺取政权所采取的政策应该是灵活多变的，应该根据具体的历史情况作出相应的调整，并且不同的国家应该结合国情采取不同的策略。恩格斯指出，"我谈的这个策略仅仅是针对今天的德国，而且还有重要的附带条件。对法国、比利时、意大利、奥地利来说，这个策略就不能整个采用。就是对德国，明天它也可能就不适用了"③。

马克思和恩格斯关于二月革命意义与无产阶级革命斗争策略的不断调整说明，"世界体系的每一个思想映象，总是在客观上受到历史状况的限制，在主观上受到得出该思想映象的人的肉体状况和精神状况的限制"④。正如恩格斯所指出的："认识在本质上是相对的，因为它只限于了解只存在于一定时代和一定民族中的，而且按其本性来说是暂时的一定社会形式和国家形式的联系和结果。"⑤ 因此，历史认识只能"沿着实证科学和利用辩证思维对这些科学成果进行概括的途径去追求可以达到的相对真理"⑥，最后的终极真理是不存在的，"历史同认识一样，永远不会在人类的一种完美的理想状态中最终结束"⑦。

---

① 《马克思恩格斯全集》第44卷，人民出版社，1982，第690页。
② 《马克思恩格斯全集》第29卷，人民出版社，2020，第632页。
③ 《马克思恩格斯文集》第10卷，人民出版社，2009，第100页。
④ 《马克思恩格斯选集》第3卷，人民出版社，2012，第412页。
⑤ 《马克思恩格斯选集》第3卷，人民出版社，2012，第430页。
⑥ 《马克思恩格斯选集》第4卷，人民出版社，2012，第226页。
⑦ 《马克思恩格斯选集》第3卷，人民出版社，2012，第223页。

第四章 马克思法国革命史研究与历史方法论的多元彰显

方法论的问题是一切科学研究中带有根本性的问题，作为人类思维规律的形式，方法论对于历史研究的重要性是显而易见的。马克思创立历史唯物主义的过程既是其理论思想的自我表达，也是其理论研究方法的具体呈现。辩证的历史思维和严谨理性的研究态度使马克思的历史研究工作从一开始便沿着科学的轨道运行，从最初确立研究主题到分析具体的历史运动，再到将研究成果转化为理论、得出结论，历史研究方法贯穿始终。在关于法国革命的大量历史研究实践中，马克思运用了"从后思索法"、历史主义方法、逻辑与历史相统一等一系列的科学方法论，这些方法论加深了他对历史研究方法的认识，完成了对历史唯物主义理论视域与方法的深化。

第一节 历史研究中的"从后思索法"及其运用

"从后思索法"即从现实追溯历史，思考相关历史事件和历史人物对现代历史的影响，以及可以从中借鉴的经验和汲取的教训。马克思在《资本论》第 1 卷中对"从后思索法"这一方法论进行了科学概括，他指出，"这种思索是从事后开始的，就是说，是从发展过程的完成的结果开始的"①。从现实追溯历史的前提首先是对历史事件、历史人物和历

---

① 《资本论》第 1 卷，人民出版社，2004，第 93 页。

史进程的全面把握，由此才可以在历史与现实之间找到逻辑贯通点，以实现从现实追溯历史、由历史启示现实的目的。而史料又是追溯历史的重要基础，它能够捕获历史细节，使历史与现实之间自然发生联系。因此，在马克思看来，"从后思索法"是以史料为基础和前提的史学研究方法，进行从后思索的第一步首先是收集史料，然后再从对历史的回溯中把握历史发展的内在逻辑。

一　史料收集："从后思索法"的必要前提

研究历史要从史料出发，这是马克思恩格斯进行历史研究的前提。"即使只是在一个单独的历史事例上发展唯物主义的观点，也是一项要求多年冷静钻研的科学工作……只有靠大量的、批判地审查过的、充分地掌握了的历史资料，才能解决这样的任务。"① 列宁在谈到摩尔根的"原始社会"材料尚未发表以前，马克思恩格斯对"氏族组织"尚无所知的情况时说道："由于实际材料不够，过去没有可能把这个方法用来分析欧洲上古史的某些极重要的现象……后来，摩尔根在美洲搜集的丰富材料，使他有可能分析氏族组织的实质……显然，这件事实光辉地证实了唯物主义方法，如此而已。"② 列宁的这段话表明，对史料进行收集、梳理与分析是马克思恩格斯进行历史研究的前提。马克思在对法国革命进行历史研究时十分重视史料的收集与整理。发生在 1789 年的法国大革命对于马克思而言是人类社会以往的历史事件，是"过去"，对此，马克思不可能对其直接进行观察，因此，在对 1789 年法国大革命进行系统研究之前，马克思首先利用各种工具书收集史料，以期通过大量文献资料"再现"这段过去。

如前所述，作为马克思向唯物主义和共产主义过渡，并开始形成无产阶级世界观的时期，《克罗茨纳赫笔记》反映了马克思早期思想发展

① 《马克思恩格斯选集》第 2 卷，人民出版社，2012，第 9 页。
② 《列宁选集》第 1 卷，人民出版社，2013，第 120 页。

的一段历程，表现了他研究历史的方法论特征。[①]

从马克思留下的笔记索引可以看出，《克罗茨纳赫笔记》中对法国及其大革命历史的摘录处于一种中心的位置。在《克罗茨纳赫笔记》中，马克思仅留下少量评述，因此，从笔记的摘录形式、主要内容以及主题索引出发进行研究，或许是理解马克思运用"从后思索法"进行历史研究的重要思路。从摘录的形式上看，马克思在文本中的摘录并不是对原文大意的简要凝练，或是提纲式的简略缩写，而是将所读原文进行逐字逐句的摘抄，并且在空白处标明所摘原文的出处及页码，这无不体现出马克思在摘录史料时严谨、踏实的态度。除此之外，马克思在对所读书籍进行摘录时，也不忘在所思、所感之处留下自己的评论与注释，虽然数量并不算多，并且往往随意写在摘录书名的下面、上面或旁边空白处，但它们往往是马克思对所摘录内容做的简短的、提要性质的内容概括，这些带有提示性质的内容概括帮助他制定了第二本和第四本笔记的内容索引。马克思在摘录完第二本和第四本笔记的内容后，分别做了一个目录索引，这些目录索引指明了他日后继续阅读和研究的方向，体现了他将历史与现实的研究相统一的"从后思索"的特征。除了目录索引外，马克思在第二本笔记的封皮上还做了一个关于笔记中所摘录的著作的目录。MEGA^{2}编者研究发现，这个图书目录是马克思在完成所有摘录之后编制的，说明马克思并不满足于对历史书籍进行简单粗略的泛读，而是希望自己能够针对一个研究主题进行反复、彻底的研究。还有一个值得注意的地方是在第二本笔记的第 2 页上，在摘录完克利斯托夫·哥特洛布·亨利希《法国史》的第 1 卷后，马克思编写了法国封建王朝（瓦卢瓦王朝）的编年表，编年表的编写可以帮助他更清晰地理解法国封建时代的统治形式与实质。除此之外，马克思在阅读瓦克斯穆特《革命时代的法国史》时，对瓦克斯穆特在该著作中引用的参考文献进行了整理，编制出一个关于法国史和法国大革命史的图书目录，这个图书目

---

① 王旭东、姜海波：《马克思〈克罗茨纳赫笔记〉研究读本》，中央编译出版社，2018，第79—101 页。

录为马克思应该进一步收集、整理哪些有关法国革命的重要著作指明了方向，成为他日后继续开展法国革命史研究的基础和指导。

从《克罗茨纳赫笔记》中摘录的内容看，马克思首先非常重视所摘录内容的真实性和准确性。以他所摘录的克利斯托夫·哥特洛布·亨利希的《法国史》为例，该著作的最大特征在于克利斯托夫·哥特洛布·亨利希主要利用了历史事件中的第一手事实资料进行论述，保证了事实资料的真实性与可靠性。同样，卡尔·恩斯特·路德维希的《最近五十年的历史》的最主要特征在于它广泛地引用了法国复辟时期的重要史学家之一米涅的著作内容。如前所述，米涅的阶级和阶级斗争学说得到了马克思的高度评价，因此，摘自米涅著作的引文引起了马克思的高度重视并对它们进行了详细摘录。而马克思之所以会选择对《革命时代的法国史》这部著作进行摘录，也是因为这部著作的作者在编纂史料时所体现的客观精神深深吸引了他，这可以从马克思并没有对瓦克斯穆特作过多评价，但是却几乎将他在脚注中引用的原始资料全部进行了摘录这个事实上得到印证。与对瓦克斯穆特著作的摘录一样，在摘录列奥波特·冯·兰克的《历史—政治杂志》第 1 卷时，马克思的焦点并不在列奥波特·冯·兰克的观点和评论上，而是特别关注他引用的历史文献。

由于《克罗茨纳赫笔记》是马克思为了解决他在批判黑格尔法哲学的过程中所遇到的新问题，探究国家起源和发展的理论产物，马克思更多的是从自己的具体问题意识出发选择摘录内容的。《莱茵报》时期发现的关于物质利益决定各等级代表的政治观点、贫困根源于现实制度等问题成为马克思从《莱茵报》辞职退回书房后思考的主要对象。根据他在《莱茵报》工作的理论和实践经验，马克思着手对黑格尔关于国家和法的学说，实质上就是对黑格尔的整个唯心主义的社会发展观点进行批判性的检验，并揭示历史的真正动力。所以，在完成《克罗茨纳赫笔记》时，马克思虽然会明确标注原文的页码，但不是严格按照参考书籍本身的页码顺序进行摘录的，而是从问题意识出发，围绕所关心和亟待解决的核心问题摘录了有关的内容。我们从马克思编写的第二本和第四本笔记的主题索引中也可以发现，他的摘录是围绕一定的主题和要素进行的，这些要素和主题并不是他在阅读书籍时的临时起意，而是通过之前的研究已经在脑海中初步形成但尚未得到历史验证，需要在阅读已有研究成果的过程中获得历史确证的。从马克思在笔记中所使用的提要词语和主题索引可以看出，马克思对法国封建史和法国大革命史的研究集中表现为三个方面，即国家问题、财产与所有制问题、阶级问题。为了解决这三个主要问题，马克思从所有制、阶层等级、财产关系、社会关系等现实的要素入手对所选取的法国历史著作进行了摘录。例如，马克思摘录了卡尔·恩斯特·路德维希的《最近五十年的历史》中关于第三等级的主要组成部分，以及把私有制宣布为神圣不可侵犯的权利的论述；摘录了雅克·夏尔·巴约《对斯塔尔男爵夫人遗著的批判性分析》中关于封建社会的性质、代议制以及封建贵族与王权之间的关系的表述；摘录了恩斯特·亚历山大·施米特的《法国史》中关于封建社会的各种社会关系以及市民阶层的发展情况的介绍；摘录了沙多勃利昂《论复辟时期与选举君主制度》中关于君主立宪制与人民主权原则的刻画；等等。最终，马克思通过在《克罗茨纳赫笔记》中对法国大革命历史的系统研究，用提炼出的历史性因素替换了黑格尔法哲学体系中普遍性、特殊性、君主立宪制、长子继承权等国家部分的概念，发现了黑格尔法哲学头脚倒置的实质，实现了对黑格尔法哲学的批判，逐渐走向了唯物史观。

值得一提的是，马克思不仅在研究法国革命历史时注重对相关历史资料的收集，他在研究正在进行的法国革命时，同样重视对各种资料的收集与整理工作。从巴黎公社运动爆发的第一天开始，身处英国的马克思就着手收集各种报刊，对它们进行摘录，从 1871 年 3 月 18 日开始，马克思每天阅读各国关于公社报道的报纸，共达 27 种，作的报刊摘录有 20 多万字。由于当时巴黎处于被封锁状态，获取巴黎的报刊比较困难，马克思便主要利用在英国出版的英文和法文报刊，如资产阶级自由派的报纸《每日新闻》《观察报》，保守派报纸《旗帜报》以及半官方的《泰晤士报》、爱尔兰民族主义者办的《爱尔兰人报》和一个波拿巴主义报纸《形势报》。马克思还设法弄到一些在巴黎出版的法文报刊，如支持公社的《口令报》《号召报》《波尔多论坛报》《复仇者报》《先锋报》，以及资产阶级报纸《自由报》《费加罗报》《钟报》《小报》等。摘录的其他的报纸还有《自由巴黎人报》《人民呼声报》《公社报》《人民报》《社会报》《国民报》《观察家报》等。① 马克思主要是通过这些报纸了解情况，掌握巴黎公社运动的进程和方向。除了报刊资料以外，马克思还利用了在巴黎的第一国际会员与其他友人来信中的资料，如列·弗兰克尔、路易·欧仁·瓦尔兰、奥·赛拉叶、托马诺夫斯卡娅、彼·拉甫罗夫、保尔·拉法格以及公社其他领导成员的信件和通过他们转交的信件中提供的资料。正是有这些资料作为支撑，在经过一段时间的观察与研究后，马克思逐渐对巴黎公社的性质和巴黎工人阶级革命的历史意义有了清楚的认识。1871 年 4 月 18 日后，马克思根据每天整理的材料，开始了关于 1871 年巴黎公社运动的著作的起草工作，在 1 个多月后，即 5 月 30 日，仅仅在巴黎公社最后的 147 名社员全部被反动军队屠杀的第 3 天，马克思就在国际工人协会总委员会会议上宣读了他研究 1871 年巴黎公社运动的专著——《法兰西内战》，对巴黎公社的历史功绩、经验教训进行了全面论述，同时深刻揭露和痛斥了梯也尔反动政府的丑恶嘴脸和罪恶行径。马克思研究 1871 年巴黎公社运动的经历再次表明，对历史资料的收集与整理，在马克思了解历史真相、剖析历史本质、总结历史规律中发挥了重要作用。

二　在历史回溯中把握历史发展的内在逻辑

众所周知，时间是历史的天然系统，是构成历史的核心要素。马克思在其关于法国 1848 年革命历史分析的代表性文章《路易·波拿巴的雾月十八日》中，将历史逆时思维与历史顺时思维相结合，为我们提供了运用"从后思索法"进行历史认识的范例。在《路易·波拿巴的雾月十

---

① 李惠斌：《马克思〈法兰西内战〉研究读本》，中央编译出版社，2013，第 32 页。

八日》一文中，马克思一开始并没有直接切入对波拿巴政变的原因、过程和性质的分析，而是把对于 1789 年法国大革命和拿破仑政变的历史追溯作为开篇。

在马克思看来，"历史逆时思维"是可能的，因为历史尽管是过去已经完结的存在，但它并没有完全消失，而是通过浓缩或者变形的方式潜藏在现实社会中，这使得历史总是表现出某种程度的相似性和重复性。正如黑格尔所说："一切伟大的世界历史事变和人物，可以说都出现两次。"[①] 在马克思看来，无论是对于历史传统的模仿，还是对于农民阶层的欺骗与利用，路易·波拿巴发动的政变都是对第一次法国大革命的历史戏仿，所以马克思在对波拿巴政变的历史分析中，采用回溯性的思维理路，从已经完成的历史结果"出发"，通过对以往历史的"透视"来反观历史运动的内在逻辑。在《路易·波拿巴的雾月十八日》一文中，马克思首先以 1848 年至 1851 年的法国革命事实为基础，对 1789 年的大革命进行了历史追溯。马克思提出，1848 年革命爆发是对 1789 年革命传统和拿破仑的追念，表明法国人在推进新的革命时总是不能摆脱对历史传统和英雄人物的模仿，这在 1789 年的法国大革命中同样可以得到佐证。在 1789 年的法国大革命时期，罗伯斯比尔和丹东总是力图恢复罗马共和国时期高度严格的历史传统和模仿罗马共和国的英雄们，以此实现自己的革命目的。恩格斯也表达了相同的观点，指出自从 1789 年的大革命确立了法国在全部欧洲历史中的主导作用后，以至于 1848 年欧洲革命爆发的时候，大家普遍都受到过去历史经验，特别是法国革命经验的惯性影响。马克思在对 1789 年法国大革命的"历史追溯"中进一步肯定了精神因素在历史发展进程中的地位，提出科学合理地利用历史传统可以对新社会的发展产生积极的促进作用，进一步深化了唯物史观关于社会意识能动的反作用的认识。

紧接着，马克思在对波拿巴政变中农民阶级的历史作用的分析中，再次运用"历史逆时思维"从后思索，对 1789 年大革命时期农民阶级的土

---

① 《马克思恩格斯文集》第 2 卷，人民出版社，2009，第 470 页①。

地所有制进行了考察。马克思认为，波拿巴政变能够成功的一个重要原因在于波拿巴骗取了法国社会中人数最多的一个阶级——小农的支持，而小农的支持离不开对"拿破仑观念"的追念。而对波拿巴时期农民阶级的历史分析应当从拿破仑时期对农民颁布的土地政策追溯起。马克思提出，法国农民对"拿破仑观念"的迷信是多重的。第一，它源自小农对《拿破仑法典》的迷信。在法国大革命时期，拿破仑的一个重要改革就是实行封建的小块土地所有制，把农民变成了自由的土地所有者，并用民法典加以承认，由此实现了农民世世代代渴望土地私有的愿望。第二，它源自对"强有力的和不受限制的政府"的迷信。在法国农民眼中，拿破仑时期的小块土地所有制造成全国范围内各种关系和个人的同质水平，它消灭了人民群众和国家权力之间的中间阶梯——贵族特权，使农民心甘情愿接受政府的主宰。第三，它源自小农对作为政府统治工具的宗教观念的迷信。在法国农民看来，作为拿破仑统治国家的重要工具——宗教庇护是小农能够从拿破仑那里获得小块土地的原因。他们认为"苍天是刚刚获得的一小块土地的相当不错的附加物，何况它还创造着天气"[1]。第四，它源自小农对军队、军事独裁观念的迷信。在拿破仑时期，占据人口多数的小农是军队的主力军，军队是小农的光荣，军队将小农造就成英雄，从而保护新获得的小块土地不受侵犯。对此，马克思总结指出，这个叫作拿破仑·波拿巴的人，在法国农民的心中"是最充分地代表了1789年新形成的农民阶级的利益和幻想的唯一人物"[2]。事实上，在马克思看来，法国农民无论是对《拿破仑法典》和强权政府的迷信，还是对宗教统治和军事独裁的怀念，都是不发达的小块土地的产物，随着小块土地所有制日益加剧的解体，这些荒谬的幻想终会破灭。由此，马克思通过"从后思索法"在对拿破仑时期土地所有制的考察中，进一步深化了唯物史观关于社会存在决定社会意识的科学认识。不过，值得注意的是，从现实社会中去"追溯""反思"历史，绝不意味着"抹杀所有的历史差异"，将

---

① 《马克思恩格斯文集》第2卷，人民出版社，2009，第572页。
② 《马克思恩格斯文集》第2卷，人民出版社，2009，第116页。

当前的历史现象完全等同于对早期历史的自然延续，而是始终以确认客观历史的存在为前提，在对早期历史作具体分析的基础上，探寻以往历史因素对现实历史实践的影响。这说明，马克思的"从后思索法"本身就包含着历史考察的要点，是逻辑与历史的统一。

我们知道，唯物史观是一种关于历史过程的观点，它的重要任务就在于发现历史运动以及"一切重要历史事件的终极原因和伟大动力"①。因此，除了从现实社会中"透视"历史，以此加深对历史客观规律的认识之外，马克思"从后思索法"的另一个表现是逆向溯因，即按照从结果到原因的顺序来反观历史运动的内在逻辑。具体来说，逆向溯因需要在客观存在的历史事件中，找到具有"典型性"的历史考察对象，然后从客观现实出发，运用"从后思索法"分析具体对象，"把可以看见的、仅仅是表面的运动归结为内部的现实的运动"②。在进行逆向溯因的过程中，往往又需要借助"历史顺时思维"，即以事件为中心，以自然时间为标尺，严格按照事件发生的时间顺序对事件本身进行描述。在《路易·波拿巴的雾月十八日》一文中，马克思首先以线性时间观念为主轴，严格按照历史发展的时序对法国革命从 1848 年 2 月 24 日到 1851 年 12 月 2 日所经过的阶段进行了历史分期。将法兰西第二共和国的历史划分为二月时期、共和国建立时期或制宪国民议会时期和立宪共和国时期或立法国民议会时期三个时间段。随后对各个时期内的重大历史事件进行详细介绍，其中包括二月时期革命进程的具体展开，共和国建立时期或制宪国民议会时期的无产阶级六月起义、小资产阶级"六月十三日事件"、《1848 年宪法》的颁布，以及立宪共和国时期或立法国民议会时期波拿巴与秩序党的权力之争和"十二月二日事件"。马克思严格按照历史发展的实际方向叙述历史，使历史的顺序与事件发生的先后顺序相吻合，这样有助于帮助人们揭示前后事件之间的关系，对历史事件作出因果分析。紧接着，马克思再运用"历史逆时思维"，从对 1848—1851 年

---

① 《马克思恩格斯文集》第 3 卷，人民出版社，2009，第 509 页。
② 《马克思恩格斯全集》第 25 卷，人民出版社，1974，第 349—350 页。

法兰西第二共和国时期各阶级间的斗争和路易·波拿巴性格的典型性分析中，找到了波拿巴政变成功的主要原因，提出波拿巴在对各阶级的利用与抛弃中实现了自己复辟帝制、取得皇权的野心。

由此可以看出，马克思既把波拿巴政变当作重大历史事件来叙述，以"历史顺时思维"按照时序讲述从二月革命后共和国的建立，中经共和国建立时期或制宪国民议会时期各阶级力量的生死搏杀，到立宪共和国时期或立法国民议会时期波拿巴和秩序党的权力之争等一系列史实，使时间条理清晰成为《路易·波拿巴的雾月十八日》一文的一大特点。与此同时，马克思又把波拿巴政变当作一个历史问题来研究，运用"历史逆时思维"，以现在"透视"历史，从结果追溯原因，对政变的背景与原因、性质与特点、经验与教训等作出了具体的历史考察。值得注意的是，马克思的"从后思索法"从形式上看是从结果向原因的"回溯"、从历史向现实的"透视"，好像是在面对过去，但它的真正目的和意义却是面向未来，即引导未来社会的发展，是历史、现实和未来的统一。马克思在运用时间思维研究具体历史事实的过程中，实现了事件和问题、时序与分析的结合与统一。

第二节 历史主义方法的集中表达

历史唯物主义不仅是一门有关历史的具体科学，而且是马克思认识世界的思维方式，是他把握历史现实的科学方法论。因此，唯物史观既是马克思的重要理论成果，也是他研究和解释人类历史的具体方法，这集中表现为历史主义方法。历史主义是唯物史观作为方法论提供给历史科学研究的一个总的方法论原则。马克思关于法国革命史的研究始终贯穿着对历史主义方法的运用，表现为对历史事件的经济与阶级分析、将理论与历史统一起来认识历史等。《路易·波拿巴的雾月十八日》作为马克思全面地运用唯物史观阐明当代历史的范例，始终贯穿着对历史主义方法的科学运用。

一 历史主义方法的"三个维度"

恩格斯曾指出，唯物史观的创立是"历史学方面"的"变革"，为了"科学地论证我们的观点"，"必须重新研究全部历史"。① 马克思恩格斯在构建唯物史观的过程中，深知历史研究应该在充分掌握史料的前提下整理出历史事件的自然过程，然后根据研究重点进行具体的历史分析，以此全面揭示出历史运动的客观过程和内在本质，这一目标的实现离不开历史主义方法的运用。历史主义方法既是马克思进行法国革命史研究的主要方法之一，也是唯物史观提供给历史科学研究的一个总的方法论原则。它要求按照事物的本来面目，将历史事实放在一定的时间和空间范围内，分析它的起源、发展和规律。历史主义方法作为表达历史过程的一种方法，其特点是，通过阐释历史事实的发生、发展，来说明历史的过程。在马克思看来，历史主义方法作为一种方法论对史学研究具有重要意义，是观察、分析一切历史问题所必需的方法，不仅在分析具体历史问题时需要运用这一方法，而且所有其他具体的史学方法的运用，都必须接受历史主义方法的指导。

具体来说，马克思在法国革命史研究中对历史主义方法的运用首先表现为对事物的历史起源和历史事件的自然过程进行考察，从而说明事物的发展和性质。历史唯物主义要求将历史表现为一个完整的过程，这使得"马克思研究任何事物时都考查它的历史起源和它的前提，因此，在他那里，每一单个问题都自然要产生一系列的新问题"②。正如马克思在研究 1789 年法国大革命的历史之前，首先在《克罗茨纳赫笔记》中对法国封建社会、私有制、第三等级和各等级机构的起源进行了考察，分析它们在不同历史阶段表现形式的变化及原因，以此说明某一事物的现实存在不是从来就有的，而是经历了不断的演变与发展，从而将历史阐述为一个过程。除了分析历史事物的起源，马克思在进行历史分析时

---

① 《马克思恩格斯选集》第 4 卷，人民出版社，2012，第 203、692 页。
② 《马克思恩格斯全集》第 29 卷，人民出版社，2020，第 424 页。

非常注重对历史事件的自然过程的考察。

所谓历史事件的自然过程，是指有符合历史自然发展并能说明某个历史事件发生的背景、原因、发展经过及其结果的真实材料，应该有发生某一历史事件的时间、地点、有关人物等。从马克思研究法国革命历史的系列代表性著作中可以看出，无论是关于法国二月革命、六月起义、波拿巴政变还是巴黎公社运动的历史分析，马克思始终根据这些历史事件的自然产生过程，从介绍历史事件的时间、地点、背景和原因开始，分析其发展经过和结果，并对那些给历史事件造成深刻影响的相关人物进行了具体分析，客观、全面地呈现历史进程的本来面貌。马克思在对法国革命史的历史分析中开拓了以事件史为中轴的全新分析方法。马克思认为，在研究一个当代问题时，应该首先回顾历史，因为只有在历史中才能找到某种连续的事实基础。因此，作为历史学家的马克思倾向于对历史事件进行追本溯源的分析，然后再用历史映照现实。例如，马克思在《路易·波拿巴的雾月十八日》一文中，对法兰西第二帝国的历史分析是从研究拿破仑一世称帝的历史开始的，通过对拿破仑帝国崛起和覆灭过程的还原来映照波拿巴以及他创立的第二帝国。

马克思对法国革命史的历史分析还表现为他在研究法国各阶段不同革命爆发的原因时都注重从一定的经济状况出发进行说明，从对经济状况的分析中，发现决定历史事件和历史进程的原因，这是运用历史主义方法研究社会现实的基本出发点。因为"在充分认识了该阶段社会经济状况……的条件下，一切历史现象都可以用最简单的方法来说明"①。《路易·波拿巴的雾月十八日》是马克思研究法国革命的代表作之一，也是他运用历史主义方法研究具体历史事件的重要文献。在该文中，马克思开门见山地指出，加速 1848 年法国二月革命爆发的经济事件主要有两个：1845 年和 1846 年的马铃薯病害和歉收，以及英国普遍的工商业危机。第一个经济事件致使法国物价攀升，引发人民的普遍不满；第二个经济事件导致巴黎中间资产阶级破产的很多，他们也因此在二月革命

---

① 《马克思恩格斯选集》第 3 卷，人民出版社，2012，第 723 页。

中采取了行动。

同样，在《路易·波拿巴的雾月十八日》一文中，马克思认为波拿巴政变的成功同样具有广泛的社会经济原因，特别是法国在1851年遭受的工商业危机是波拿巴最终能够争取到议会外资产阶级支持，战胜秩序党的重要杠杆。马克思认为，1851年工商业危机的爆发直接导致了议会外资产阶级脱离秩序党而转向对波拿巴的支持。马克思在分析完物质因素对波拿巴政变产生的影响后，进一步从经济基础的角度出发，分析了波拿巴可以成功复辟帝制，建立法兰西第二帝国的原因。马克思认为，法国强大的银行资本和广泛存在的小农经济构成了波拿巴政变后法兰西第二帝国得以建立的经济基础。首先，法国是一个大工业不算发达但银行资本实力相当雄厚的国家，二月革命虽然使政权转入以工业资产阶级为主的联合政府手中，但是经济上临时政府仍然屈从于强大的银行资本。其次，马克思认为，广泛存在的小农经济同样构成了法兰西第二帝国的经济基础，小农落后的生产方式是波拿巴君主政体得以立足的社会条件。就这样，马克思坚持历史主义方法，始终紧紧把握住波拿巴攫取政权和成功发动反革命政变背后的经济主动脉。

马克思在分析法国革命史时对于历史主义方法的运用还表现为对法国社会中各阶级和阶层的具体分析。马克思虽然强调进行历史研究时应该从经济状况入手，但对这一观点不能作机械的理解。首先，不是一切历史变迁的原因都能够直接地与经济对应起来；其次，有时在进行历史研究时会存在经济资料不足的情况，这时就需要灵活变通，从其他的研究方法入手对历史事件、历史人物和历史现象展开分析。正如恩格斯所说，由于波拿巴政变的突然性和经济资料的不易获得，要直接从经济上说明事件是困难的。马克思是如何解决这一困难的呢？"唯物主义的方法在这里就往往只限于把政治冲突归结为由经济发展所造成的现有各社会阶级以及各阶级集团的利益的斗争，而把各个政党看做是这些阶级以及阶级集团的大体相应的政治表现。"① 这里，马克思实际上就提出了用

---

① 《马克思恩格斯文集》第4卷，人民出版社，2009，第535页。

对阶级状况的分析代替对经济状况的分析作为说明历史事件的社会背景的方法，其通过这种方法弥补了经济资料与经济分析不足的情况，阶级分析也成为马克思运用历史主义方法进行法国革命史研究的另一个重要维度。

也就是说，马克思认为，在对具体的历史事件进行分析时，除了应该从经济基础入手外，还应该对参与事件的各个阶级作具体的分析，了解他们的政治面貌、立场态度及力量对比，从而准确地把握它们的立场、言论和行动。马克思在分析法兰西第二共和国这段历史时，就对活跃于这一时期的各个阶级、阶层分别进行了深入分析。其中，对法国农民阶级的分析最为详尽，马克思从农民小生产经济的特点出发，深刻论证了这个阶级在政治上的种种落后性，揭示出波拿巴政变之所以能够成功并完成复辟帝制的阶级原因。在马克思看来，农民阶级的落后属性首先根源于法国自给自足的自然经济，限制了小农的活动范围和观察、思考问题的视野。其次，小农经济的独立性，使这个阶级具有相对分散和无组织统一领导的特点。"法国国民的广大群众，便是由一些同名数简单相加而形成的。"① 最后，小农生产的单薄、脆弱，造成农民阶级的保守性，使得他们因循守旧、不知变通，对新事物反应迟钝，对拿破仑的迷信就是最好的例证。最重要的是，它使农民阶级不相信自己的力量，一定要让别人来代表，于是选择了曾经迷信的天神——拿破仑的侄子路易·波拿巴。就这样，马克思在对法国革命史中历史事物的起源和历史事件的具体分析，以及经济状况和社会各阶层的历史分析中铺开了法国革命史的卷轴，将 1848—1851 年法兰西第二共和国时期的历史图景生动地展现在读者面前。

二 从历史事实到唯物史观的理论升华

唯物史观是一种表达历史过程的观点，但这种表达并不仅仅是对事

---

① 《马克思恩格斯文集》第 2 卷，人民出版社，2009，第 566 页。

实的说明，而是在此基础上揭示历史发展的规律并对未来进行预测。从方法论的角度看，这实际上提出了将历史研究上升到具体理论的要求。马克思对此表达了相同的看法。在马克思看来，历史研究是一种理论研究，不研究历史就不能形成关于人类社会发展规律的正确认识，没有理论思维与修养，也不能将已经发现的历史事实提升至理论高度，对人类社会发展的一般规律作出科学揭示，因此，研究历史应该做到理论与历史的统一。那么，二者的相互关系是什么？又如何能够实现理论与历史的统一呢？马克思用自己的法国革命史的研究经验对此作出了回答。在马克思关于法国革命史的研究中，一方面，他重视在历史唯物主义的指导下对历史事实进行客观研究和分析；另一方面，他又将历史研究提高到理论高度，将研究的主题以理论和历史相结合的方式进行了深刻的阐述，巧妙地实现了理论与历史的统一。

通过前面梳理马克思运用历史主义方法对波拿巴政变的历史透视可以发现，马克思在进行历史分析时，首先从某个具体的历史事件入手，然后勾勒出这一历史事件发生的过程，随后进行具体的历史剖析，最后揭示出历史发展的规律所在。例如，在对法兰西第二共和国的历史进行分析时，马克思首先从这一时期影响最大的事件——波拿巴政变入手，通过对政变发生原因的具体分析，勾勒出法兰西第二共和国沿着历史下降路线行进的总体趋势，并在其中穿插对无产阶级六月起义和小资产阶级六月十三日事件的历史分析，从而揭示出历史发展的规律所在，即"一切历史上的斗争……实际上只是或多或少明显地表现了各社会阶级的斗争"①。马克思认为，正是法兰西第二共和国时期各阶级之间的不停争斗造成了一定的局势和条件，才使得路易·波拿巴这个历史的小丑有可能扮演英雄的角色。可以说，从历史事件到历史规律是马克思进行历史研究的思路，那么如何将发现的客观规律提炼为抽象的理论呢？答案是需要理论研究的开展。

在马克思看来，任何一门科学都是由理论构成的，否则便称不上是

---

① 《马克思恩格斯文集》第2卷，人民出版社，2009，第469页。

科学。马克思认为，理论思维是一种科学的思维，它是历史认识的重要表现形式，科学的理论思维应该贯穿于历史研究的全过程，可以说，历史研究的重点在于理论思维的运用。如果"没有理论思维，就会连两件自然的事实也联系不起来，或者连二者之间所存在的联系都无法了解"①。应该如何运用理论思维将历史事物联系起来，由此正确反映出历史的内在联系，揭示出历史发展的一般规律呢？马克思认为，应该以历史事实为依据，然后通过对历史事实进行探讨得出结论，即定理，再根据这些定理去研究新的历史现象并不断地进行校验与补充。理论是历史的产物，"每一时代的理论思维，从而我们时代的理论思维，都是一种历史的产物"②。历史的过程不仅仅是外在所表现出的单纯的自然过程，它还内含一个思想的过程，是外在的自然过程与内在的思想过程的统一。那么，如何才能发现那些"思想过程"呢？马克思认为唯一的办法就是通过历史学家的"理论思维"在头脑中重新思考它们，即通过批判的思维对历史事件进行分析、概括，同时重视归纳历史现象之间的联系和相互影响，以此更加准确、生动地揭示出历史运动的本质，提高历史研究的理论水平。马克思在关于法国革命的历史研究中，对如何运用理论的方法研究历史，进而去发现历史规律作出了很好的榜样。

例如，马克思在对法国革命史的历史研究中概括出资产阶级执政的历史规律。他通过研究 1789 年、1848 年以及 1871 年法国革命后资产阶级的执政经过，发现资产阶级要么向工人阶级寻求支持，依靠工人阶级维持统治，实行议会共和制，如 1848 年法国二月革命推翻七月王朝后建立的法兰西第二共和国；要么向封建贵族妥协，与其一起执政，实行君主共和政体，如在法兰西第二帝国因普法战争的失败而倒台、巴黎公社被成功镇压后建立法兰西第三共和国，而从来都未曾单独地掌握过政权。究其原因，马克思认为主要有主观和客观两个方面。客观上是当资产阶级还没有建立起稳固的政治统治的时候，无产阶级已经作为独立的政治

① 《马克思恩格斯全集》第 20 卷，人民出版社，1971，第 399 页。
② 《马克思恩格斯全集》第 20 卷，人民出版社，1971，第 382 页。

力量出现了，相同的处境和目标迫使资产阶级不得不与无产阶级联合，进行推翻封建主义的斗争；主观上是资产阶级的虚伪本性作祟，资产阶级为了掩饰其背后的阶级利益与剥削本质，只能标榜自己是全人类利益的代表。因此，资产阶级的执政规律是，它在形式上不可能长久地实行独裁统治，这也从一个侧面印证了在《共产党宣言》中关于资本主义的历史过渡性与社会主义的历史必然性设想的正确。

又例如，马克思在总结法国无产阶级革命的历史经验时，运用质量互变的观点总结出革命的历史规律。他指出，法国 1848 年的六月起义，作为无产阶级反对资产阶级的第一次伟大战斗，因无产阶级的不成熟而最终导致反对资产阶级斗争的失败。作为法国无产阶级斗争史上的一座丰碑，1871 年的巴黎公社运动虽然也失败了，但这次革命表明，法国无产阶级反对资产阶级的斗争仍在继续，并且在这次革命中，巴黎的无产阶级建立了人类历史上的第一个无产阶级专政，这表明无产阶级最强有力的发展真正开始了。马克思认为，从 1848 年和 1871 年无产阶级革命的不同表现来看，这一历史进程所展现出来的历史规律是："第一次胜利的成果，只有通过较激进的一派取得第二次胜利才会巩固下来。"[1] 这一规律在历史上其他国家的革命斗争中也是有所表现的，"从 17 世纪英国大革命起的近代一切革命，都显示了这些似乎是与任何革命斗争分不开的特征"[2]。同样，这两次革命也显示出无产阶级革命的阶段性和连续性。可以看出，马克思在对法国革命史的研究中，无论是对资产阶级执政规律的理论阐述，还是对革命演变规律的理论概括，都给人以画龙点睛之感。这种将理论与历史相结合的方法使《路易·波拿巴的雾月十八日》一文与同时代的同类文章相比，具有更强的说服力和学术深度。

历史主义方法要求研究者透过现象看本质，从凌乱的现象中发现事物内部存在的必然联系，这样就能从偶然性因素中得出科学的令人信服

---

① 《马克思恩格斯选集》第 4 卷，人民出版社，2012，第 383 页。
② 《马克思恩格斯选集》第 4 卷，人民出版社，2012，第 383 页。

的历史结论。因此，马克思对于历史主义方法的运用还表现为他在进行历史研究时强调历史进程的总联系和历史因素之间的相互作用。马克思认为，各种历史因素之间的相互作用是复杂的，不仅表现为经济基础决定上层建筑、意识形态，以及上层建筑、意识形态对经济基础的反作用，也表现为各种历史因素之间的相互作用，如政党、国家权力与思想观念之间的相互作用等，因此，马克思在进行历史分析时特别注重对各个历史事件和一系列事件的内在因果联系的考察。在《路易·波拿巴的雾月十八日》一文中，马克思运用历史主义的分析方法，不把事件、人物、制度、思想等历史因素当作抽象的个体，而是当作统一的、联系的和有机的整体，从整体性角度出发对波拿巴政变进行了具体的历史的分析。在马克思看来，路易·波拿巴这个历史小丑之所以能够取得政权、复辟帝制是多种因素相互作用的结果，它是由"拿破仑观念"下农民阶级的盲目支持、阶级斗争造成的权力真空、波拿巴个人的狡黠品性等多种主客观条件合力造成的。这些因素错综复杂地交织在一起，共同对波拿巴政变的结果产生影响，马克思由此得出结论："经济状况是基础，但是对历史斗争的进程发生影响并且在许多情况下主要是决定着这一斗争的形式的，还有上层建筑的各种因素：阶级斗争的各种政治形式及其成果——由胜利了的阶级在获胜以后确立的宪法等等，各种法的形式以及所有这些实际斗争在参加者头脑中的反映，政治的、法律的和哲学的理论，宗教的观点以及它们向教义体系的进一步发展。"① 历史进程的总联系就存在于它们之间。因此，在进行历史分析时，既要注重阐明经济状况，也不能忽视由它决定的政治、意识形态和阶级状况的相互作用，以及其他历史因素的作用。马克思运用历史分析法对法国革命这一历史事件进行了广泛而深入的研究，把这一事件背后所体现的历史复杂性揭示得十分清楚。同样，在马克思看来，法国不同历史阶段上的革命斗争之间本身也是相互联系的，因此，在对法国革命史进行研究时，应该"对

---

① 《马克思恩格斯选集》第 4 卷，人民出版社，2012，第 604 页。

包含着一连串互相衔接的阶段的发展过程的阐明"①。马克思认为，不能发现历史的内在联系，不能正确地反映历史的进程，不能揭示出历史的规律，历史学就不是科学的。

第三节 逻辑与历史相统一：马克思研究
法国革命的重要方法

历史认识理论是马克思主义认识论的内容之一，有别于回答"历史是什么"的历史本体论，马克思的历史认识理论科学地回答了能否认识历史以及如何认识历史的问题，是唯物史观的重要组成部分。在马克思看来，认识世界既要进行"逻辑"的认识，也要进行"历史"的认识，即实现逻辑与历史相统一的认识，这使得逻辑与历史相统一的方法成为马克思进行历史研究的基本方法之一。在唯物史观的形成过程中，马克思通过对历史现实的合理抽象和对影响历史发展因素的逻辑分析，形成了对于历史发展客观规律的科学认识。1789 年至 1871 年法国革命的历史构成了马克思历史认识的重要对象，通过对法国革命期间一系列历史事实的探寻与论证，马克思形成了"逻辑与历史相统一"的科学原理及辩证思维方法，并把这一历史研究方法贯穿于法国革命史研究的全过程。

一 历史是逻辑的起点——法国革命史研究的基本前提

在马克思看来，一方面，历史研究应该在掌握历史事实的基础上对构成历史事件的时间、地点、人物、经过、结局、影响等历史要素进行客观全面的剖析与阐释，这些要素构成了历史研究的基本对象；另一方面，历史研究的根本目的是在对这些历史要素的具体研究中揭示出历史的本来面貌及其内在本质，这就意味着在历史研究中，逻辑结构与历史事实是相互统一的。马克思在考察法国 1789 年、1848 年和 1871 年革命

---

① 《马克思恩格斯选集》第 4 卷，人民出版社，2012，第 586 页。

的历史事件、评价历史人物、分析历史现象时，都始终从历史事实出发，如实反映各历史要素之间的内在联系。人类历史是在不平衡的发展中前进的，这种不平衡，要么表现为同一历史时期的各个民族或国家具有不同发展程度，要么表现为不同的历史时期某些民族或国家的发展具有相似性等。因此，要想了解各历史要素之间的内在联系，首先应该对历史事实本身进行深刻的剖析与研究。因为在马克思看来，即使是"极为相似的事变发生在不同的历史环境中就引起了完全不同的结果。如果把这些演变中的每一个都分别加以研究，然后再把它们加以比较，我们就会很容易地找到理解这种现象的钥匙"①。

在马克思研究法国 1848 年革命的两篇代表性文章中，《1848 年至 1850 年的法兰西阶级斗争》的分析重心在于两个"六月事件"：1848 年 6 月 23 日至 26 日无产阶级的六月起义以及 1849 年 6 月 13 日资产阶级民主派的六月失败；而《路易·波拿巴的雾月十八日》的分析重心在于与波拿巴有关的两个"十二月事件"：1848 年 12 月 10 日波拿巴通过普选当选总统以及 1851 年 12 月 2 日波拿巴发动政变，复辟帝制。马克思在这两篇文章中，分别对各个历史事件进行了深刻的剖析与研究。马克思先是在《1848 年至 1850 年的法兰西阶级斗争》一文中重点分析了无产阶级 1848 年六月起义爆发的原因及过程，深入阐述了六月起义失败的原因。紧接着在第二部分"1849 年 6 月 13 日"中着重分析了资产阶级共和派和小资产阶级民主派的溃败历程。通过分别深入研究，马克思发现，这两个"六月事件"，并不仅仅是时间上的巧合，而是具有深刻的历史关联性。在马克思看来，法国无产阶级六月起义失败的重要原因在于，二月革命后工人阶级沉醉在胜利的喜悦之中，与资产阶级、小资产阶级打成一片、称兄道弟，忘记了自己的历史使命，幻想能够在资产阶级的旁边实现自己的利益。然而，历史实践证明，这只不过是无产阶级的一厢情愿。当资产阶级站稳脚跟后，就将枪口对准了无产阶级，后者迫于无奈，在仓促之中发动起义。马克思指出，单是这一点，就注定了无产

---

① 《马克思恩格斯选集》第 3 卷，人民出版社，2012，第 730 页。

阶级必然失败，而无产阶级六月起义的失败则为 1 年后小资产阶级民主派的六月事件作了铺垫。无产阶级六月起义失败后，以卡芬雅克为代表的资产阶级共和派执掌政权，开始制定共和国宪法——《1848 年宪法》。然而，这部宪法的主要矛盾在于，它将普选权赋予了资产阶级的对立面即无产阶级、农民阶级和小资产阶级，这就为资产阶级共和派的失势埋下了伏笔。1848 年 12 月 10 日，在农民和军队的支持下波拿巴在选举中战胜了卡芬雅克，资产阶级共和派就此落幕。在此之后，小资产阶级民主派开始登上政治舞台，与秩序党、波拿巴展开了你死我活的权力斗争。随后，秩序党与波拿巴结成联盟，将小资产阶级逐出国民议会，小资产阶级只能以 1849 年 6 月 13 日的游行示威来宣告自己的下台，但示威很快被尚加尔涅的军队镇压下去了，小资产阶级在巴黎的力量就这样被消灭了。马克思认为，1849 年的六月事件只不过是 1848 年六月起义的一幅可笑而又可鄙的漫画：1848 年 6 月，由于小资产阶级的背叛，无产阶级陷入命运的深渊；而仅仅 1 年之后，曾经的叛变者就遭到了历史的报复，走到了自己政治生涯的终点。马克思对此总结道："1849 年 6 月是对 1848 年 6 月实行报复的涅墨西斯。"①

同样，马克思又在《路易·波拿巴的雾月十八日》一文中分别对两个"十二月事件"进行了历史研究，发现路易·波拿巴能够先后获得选举胜利和政变成功，是因为两起事件的背后有着惊人的历史相似性。马克思认为，这两起事件的成功，都源自农民对波拿巴的支持。1848 年 12 月 10 日，波拿巴在法兰西第二共和国总统的选举中战胜了卡芬雅克，当选为法兰西第二共和国的总统，"1848 年 12 月 10 日是农民起义的日子"②。1849 年，成功当选总统的波拿巴成立了专属于他个人的"十二月十日会"，这个由流氓无产阶级构成的组织成为他的私人军队。1851 年 12 月 2 日波拿巴开始了对帝制复辟的拙劣模仿，正式宣布自己为法兰西皇帝，称拿破仑三世。就这样，"1848 年 12 月 10 日的选举只是在 1851

---

① 《马克思恩格斯文集》第 2 卷，人民出版社，2009，第 137 页。
② 《马克思恩格斯文集》第 2 卷，人民出版社，2009，第 116 页。

年 12 月 2 日的政变中才得以实现"①。

通过马克思关于 1848 年法国两个"六月事件"和"十二月事件"的历史研究，可以发现马克思在进行历史研究时，始终在对史实充分占有的基础上，全面考察各个历史事件的基本特征，并且根据自己的问题域作出具体的、历史的分析，而不是简单的表象罗列与抽象类比，或是为了增加历史相似性而人为地以一方史实去裁量另一方史实。正是在充分保留历史原貌，并对历史事实进行认真研究的基础上，马克思才能在繁杂、错乱的历史表象中发现历史发展的一般规律，对人类历史作出科学的唯物主义回答。

二　逻辑是历史的理论再现——法国革命史研究的基本原则

在掌握历史事实的基础上，要想将对历史的抽象认识转化为对历史的规律性认识，揭示出人类社会发展的一般规律，则需要在逻辑的作用下，将抽象思维上升至方法论的高度，实现逻辑与历史的统一。比较是逻辑的一个重要机制，是指从事物的联系中进行比较，找出被比较对象的异同，从而进行归纳、分类与是非利弊的判断。比较逻辑贯穿于马克思历史研究的全过程，在《克罗茨纳赫笔记》中，为了令人信服地驳倒黑格尔的构想（其基础是关于国家与市民社会之间关系的唯心主义观念），马克思收集了丰富的事实材料，从而从不同时代和不同国度的形形色色的国家形式的背后揭示出国家的真正本质。马克思在对法国革命的史学研究中，十分擅长运用比较逻辑，即"要了解一个限定的历史时期，必须跳出它的局限，把它与其他历史时期相比较"②。在马克思看来，只有通过历史比较才能从复杂的历史事变中了解到人类社会各个历史阶段的规律，加深对历史规律性的认识。唯物史观所阐明的历史规律是对不同国家和民族的历史发展道路的抽象概括，如果不能在比较逻辑

① 《马克思恩格斯文集》第 2 卷，人民出版社，2009，第 566 页。
② 《马克思恩格斯全集》第 44 卷，人民出版社，1982，第 287 页。

的作用下对各个国家和民族进行比较研究，就不会看到各个国家和民族在历史上的共性和差异，因而就不可能进行概括和抽象，从而对整个人类历史发展道路进行宏观考察。

比较逻辑主要有两种表现形式，一种是将某一民族或国家与其余民族或国家进行比较，所作的比较是横向比较；另一种是对同一民族或国家的不同历史阶段的特点进行比较，所作的比较是纵向比较。马克思在对法国革命的史学研究中，分别运用这两种逻辑方式将法国与英、德以及不同时期的法国革命进行了比较研究。马克思运用比较逻辑对法国革命的历史研究可以分为两个阶段，在 19 世纪 50 年代以前，马克思进行历史对比的主要目的在于探索出适合德国社会革命的道路，他通过对比德国与法国和英国的时代差异以及资产阶级革命爆发前的不同状况来分析德国革命的特殊性。而 50 年代以后，则主要是通过对西欧各国尤其是法、德革命的历史对比，对法国革命的历史代表性作了重点阐述，由此揭示出资本主义发展规律的普遍性与各国具体发展道路的特殊性之间的辩证关系。在《资产阶级和反革命》一文中，马克思认为德国三月革命只不过是欧洲革命在一个落后国家的"微弱的回声"，虽然都是资产阶级革命，但是 1848 年的德国革命与 1648 年的英国革命和 1789 年的法国革命是无法相提并论的，由此对英、法资产阶级革命进行了比较。马克思指出，"1648 年，资产阶级和新贵族结成同盟反对君主制，反对封建贵族，反对居于统治地位的教会。1789 年，资产阶级和人民结成同盟反对君主制、贵族和居于统治地位的教会"①。马克思的这两句话对英、法两国在不同时期、不同历史条件下发生革命的异同进行了概括，说明二者既存在历史共同性，又存在历史差异性。

在马克思看来，英国革命和法国革命的历史共同性表现为二者具有相同的革命任务，即反对中世纪以来的君主专制制度。马克思认为，作为新兴的资产阶级反对封建专制统治的资产阶级民主革命，英国和法国都在不同程度上摧毁了本国的封建主义，促进了资本主义的发展。从根

---

① 《马克思恩格斯文集》第 2 卷，人民出版社，2009，第 73 页。

本上说，这两场革命是历史进步的体现，它们顺应了社会历史的前进趋势，符合当时整个世界的要求。"这两次革命都比自己的榜样前进了一个世纪；不仅在时间上是如此，而且在内容上也是如此。"① 除了拥有相同的革命目标，在马克思看来，作为革命主体之一的无产阶级在这两次革命中都还不够成熟，他们"不是还没有与资产阶级截然不同的利益，就是还没有组成独立发展的阶级或阶层"②。正是由于无产阶级对自身利益和任务的认知不清，他们在这两次革命中都成了为资产阶级夺取利益的"垫脚石"，而他们一旦完成使命，便会从资产阶级的朋友变成敌人，成为革命恐怖主义的对象。

与此同时，马克思提出英、法两国革命也存在历史差异，首先表现为革命力量的不同。二者的革命任务虽然都是反对君主制、贵族和教会，但是在英国，随着资本主义萌芽的诞生和发展，贵族阶层的相当一部分逐渐"资本化"，成为资产阶级的前身，而且在几个世纪当中，一直同国王发生"分权"的冲突，对于社会的改造早在革命前就已经"静悄悄地进行"了（恩格斯语），从这个意义上讲，英国革命的首要对象是封建王权，所以第三等级能够和新贵族结成同盟。而法国第三等级反对封建王室的斗争则开始得比较晚，因此，相较于英国贵族，法国贵族对王室的"依附性"要大得多。它没有英国那种以立宪形式限制王权的传统，资产阶级到 18 世纪才成为与王朝对立的力量，贵族的分化也是在这个时期才发生的，而且总有相当一部分贵族坚守"保皇"的立场，因此，在法国，资产阶级是无法和新贵族结成反封建同盟的，他们能够依靠的力量只有同样深受封建贵族压迫的城市手工业者和农民。除了革命力量的不同，马克思在另一处提到，英、法两国的社会氛围也不同。总的来说，英国社会氛围比较宽松。用恩格斯的话来说："英国无可争辩地是地球上最自由的，即不自由最少的国家，北美也不除外。"③ 相对宽

---

① 《马克思恩格斯文集》第 2 卷，人民出版社，2009，第 73 页。
② 《马克思恩格斯文集》第 2 卷，人民出版社，2009，第 73 页。
③ 《马克思恩格斯全集》第 3 卷，人民出版社，2002，第 558 页。

松的社会环境使得英国革命相对于法国革命"温和"很多，虽然也发生过内战和流血，但始终没有产生雅各宾式的极端行动和极权专政。法国革命则相对来说更加"猛烈"一些。它先是在条件还不够成熟的时候一举摧毁了旧堡垒，然而，一把火是烧不光整个旧世界的，以致虽然在革命爆发前就已经做了立宪准备，并在人民起义后即迅速颁布了第一部共和宪法，但君主立宪制的精神却很快便被制定它的人民践踏了，革命专政和拿破仑称帝，以及之后发生的七月王朝复辟，都是不可避免的倒退。除此之外，英国和法国的资产阶级各派的政治斗争也不相同，"在法国，资产阶级各派从 1848 年六月胜利时起在共和国内相互间进行的斗争，在英国从改革法案通过时起也在议会里进行了。不言而喻，由于这两个国家的条件完全不同，产生的后果也就不同"①。

从马克思关于英、法两国资产阶级革命的历史对比中，可以看出他在运用比较逻辑研究历史现象时，并不是简单、机械地罗列历史现象，而是在同一关系内，针对比较对象的历史背景、历史阶段、历史主体等多方面进行多元比对，不仅找到它们之间的相同点，而且丝毫不回避它们的差异性，始终致力于在探寻历史现象的异中之同和同中之异中总结出适合人类社会发展的一般规律。如同黑格尔所说的："假如一个人能见出当下显而易见之异……则我们不会说这人有了不起的聪明。同样另一方面，一个人能比较两个近似的东西……我们也不能说他有很高的比较能力。我们所要求的，是能看出异中之同，或同中之异。"② 马克思始终认为从历史现象的共同性中揭示出历史的规律性，从历史现象的差异性中探寻到人类发展的多元化，才是比较逻辑的真正价值。

三　逻辑与历史相统一的集中呈现

在进行历史研究时，除了对历史资料的收集、整理和编纂外，如何通过史料收集把握住历史的原貌是历史研究工作顺利开展的关键所在。

---

① 《马克思恩格斯全集》第 10 卷，人民出版社，1998，第 303 页。
② 〔德〕黑格尔：《小逻辑》，贺麟译，上海人民出版社，2009，第 262 页。

而如何恰如其分地利用史料，适得其所地呈现史实，又是历史逻辑的关键，这一切的实现离不开逻辑与历史相统一方法的使用。作为历史研究的方法之一，逻辑与历史相统一表现的是历史研究的结论，而结论是历史学家观点的表达，因此表现为历史叙事中包含着历史评价。从马克思关于 1789—1871 年法国革命史的研究中可以清楚地看到他对逻辑与历史相统一方法的熟练运用。无论是总结法国 1848 年革命的系列著述，还是描述 1871 年巴黎公社运动的《法兰西内战》，马克思的写作风格都是以评价统领叙述，这些著作从题目到叙事都是从评价开始并结束的，使之呈现出观点引导叙事、陈述统一于评价的格局。历史分析的结果将如何转化为叙事化的理论呢？以马克思剖析和总结法国革命历史的代表性著作《1848 年至 1850 年的法兰西阶级斗争》一文为例，在该文中马克思采用了陈述事实与揭示规律相结合的方法，将法兰西第二共和国时期各阶级作为历史叙事的主体，在对 1848 年至 1851 年法国阶级斗争的陈述中加入理论分析，将事实陈述引向深入。

按照历史进程的时间顺序，马克思从二月革命开始分析法兰西第二共和国这一历史全过程。在马克思看来，法兰西第二共和国时期的阶级斗争始于 1848 年二月革命的爆发。1848 年 2 月 22 日，巴黎街头发生了一场大规模的群众风暴，与十几年前的波旁王朝一样，代表金融资产阶级利益的七月王朝也在巴黎民众的"三天街垒战"中轰然垮台，法兰西第二共和国宣告成立。马克思首先表明二月革命的结果使法国所有准备了或决定了革命的分子都在二月政府中临时取得了位置，各个阶级维持着表面上和谐和暂时的利益妥协。紧接着，马克思话锋一转，插入了一段理论分析文字，主要讲述了二月革命胜利的背后是各个阶级由于不同的利益追求与政治主张而潜藏的争斗。马克思指出："整个社会表面上的和谐同社会各个成分的严重的彼此背离相混杂。"① 有了这种理论性的揭示，就使读者在刚刚知道革命胜利时，就预感到革命的必然失败，而总结革命失败的原因正是马克思研究 1848 年法国革命的重心，因此，这

①　《马克思恩格斯文集》第 2 卷，人民出版社，2009，第 477 页。

样的叙述有力地烘托了主题思想。在这样复杂的社会背景和阶级对立下，二月革命拉开了 1848—1851 年法国阶级斗争的序幕。

法兰西第二共和国成立后的第一场正式冲突发生在资产阶级共和派与无产阶级之间，马克思详细地叙述了这场斗争的起因、经过和结果。1848 年 5 月 4 日开幕的国民议会立即表明了对二月革命成果的否定，资产阶级想把无产阶级排除在现有政权之外，以此建立一个全面的资产阶级政权。为此，1848 年 5 月 15 日，无产阶级在布朗基的领导下举行示威游行，他们要求国民议会履行诺言，向为争取民族独立而斗争的波兰提供军事援助，立即采取有效措施消除失业和贫困，为工人提供面包等食品，成立劳动部。示威随即遭到残酷镇压，领导人也因此被逮捕。在这种情况下，无产阶级被迫在 1848 年 6 月 23—26 日举行大规模的武装起义，起义最终以资产阶级的胜利而告终。在马克思看来，由于力量对比悬殊，无产阶级获得胜利的可能性很小，因为当时站在巴黎无产阶级身后的只有它自己。六月起义失败后，二月革命的结果被降低到资产阶级的水平，纯粹的资产阶级共和国成立。马克思以揭示规律的笔法写道："巴黎无产阶级在资产阶级逼迫下发动了六月起义。单是这一点已注定无产阶级要失败。"① 这说明，当资本主义社会的生产力还没有得到充分发展，无产阶级自身又不够成熟的时候，无产阶级革命是无法取得成功的。由此，马克思在对资产阶级与无产阶级之间阶级斗争过程进行历史叙事的同时加入了理论阐述，是一种通过事物的本质来解释事物现象的做法，这样做既可以深刻地揭示出历史事件的命运，也可以为未来的发展指明方向，实现逻辑与历史的统一。

紧接着，在先后击退资产阶级共和派和社会民主派后，秩序党掌握了全部的国家权力，开始实行专政，立法权（国民议会）与行政权（总统波拿巴）之间的斗争构成了法国阶级斗争的新主线。马克思在随后的行文中，对秩序党与波拿巴之间的斗争分阶段进行了详细论述，指出双方争论的焦点在于是否应该修改宪法。马克思认为，秩序党在与波拿巴

---

① 《马克思恩格斯文集》第 2 卷，人民出版社，2009，第 103 页。

斗争的过程中，逐渐陷入无法解决的自我矛盾中，内部开始分崩离析。矛盾的焦点在于到底是该修改宪法还是原封不动地保存宪法，马克思精辟地分析了秩序党这一矛盾链条上所有选择可能会造成的结果。马克思提出，秩序党如果拒绝修改宪法，就可能会使波拿巴采取暴力手段获得权力；如果支持修改宪法，就会被资产阶级共和派所否决；如果违背宪法采用简单多数的原则，就会把宪法的修改权以及自己的命运一起交给波拿巴；如果对宪法仅作部分修改以此延长总统的权力时限，就会为复辟帝制开辟道路；如果对宪法作全面的修改以缩短共和国的寿命，那将不可避免地引起秩序党内各个王朝支持者之间的冲突，因为波旁王朝和奥尔良王朝的复辟条件不仅不同，而且互相排斥。最终，立法权与行政权斗争的结果是秩序党分崩离析，波拿巴于 1851 年 12 月 2 日发动政变，复辟帝制，法兰西第二帝国诞生。

无论是对二月革命结局的暗示，还是对六月起义失败规律的揭示以及对秩序党思想斗争的猜测，从表面上看，是马克思在归纳二月革命、六月起义的失败以及波拿巴战胜秩序党的原因，而从本质上说，则是对历史规律的判断和抉择。在《1848 年至 1850 年的法兰西阶级斗争》一文中，作为法兰西第二共和国这段历史的叙述者，马克思已经看穿了历史发展与革命发展的客观规律，他用四个章节的篇幅对法兰西第二共和国时期，各阶级派别在不同阶段的冲突作了系统的描述与分析。马克思以可靠的历史事实，带领读者回到法兰西第二共和国各阶级斗争的历史现场，还原了这段历史的真实本相。在他的笔下，人物是活的，事件是活的，阶级斗争的过程也是活灵活现的，但生动叙事的背后是马克思基于严谨的历史考证和精辟的历史分析所得出的科学结论。也就是说，马克思对法兰西第二共和国阶级斗争过程的描述，乃是历史规律的呈现，马克思只是在历史叙事中客观地把这种规律呈现出来，体现了逻辑与历史的统一。

除了"从后思索法"、历史主义方法和逻辑与历史相统一的研究方法之外，阶级分析法也是马克思研究法国革命史的重要方法。马克思认为，运用阶级分析法研究历史，既要对当前社会中的每一个阶级进行具体分析，同时也要看到在同一个阶级当中，由于经济、政治地位的差异还存在阶层或等级的区别，因此，应该从普遍性与特殊性的角度出发，看到各阶级内部的具体差异。马克思虽然认为当前社会的主要矛盾是资产阶级与无产阶级之间的矛盾，但他并没有简单地将社会阶级直接划分为资产阶级和无产阶级，而是区分了这两大阶级内部不同的派别及其所代表的不同利益。在马克思看来，当时法国社会的资产阶级中存在工业资本家阶级、金融资本家阶级等，在无产阶级中存在工厂工人阶级、农业工人阶级、流氓无产阶级等。因此，马克思在《路易·波拿巴的雾月十八日》中的阶级分析并不是简单划分为统治阶级与被统治阶级之间的二元对立，而是具体讨论了同一个阶级的各种派别，描述了资产阶级与无产阶级内部复杂的场景，强调每一个阶级内部存在的特殊性。二月革命后，小资产阶级的代表共和派在由复辟时期居于统治地位的大地主所有者的正统派与七月王朝时期居于统治地位的金融贵族和大工业家的奥尔良派联合而成的保皇派的绞杀下，走向了消亡。正统派与奥尔良派所构成的秩序党掌握了政府权力、军队和立法机构，相同的阶级属性使"奥尔良派和正统派同处于共和国中并提出同样的要求"①。

在承认同一阶级存在普遍利益的同时，马克思也强调了同一权力集团的不同分支由于存在各自的特殊利益而有着不同的政治诉求，正统派与奥尔良派就是如此。在联合取得了国民议会的统治权后，正统派与奥尔良派又迅速分裂开始支持自己所代表的王朝，对此，马克思一针见血地指出："如果一方不管另一方力求复辟它自家的王朝，那么这只是表明，资产阶级分裂成的两大集团（地产和资本），都力图恢复自己的统治地位，而使对方处于从属地位。"② 与资产阶级存在内部分裂相同，法国二月革命时期无产阶级的主要代表山岳党和社会主义的领袖们结成了同盟，从而形成了社会民主派。"社会民主派的特殊性质表现在，它要

---

① 《马克思恩格斯文集》第 2 卷，人民出版社，2009，第 499 页。
② 《马克思恩格斯文集》第 2 卷，人民出版社，2009，第 499 页。

求把民主共和制度作为手段并不是为了消灭两极——资本和雇佣劳动，而是为了缓和资本和雇佣劳动之间的对抗并使之变得协调起来。"①

除此之外，马克思认为，阶级分析法的运用最终要落实到阐释历史的创造性上来，即从阶级的愿望与目标出发，阐明不同阶级的历史主动性。首先，历史主动性与阶级地位相联系，表现为拥有经济地位的阶级才能发挥出历史主动性。在分析 1789 年法国大革命的原因时，马克思注意到，法国的资产阶级是从市民阶级中产生出来的，当他们拥有生产资料之后就着手进行争取政治统治权的斗争。他们作为资产阶级革命的核心，领导了反对封建制度的革命。其次，还表现为没有经济地位的劳动者阶级，为争取自己的经济地位所进行的斗争，这也是发挥历史主动性的活动。马克思对法国 1848 年无产阶级的六月起义和 1871 年的巴黎公社运动都给予了高度评价，认为正是这些斗争扫除了被历史淘汰的多余的阶级，推动了历史的进步。在对无产阶级运动失败的原因进行分析的过程中，马克思发现阶级的主动性有一个逐渐成熟的过程，它既与阶级的经济地位相联系，也与阶级的政治力量相联系。例如，在 1848 年的六月起义中，由于资产阶级与无产阶级的矛盾还没有爆发，以至于无产阶级对资产阶级始终抱有政治幻想，加之自身力量的不成熟，这场革命的失败是注定的。但是，随着资本主义经济的迅速发展，资产阶级对无产阶级的剥削加重，无产阶级终会明确自己的革命目标，取得反对资产阶级革命的胜利，巴黎公社的成立就是一次进步。也正是因为阶级的历史主动性有一个逐渐成熟的过程，阶级之间才能够存在协助与合作。无论是 1789 年法国大革命，还是 1848 年二月革命，都是资产阶级与无产阶级合作的结果。1871 年巴黎公社运动失败之后，封建势力一度复辟，工人运动陷入低潮，当时的政治力量较量表现为是要民主资产阶级的共和制还是要封建专制。工人阶级这时只能暂时放弃自己反对资产阶级的斗争，站在资产阶级共和派一边。这时工人阶级虽然做了资产阶级的"尾巴"，但也只有这样，才能进行历史创造活动。马克思运用阶级分析方

---

① 《马克思恩格斯文集》第 2 卷，人民出版社，2009，第 501 页。

法，不仅对 1789—1871 年法国社会各阶级进行了具体分析，还对同一阶级内部的不同分支进行了系统考察，区分出不同阶级的历史主动性，这对于发现人民群众是历史的真正创造者这一群众史观的核心观点具有重要意义。

第五章 马克思法国革命史研究与群众史观的集中体现

群众史观是马克思唯物主义历史观的重要内容，与唯物史观的其他理论相同，马克思关于法国革命史的研究在其群众史观的形成与发展的过程中同样发挥了重要的启发作用。马克思在关于法国 1789 年至 1871 年革命的历史研究中，对片面夸大个人和英雄人物在历史发展中作用的唯心史观进行了批判，肯定了人民群众是历史的真正创造者的思想，提出了科学评价历史人物的正确原则。

第一节 法国大革命与群众史观理论的系统阐发

马克思在实现其哲学世界观转变的过程中，围绕法国大革命的历史事实，通过对革命中以"无套裤汉"为代表的群众作用的考察，以及对雅各宾派和人民群众相联结的分析，初步实现对"群众"话语的革命性转变。在对"人类解放"可能性的历史考证中发现实现这一目标的主体——无产阶级，并且针对鲍威尔及其伙伴关于法国大革命历史作用和失败原因的错误理解，对其贬低群众的错误观点进行了猛烈的批判，提出人民群众创造历史这一群众史观的核心主题，从而形成了完整的群众观。

一 《克罗茨纳赫笔记》中"群众"话语的革命性转变

法国大革命时期涌现出的革命群众的性质问题一直是 19 世纪思想家

们研究的重点。一方面，以埃·柏克和希·泰讷为代表，他们对革命和革命所维护的一切采取一种明显的敌对态度，将参与 1789—1795 年暴动和示威游行的群众称为"暴民"、"最下贱的人"、"土匪"和"强盗"，认为巴黎革命党人和攻陷巴士底狱的群众都是最下层的社会渣滓。另一方面，资产阶级共和派历史学家，如让·密什勒和阿·奥拉尔，他们给予革命群众以积极评价，认为大革命标志着法国人民伟大的再生风暴。此外，还有像托·卡莱尔这样的浪漫主义者，卡莱尔在其专著《法国大革命》中用多种多样的语词来描绘为大革命所解放出来的，构成革命每一个决定性阶段的积极因素的社会力量。他对"无套裤党下层社会"表示同情，赞佩他们的"英雄气概"但也对这些人似乎要造成的"疯狂世界"或"无政府状态"怀有极端的恐惧。尽管这些思想家对大革命中群众的看法差别很大，所产生的影响也各不相同，但都贯穿着一条相同的线索：这些思想家往往按照自己的社会理想、政治态度或先入为主的思想意识来认识群众。在马克思看来，对于一个有着公开的、无耻的、直接的、露骨的劳动力剥削的新世界来说，这些思想家已经沦为助产士这样相当丑陋的角色。与这些按照个人好恶把革命群众看成不具体的抽象概念和善或恶的化身的思想家们不同，马克思看见了以"无套裤汉"为代表的革命群众身上的血和肉，看到了革命群众能够创造历史的伟大力量。

群众史观是使唯物史观区别于英雄史观、神学史观等唯心史观的重要内容。在马克思看来，群众是一个质与量的结合体。从质上讲，它是推动社会历史发展与变化的进步力量；从量上说，它是一个数量的集合体，表示人口绝大多数。在资本主义社会中，"真正的人民即无产者、小农和城市贫民"[①]。马克思在其多数著作中将群众、人民和人民群众等同。值得注意的是，马克思关于"群众"的概念是不断发展、完善的。马克思认为，群众应该包括不同的阶级和阶层。例如，在 1789 年法国大革命时期，由小手工业者、小商贩、小店主和劳动群众组成的第三等级，

---

① 《马克思恩格斯全集》第 4 卷，人民出版社，1958，第 220 页。

都可以划入群众的范畴；而在无产阶级革命时期，群众则包括了大多数的被剥削者。随着历史活动的不断深入，群众的队伍也会不断壮大，在共产主义社会中，群众则意味着全人类。在马克思看来，法国大革命后，群众将成为永久性的政治力量登上历史舞台。因此，对法国大革命中以"无套裤汉"和愤激派为代表的群众性质、利益和作用的考察，成为马克思建构其群众史观的重要来源。

黑格尔、青年黑格尔派和马克思都生活在由法国大革命肇始的"革命的年代"（霍布斯鲍姆语），群众观点是他们共同关注的基本话题之一，只是在黑格尔和青年黑格尔派的笔触中，"群众"多为消极、贬义之义，黑格尔由于"贱民"的无教养和他们的无财产所导致的原则上的敌视国家而否认群众的历史创造力，青年黑格尔派则完美继承了导师黑格尔对于群众的蔑视，指责他们是一个没有精神内涵的群体，认为这样的群体是无法推动历史进步的。与黑格尔和青年黑格尔派不同，马克思从小就对贫苦人民怀有同情，他曾目睹家乡特里尔市贫民区的惨状，在中学时期就立下了解救受苦难的人民群众和为人类幸福奋斗终身的决心，这也成为他群众史观的基础和出发点。《莱茵报》时期在洞悉了普鲁士人民现实的苦难生活后，马克思更加坚定了要为人民争取权利的信念，他在与普鲁士政府关于新闻出版自由的争论中，提出人民有出版和发表言论的自由权利。对莱茵地区社会经济状况的考察促使他更加关注社会问题，由此引发对现实的人、对人民群众利益问题的关注。马克思对那些参加莱茵省议会为贵族阶级进行辩护的人说道："这些人怀疑整个人类，却把个别人物尊为圣者……我们知道个人是弱小的，但是同时我们也知道整体是强大的。"① 这说明马克思对人民群众的作用有了初步的认知。

带着对人民群众历史作用的初步认知以及对黑格尔理性国家观的怀疑，马克思开始了对法国大革命的第一次近距离"观察"，其理论成果就是以 1789 年法国大革命为中心内容的历史学摘录笔记——《克罗茨纳

---

① 《马克思恩格斯全集》第 1 卷，人民出版社，1995，第 184 页。

赫笔记》。在摘录 1789 年法国大革命的前提、进程和结果的相关资料的过程中，马克思逐渐发现在每次革命中都有某个阶级出来担当革命的领袖和指导，这个阶级首先谋求它本身的特殊利益，而它们在一定程度上也反映了人民的普遍利益。他对卢梭的《社会契约论》中就一切人的意志和普遍意志的关系——一致还是不一致——作了摘录，"普遍意志和共同利益有关"，而"一切人的意志则和私人利益有关，它只是个别意志的总和"。① 马克思从法国在革命进程中建立的宪法体制的例子认识到，有产阶级的利益同广大人民群众的利益之间的这种不一致，是现代社会的特点之一，正在转化为越来越尖锐的矛盾。由此，马克思产生了一个疑问：是否有某个阶级，它的"个别利益"在未来的革命中会同"普遍意志"相一致？这个问题的答案在马克思不久之后写作的《〈黑格尔法哲学批判〉导言》中找到了答案，那就是只有无产阶级才能成为这样的阶级。而对这一答案的探索离不开他在《克罗茨纳赫笔记》中对法国大革命中"无套裤汉"的历史研究。马克思对兰齐措勒的《论七月事件的原因、性质及其后果》进行了摘录，"关于主权的人民是否希望被人所代表，而且是怎样被代表的问题，甚至没有被提到人民面前，也没有经一致或大多数人投票决定"②。对人民利益和命运的关注表明马克思已经开始重视人民的社会历史地位。在对路德维希的《最近五十年的历史》的摘录中，马克思注意到雅各宾派与"无套裤汉"的同盟不仅击败了内部的反革命势力和外国干涉，而且保证了大革命的胜利，这使马克思对群众的历史作用有了进一步的理解。他在 1843 年 5 月写给卢格的信中说道，"一切有思想的和受苦难的人"将会相互理解，穷人和"无套裤汉"的统治时代即将到来。为了印证这一观点，马克思还从瓦克斯穆特引用的材料中摘录了罗伯斯比尔有关拯救革命的纲领："内部的危险

---

① 〔苏〕H. C. 鲁缅采娃：《关于克罗茨纳赫笔记》，原载《马克思恩格斯全集》国际版第 4 部分第 2 卷，此处转引自姚颖主编《马克思主义研究资料》第 11 卷，中央编译出版社，2015，第 398 页。

② 王旭东、姜海波：《马克思〈克罗茨纳赫笔记〉研究读本》，中央编译出版社，2018，第 167 页。

来自资产者；为了战胜资产者，必须团结人民。必须……使人们向无套裤汉付款，使无套裤汉留在城市里，必须充分供应他们武器，激励并教育他们。"① 因此，革命的实践证明，可以通过同人民紧密团结的领袖使"无套裤汉"为民族服务，因为雅各宾派把公安委员会和安全委员会这样的革命权力机关置于国民公会之上，"它们上面没有任何约束的力量——裁判官和最高权力机关，它们遵循的只是公共福利（马克思把这几个字加上了着重号）的原则"② 。马克思发现，雅各宾派和"无套裤汉"组成的联盟谋求公共福利是可能的，因为其在自己真正的社会存在和真正的政治生存中代表特殊利益，而这种特殊利益可以和普遍利益一致。

克罗茨纳赫时期对1789年法国大革命时期雅各宾派和"无套裤汉"的历史研究使马克思初步认识到"群众"的概念，并且这个概念已经具有阶级的特征，它表达的是社会的普遍利益，而不是个别等级和私人的利益。与此同时，在"无套裤汉"的革命表现中，马克思在劳动阶级的政治潜能方面得出与黑格尔和青年黑格尔派完全相反的结论，他认为劳动阶级具有创造历史的力量。对雅各宾派和"无套裤汉"关系的研究，更是使马克思对哲学、政治和人民之间结成联盟的可能性有了初步的构想。1843年，马克思在摘录雅各宾党人勒瓦瑟尔的《回忆录》时，特意将"不能有未经人民批准的宪法"这一句译成德文以强调人民意志的重要性。这些观点构成了马克思群众史观的理论原点，随着马克思对法国革命史研究的不断深入以及对西方启蒙思想家和空想社会主义的遗产继承，他将对唯物主义的群众观点进行系统阐发。

二　大革命中的人权："人类解放"论域中无产阶级历史使命的发现

在马克思群众史观的形成过程中，法国复辟时期的历史学派关于群众的认识无疑给了马克思很大的思想启示，这一学派将人民群众看作历

---

① 张芝联：《法国史论集》，生活·读书·新知三联书店，2007，第30页。
② 王旭东、姜海波：《马克思〈克罗茨纳赫笔记〉研究读本》，中央编译出版社，2018，第141页。

史的主人，提出历史研究应该着重研究人民群众的历史。梯叶里认为，只有研究人民群众的历史才能够给我们提供行动的榜样。对于法国复辟时期的历史学家而言，人民群众的历史作用体现在他们的首创性。米涅在《法国革命史》中指出，法国革命史不是伟大人物的历史，而是人民群众的历史。这表明，法国复辟时期的历史学家已经认识到人民群众在历史上的创造力，一改过去英雄史观对"英雄"的吹捧，在人民群众历史作用的问题上有了重大突破，这对于马克思群众史观的形成无疑也产生了巨大的思想促进作用。

黑格尔受到法国大革命和以卢梭为代表的启蒙思想家的影响，把个人解放的希望寄托在国家身上，这使他的追随者——以鲍威尔等人为代表的青年黑格尔派在关于"人类解放"的问题上也一直在国家身上寻找"出路"。马克思与黑格尔和青年黑格尔派不同，马克思认为人类的解放不仅仅是政治解放的问题，只有当现实的个人把抽象的公民复归于自身，并且作为个人在自己的经验生活、自己的个体劳动、自己的个体关系中间成为类存在物的时候，只有当人认识到自身"固有的力量"是社会力量，并把这种力量组织起来而不再把社会力量以政治力量的形式同自身分离的时候，只有到了那个时候，人的解放才能完成。为此，马克思对青年黑格尔派展开了一系列批判。

马克思关于群众史观理论基点的首次阐发源自在《论犹太人问题》中对鲍威尔的系统批判。在该文中马克思通过比对法国大革命后犹太人的状况以及革命不同时期宪法的具体内容，批判了鲍威尔在犹太人解放问题上的错误观点，并在对"人类解放"的抽象解释中不断加深对社会主体力量的探索。在鲍威尔看来，1789 年的法国大革命不仅解放了法国的犹太人，使他们获得了平等的政治权利，还带来了国家与教会的分离，使犹太人成为完全自由的公民，他们获得的任何公民权利和政治权利都不用再受到宗教与教会信条的束缚。因此，鲍威尔认为，犹太人问题归根结底是宗教与国家的关系问题，他们要想获得真正的解放，应该先放弃犹太教，把自己解放为"人"，获得平等权利，然后再摒弃基督教和基督教国家，由此获得最终的解放，但由于犹太人宗教本质的褊狭性，这种解放是根本不可能实现的。① 面对鲍威尔认为犹太人问题的实质就是宗教与国家的关系问题，提出犹太人要想获得解放，必须首先废除犹太教继而废除一切宗教的观点，马克思通过引用法国 1791 年和 1793 年《人权和公民权宣言》的具体内容，指出政治解放与宗教信仰并不矛盾，法国人现在所享有的人权形式并没有和宗教互不相容的含义。1789 年法国大革命后，法国作为一个完备的民主制国家，它的宗教不仅没有消失而且极具生命力，这说明宗教的存在和国家的完备是不矛盾的，政治解放并不意味着宗教的消亡。但是，马克思同时指出，即使宗教仍然存在，它从本质上来说仍是一种有缺陷的存在，这种缺陷根源于国家自身，只能在国家的本质中寻找，因此，对宗教的批判应该变为对国家的批判。正像"在法国这个立宪国家中，犹太人问题是立宪制的问题，是政治解放不彻底的问题"②。

　　同时，马克思在鲍威尔的论证中发现了一种理想化的政治解放概念，这使鲍威尔对法国大革命所倡导的价值深信不疑，并使他认为公民权利是人的解放的最后形式。马克思提出，鲍威尔的错误在于他颠倒了政治解放和人类解放的关系。在鲍威尔看来，犹太人的真正本质并不是作为人的本质，而是其作为犹太人的特殊本质，因此，犹太人只有放弃作为犹太人的特权才能获得普遍的人权。不同于鲍威尔对人权的抽象概括，马克思注重历史现实，他从法国大革命时期颁布的人权法令出发来分析犹太人是否能够真正的获得人权。马克思列举了 1793 年《人权和公民权宣言》第 7 条的内容，即"把'履行礼拜的自由'列为人权"③。法国大革命以其历史事实表明宗教和人权并没有互不相容的含义，相反，信仰的特权是普遍的人权。既然宗教信仰本身并不妨碍犹太人得到人权，那么鲍威尔为什么认为信奉犹太教的犹太人因为没有普遍的人性，也就不

---

① 参见《马克思恩格斯全集》第 3 卷，人民出版社，2002，第 165—167 页。
② 《马克思恩格斯文集》第 1 卷，人民出版社，2009，第 26 页。
③ 《马克思恩格斯文集》第 1 卷，人民出版社，2009，第 39 页。

能拥有普遍的人权呢？为了弄清楚这一问题，马克思借以引用1789年法国大革命时期宪法关于人权的定义，科学地揭示了人权的内涵。按照大革命时期的宪法条款的规定，人权是一种"利己的人的权利、同其他人并同共同体分离开来的人的权利"①。除了对人权的定义，1795年宪法第3条，1793年宪法第6条、第8条和第16条分别对平等、自由、安全和财产四种人权的主要形式作出了解释。马克思从人权定义看出人权的本质是利己主义，"任何一种所谓的人权都没有超出利己的人"②。那么，法国作为一个刚开始解放自己，并力图消除成员之间所有障碍的共同体，为什么在大革命时期要两次通过宪法的形式，庄严地宣布同他人以及同共同体分隔开来的利己的人是有权利的呢？这说明法国大革命已经意识到，政治生活只是维护市民生活的一种手段，让市民社会成员享有自己的人权才是目的。因此，法国大革命的历史表明，政治解放是以人的解放为旨归的，而绝非鲍威尔所认为的人的解放是政治解放的前提，在马克思看来，鲍威尔将目的和手段颠倒了。

值得注意的是，尽管政治解放是人的解放的手段，但马克思强调人类的最终解放还是要靠"使人的世界即各种关系回归于人自身"③。因为政治解放具有局限性，它只能带来作为"公民"的解放而不能带来作为"个体"的解放，即在市民社会中，人只是现实的人，还谈不上是真正的人。因此，马克思认为，只有当现实的个人把自己当作类存在物的时候，人的解放才能完成。可以说，马克思在以法国大革命的历史经验为蓝本对政治解放的分析中，阐述了自己对人权和人的解放的认识，他开始把人作为一个"类"，把群众看作能使自己由低级向高级发展的社会力量，并且指出了真正的历史的终结是个人生活与类生活的和解。但是，此时人类解放在马克思那里还是一个比较抽象的概念，他对于实现人类解放的具体主体和现实途径也尚未形成明确的看法。

---

① 《马克思恩格斯文集》第1卷，人民出版社，2009，第40页。
② 《马克思恩格斯文集》第1卷，人民出版社，2009，第42页。
③ 《马克思恩格斯文集》第1卷，人民出版社，2009，第46页。

马克思在《〈黑格尔法哲学批判〉导言》中继续讨论了人类解放的话题。他认为，政治解放虽然具有不彻底性，但是在法国，至少已经通过大革命结出了革命的果实，而对照德国，德国的历史却几乎无所作为，甚至变得更为反动。因此，马克思对法国大革命的发生条件再次进行了深入剖析，以期为德国的未来革命提供历史借鉴。他发现法国大革命确实给德国深刻启迪，但是依据德国的状况却无法复制法国大革命的成功经验。从本质上说，法国大革命是一场"局部的纯政治的革命"，是市民社会中拥有社会财富和文化知识的资产阶级，用自己的金钱和地位来争取政治权利认同的革命。与此同时，他们又把法国贵族和僧侣确立为自己的对立面。众所周知，当一个阶级被承认为整个社会的阶级的时候，社会的一切缺陷就必定相反地集中于另一个阶级，这个阶级会成为普遍障碍的体现。在法国，当资产阶级成为社会总代表的时候，它具有积极的进步意义，而贵族和僧侣作为罪恶的代表，意味着消极的普遍意义。反观德国却没有任何一个阶级能够承担起社会总代表以及消极代表的角色，所以，德国无法按照法国大革命的方式来进行本国的革命。在《论犹太人问题》一文中，马克思已经提出政治解放是人类解放的一种手段，是在追求人类自我解放的过程中取得的阶段性成果。那么，德国是否有可能不经过法国大革命式的政治解放而直接实现人类解放的终极目标呢？

马克思始终坚持历史眼光与辩证思维，在对法国和德国的历史对比中，发现了实现德国解放的现实力量。马克思认为，未来德国出现一场超越法国资产阶级革命的无产阶级革命的现实可能性就在于，德国社会逐渐形成的日益庞大的无产阶级队伍。作为一个被戴上彻底的锁链的阶级，普遍的不公正要求德国的无产阶级不再诉诸历史的权利，而只能诉诸人类的权利，即在马克思看来，人只有完全复归到人自身才能真正实现人的解放，"社会解体的这个结果，就是无产阶级这个特殊等级"①。马克思指出，在德国未来的革命中，"哲学把无产阶级当做自己的物质

---

① 《马克思恩格斯文集》第1卷，人民出版社，2009，第17页。

武器，同样，无产阶级也把哲学当做自己的精神武器"①。哲学和无产阶级的结合不仅消弭了德国理论与现实相脱节的困境，而且为实现人的解放指明了具体路径。马克思围绕德国革命的发生条件、实现主体等问题，在与 1789 年法国大革命的历史比对中，作出了德国将进行一场超越法国大革命的社会革命，并且德国的社会革命最终会带来人的解放的预测，同时在与法国大革命的历史参照中，发现了无产阶级这一人类解放的主体，提出了无产阶级的伟大历史使命的构想，这标志着马克思群众史观的初步形成。

三　为法国革命的正名：对鲍威尔等人英雄史观的驳斥

马克思在留居巴黎期间对大革命时期雅各宾党人勒瓦瑟尔的《回忆录》一书进行了摘录。通过对勒瓦瑟尔关于 1792 年 8 月 10 日至 1793 年 4 月雅各宾派与吉伦特派斗争的历史分析，马克思发现在两派的争斗中，人民对待它们的态度截然不同。人民鄙视吉伦特派，因为"他们的理论在实践上仅限于发表演说和宣言"②，但人民却极少反对雅各宾派的决议，并将雅各宾俱乐部看作公众舆论的"晴雨表"。人民对待两派的不同态度，使得 1793 年 5 月 31 日和 6 月 26 日巴黎发生的人民起义的结果只能是吉伦特派被逐出国民公会，而雅各宾派却依靠人民建立了革命民主专政。马克思意识到，正是由于获得了人民群众的支持，雅各宾派才能够在反对代表大资产阶级反革命倾向的吉伦特派的政治统治的斗争中取得胜利。由此可见，此时的马克思已经意识到，获得人民群众的支持，是保证起义胜利的关键。尽管马克思此时尚未完全认识到社会变革的决定性力量是人民群众，但是他已经对群众的历史创造力有了基本认知。马克思萌芽式的群众史观观点的系统阐发则源自对青年黑格尔派的批判，在对青年黑格尔派关于精神与群众关系的错误观点的批判中，马克思阐

---

①　《马克思恩格斯文集》第 1 卷，人民出版社，2009，第 17 页。
②　《马克思恩格斯全集》第 40 卷，人民出版社，1982，第 379 页。

明了群众作为历史创造者的唯物史观主题。以鲍威尔为代表的青年黑格尔派竭力贬低群众及其在历史发展中的作用，提出历史是由精神创造的，而非群众创造的，群众是精神的敌人，二者相互对立。面对青年黑格尔派对法国大革命的历史意义、现实成果和失败原因等方面所作的"新考察"，马克思在《神圣家族》中一一予以批判，借此实现了自己思想的变革，同时第一次公开阐释了其群众史观的基本内容。

　　鲍威尔及其伙伴在历史观上坚持"精神"和"群众"的对立，他们将自己视为历史的唯一创造因素，认为历史的发展正是由他们这些具有丰富精神内涵的杰出人物推动的，这样，他们把历史发展看作英雄人物精神运动的结果，而群众作为精神匮乏的群体，则是精神"真正的敌人"。按照群众是精神的真正敌人的思辨逻辑，青年黑格尔派宣布法国大革命之所以会失败"正是因为它们引起了群众的关怀和唤起了群众的热情"①。换句话说，在"批判的批判"看来，法国大革命之所以失败是因为群众的参与导致了革命的悲惨结局。不同于绝对批判的肤浅理解，马克思看到了隐藏于"思想"背后的"利益"动因才是革命失败的真正原因，即正是由于对人民群众利益的忽视，才导致这场轰轰烈烈的大革命最终走向失败。在马克思看来，资产阶级作为1789年法国大革命的领导力量，预示着这场革命从根本上是围绕资产阶级的实际利益展开的，而不是代表群众的革命原则和价值诉求，人民群众作为革命的参与者被排斥于核心利益之外。在这个意义上，马克思在反驳鲍威尔及其伙伴关于法国大革命失败原因的错误理解中阐发了"历史活动是群众的活动"的思想。

　　马克思在《神圣家族》一文中还提出了"工人创造一切"的思想，即工人是社会物质和精神财富的创造者。早在《莱茵报》时期，马克思关于"工人的双手建筑起铁路"等提法已经接近人民群众是物质财富创造者的思想。随后，面对青年黑格尔派宣称是"思想"创造了一切，而工人则什么也没有创造的思想，马克思明确提出"工人才创造一切"。马克思认为，英国工人在经济领域、法国工人在政治领域所创造的物质

---

① 《马克思恩格斯全集》第2卷，人民出版社，1957，第102页。

和精神财富是鲍威尔及其伙伴根本无法比拟的，肯定了劳动群众是历史的创造者。与此同时，面对"批判的批判"对无产阶级历史作用的否定，马克思从被压迫人民群众的立场出发对法国 1789 年和 1848 年的革命作出历史评判，在关于无产阶级的历史作用的认知上得出了与青年黑格尔派完全不同的结论，阐发了"无产阶级能够而且必须解放自己"的思想。马克思认为，无论是在 1789 年法国大革命，还是在 19 世纪的多次革命中，无产阶级的政治性、革命性和组织性都已显现，而无产阶级自我意识的觉醒正是实现人民群众创造历史的现实途径之一。法国大革命的历史经验表明，"英法两国的无产阶级中有很大一部分人已经意识到自己的历史任务，并且不断地努力使这种意识完全明确起来"[1]。这样，面对鲍威尔及其伙伴对法国大革命历史意义的忽视，将这场革命仅仅当作"它自己的批判幻想的'象征和虚幻表现'"[2]，马克思恩格斯在《神圣家族》一文中，通过对法国大革命中人民群众历史作用的考察，提出思辨哲学家们是不能正确理解和解释历史的。这样，以法国大革命的历史经验为中轴，马克思恩格斯在对鲍威尔等人的唯心史观的批判中第一次系统阐述了群众史观的主要内容，标志着群众史观的初步形成。随后，马克思通过与法国工人运动的结合，最终在《共产党宣言》中对群众史观的理论观点作了全面论述。《共产党宣言》是一部具有高度概括性质的理论著作，马克思在其中明确指出了无产阶级的主体作用和历史地位，标志着其群众史观的正式形成。

第二节　1848 年和 1871 年法国革命对群众史观的验证与发展

肯定"人民群众是历史的创造者"是使唯物史观区别于唯心主义历史观的重要标志，是马克思主义学说重要的聚焦点和切入点。在 1848 年

---

① 《马克思恩格斯文集》第 1 卷，人民出版社，2009，第 262 页。
② 《马克思恩格斯文集》第 1 卷，人民出版社，2009，第 319 页。

欧洲革命爆发之前，马克思就已经系统地论述了自己的群众理论。1848
年欧洲革命尤其是法国二月革命和六月起义失败后，马克思吸取革命失
败的教训，总结历史经验，将自己的群众理论与具体的历史现实相结合，
在强调人民群众历史主体作用的同时不断根据 1848 年革命的新的实践经
验深化与丰富群众史观的具体内容，首次阐述了无产阶级的领导权与工
农联盟的思想。

一　1848 年法国革命确证"人民群众是历史的创造者"

作为马克思运用唯物史观原理总结 1848 年至 1851 年法兰西第二共
和国历史的光辉著作，《路易·波拿巴的雾月十八日》承继了他在 1843
年摘录勒瓦瑟尔《回忆录》时的观点，提出群众的历史能动作用迫使革
命中的各个阶级、阶层或党派都会隐藏起自己的利益和真实要求，而假
借人民的名义进行革命与统治。无论是法兰西第二共和国的建立，还是
波拿巴政变后法兰西第二帝国的复辟，都是在得到多数人民的拥护和支
持下实现的。因此，在《路易·波拿巴的雾月十八日》中，马克思以历
史时间为序，将法兰西第二共和国时期各阶级、阶层和党派对人民群众
的利用逐一进行分析，得出法国人民的革命实践从根本上促进了革命的
历史进程的结论。

对法国人民的利用，最先开始于二月革命后的共和国创立时期，即
资产阶级共和派对革命胜利果实的窃取。法兰西第二共和国的建立是二
月革命最直接的伟大成果，为了掌握新成立共和国的全部权力，资产
阶级共和派宣布召开国民议会，假借全体人民的名义进行统治。然而，作
为革命的最大牺牲者，小资产阶级民主派和无产阶级党派只获得了较少
的职位，政府中重要的职位大多数由资产阶级担任。对此，马克思讽刺
道："就是说……今后将由全体资产阶级借人民的名义进行统治。"① 紧
接着，在社会民主派与秩序党的争斗中，民主党人再次搬出"人民的代

① 《马克思恩格斯文集》第 2 卷，人民出版社，2009，第 478 页。

表"来增加其权力角逐的筹码。对此马克思继续嘲讽道,民主党人认为只要宣称"他们所维护的是人民的权利;他们所关心的是人民的利益……他们不必过分仔细地估量自己的力量"①。马克思在对民主党人盲目自信的嘲讽中,再次印证了人民的力量。最后,马克思提出,对人民力量的利用高潮来自波拿巴与秩序党的斗争,抓住人民心理继而获得人民支持是波拿巴最后战胜秩序党的关键原因。在波拿巴代表的行政权与秩序党掌握的内阁所代表的立法权的最后争斗中,与秩序党的"发动国民正是它最害怕的事情"相比,波拿巴无疑是利用国民心理和行动的高手。在波拿巴武力发动政变之前,他曾想要以修改宪法的方式保全自己总统的权力,由此与立法议会展开了一场关于是否修改宪法的争论。1851年11月12日,波拿巴在给国民议会的宣战咨文中始终强调人民的力量,以骗取人民的支持。波拿巴表示,自己将把1852年的总统选举权交给人民。他四处宣称:"我是人民选出的,我的权力完全是人民赋予的,我将永远服从人民的合法表示的意志。"②修宪虽然最终无果而终,但这场争斗还是吹响了"政变"的号角,1851年12月2日,在军队的支持下,布告贴满巴黎全城,其主要内容是恢复普选,由人民投票决定是否赋予波拿巴更持久的以及修改宪法的权力。12月20—21日,法国民众对上述问题进行投票表决,路易·波拿巴以750万票对64万票获得绝对多数的支持,最终掌握了全部的统治权,这也为他复辟帝制的阴谋开辟了道路、奠定了基础。1852年11月21日,对公民投票最有信心的路易·波拿巴将是否恢复帝制这一问题再次交付人民表决,结果有782.4万票赞成,25.3万票反对,另有大约200万票弃权。③1852年12月2日,又是在这个具有象征意义的日子里,路易·波拿巴宣布复辟帝制,法兰西第二帝国由此成立。在波拿巴从就任总统到修改宪法延长任期再到复辟帝制,法国人民一次又一次"贡献"了自己的选票。马克思

---

① 《马克思恩格斯文集》第2卷,人民出版社,2009,第504页。
② 《马克思恩格斯文集》第2卷,人民出版社,2009,第526页。
③ 原文载于James F. Mcmillian, *Napoleon Ⅲ*, London: Longman, 1991, p.51, 此处转引自陈文海《法国史》(修订本),人民出版社,2014,第307页。

对此无奈地指出："国民的共同意志每次通过普选权来表现时，都试图在群众利益的昔日的敌人身上得到适当的体现，直到最后它在一个海盗的固执的意志上得到了体现。"① 由此可见，在法兰西第二共和国的历史中，无论是资产阶级共和派，还是小资产阶级民主派，或是流氓无产阶级的首领路易·波拿巴，都假借人民的名义满足自己的利益需求。1848年至1851年法兰西第二共和国时期不同阶级对人民的利用，再次确证了人民群众具有创造历史的主体作用。

马克思认为，1848年的法国革命和1871年的巴黎公社运动充分证明了人民群众作为社会物质财富的创造者，是最能够直接地感受到旧的生产关系是否已经严重阻碍生产力的发展，是否迫切地需要变革旧的社会形态以实现向新的社会形态更替的主体。1848年的法国二月革命，虽然本质上仍然是由资产阶级领导的民主革命，但革命的成果却是广大人民群众争得的，捍卫革命成果的功绩也是他们建树的，虽然二月革命的果实最终被路易·波拿巴窃取了，但仍然不能否认广大人民群众在推翻奥尔良封建王朝，建立法兰西第二共和国中所发挥的决定性作用。除此之外，人民群众的历史主体精神在1848年的六月起义中再次得到充分体现。马克思高度赞扬了巴黎工人在这次起义中表现出的历史首创精神，指出法国自大革命以来的一系列革命事件，所改变的只是奴役的政治形式，而没有触碰到资产阶级奴役工人的根本。但是巴黎人民发动的六月起义提出的建立一个摆脱资本主义压迫的社会共和国的要求使这场革命表现出鲜明的人民性，它超越了以往资产阶级革命的范围，使人民群众首次在无产阶级革命中展示出自己的历史主体精神。因此，马克思对六月起义的意义给予了极高的评价，指出"只有浸过了六月起义者的鲜血之后，三色旗才变成了欧洲革命的旗帜——红旗！"② 也就是说，正是六月起义的失败造就了使法国能够起到欧洲革命首倡作用的条件。同样，巴黎公社是巴黎爆发的民众起义的产物，巴黎公社运动第一次建立了工

---

① 《马克思恩格斯文集》第2卷，人民出版社，2009，第496页。
② 《马克思恩格斯文集》第2卷，人民出版社，2009，第105页。

人阶级的革命政府，无产阶级在这次革命中发挥了重要的主体作用。如果说，在1848年二月革命中，无产阶级还主要是作为革命战士的角色出现的，那么随着它与资产阶级矛盾的加剧，无产阶级开始从革命的战士走向革命舞台的中心，成为领导革命变革的主导力量。马克思认为，无产阶级在1871年巴黎公社运动中的表现再次确证了他之前已经反复阐述过的一个重要的结论：整个历史的过程是由活生生的人民群众本身的发展所决定的。由此，马克思在对法国1848年革命和1871年巴黎公社运动无产阶级历史作用的考察中，再次确认了"人民群众是历史的创造者"这一群众史观的伟大命题。

二　法国革命语境中群众创造活动的历史条件性分析

马克思虽然肯定了法国复辟时期历史学派关于群众首创性的历史认识，但是在他看来，这一学派并没有真正解决人民群众是如何创造历史的问题。由于法国复辟时期的历史学家不能理解人民群众创造历史会受到主客观条件的制约，不能理解人民群众同个人，尤其是杰出历史人物之间的关系，因而还不能对人民群众是如何创造历史的作出科学说明。与复辟时期的历史学家们不同，马克思尽管肯定人民群众在历史发展中的主体作用，但他同时也强调人民群众历史作用的发挥总是要受到社会历史发展的实际状况和群众及其所代表阶级自身成熟程度的限制，即人民群众是在十分确定的前提和条件下创造历史的。马克思在总结1848年至1851年法兰西第二共和国时期的历史时，既从经济、政治和精神三个层面全面指出了制约人民群众创造历史的几个主要条件，又分别指出了各个条件的不同表现。

首先是经济条件。马克思认为，先前留存的社会生产力以及与生产关系之间的矛盾对人们活动的制约作用归根到底是决定性的。以1848年革命为例，马克思提出与二月革命时期的无产阶级和立宪共和国时期或立法国民议会时期的社会民主派相比，小农作为先是将波拿巴推向总统一职，继而又推向皇帝宝座的"主力军"，无疑更能体现出群众创造活动的历史条件性。马克思指出，小块土地所有制决定法国的小农没有丰富的社会关系与社会交往，他们像一个个马铃薯一样汇成了一袋马铃薯。同时，他们不能代表自己，必须要别人来代表他们。最终他们选择了路易·波拿巴这个骗子作为他们的代表，只是这个代表带给他们的是历史的倒退。不过，马克思同时提出，人民群众的历史主体性决定一旦他们对帝制复辟感到失望，必然会揭穿波拿巴的伪善、虚伪和"拿破仑观念"的空洞，抛弃对拿破仑的迷信与幻想，使法国历史继续朝着正确的方向行进。

其次是政治条件。1870 年 7 月 19 日，法国狂妄地向普鲁士宣战，9 月 2 日色当战役中法国大败，就连路易·波拿巴本人也成为普鲁士人的俘虏，随后法国成立以梯也尔为首脑的临时共和国。普法战争失败后，马克思恩格斯参与组织的第一国际的巴黎支部发表宣言，提出法国的工人应该把对德国的战斗进行到底。马克思则坚决反对第一国际巴黎支部的愚蠢行径，认为在法国和德国缔结和平条约之前，第一国际应该对法国的局势保持观望态度。因为马克思认为，当时的政治条件还不允许法国工人采取进一步的行动，尽管马克思强烈地批评了法国的临时政府，但他警告工人不要在没有具备革命条件的情况下试图推翻它。在马克思看来，在不具备革命条件时，"一切推翻新政府的企图都将是绝望的蠢举"①，只会对保皇派有利。相反，马克思认为，此时的工人阶级应该充分利用临时政府为他们所提供的一切，去加强自己的阶级组织，积聚力量，并待时机成熟后再实现无产阶级的历史任务。

最后是精神条件。如前所述，"拿破仑观念"是吸引法国小农阶级投靠波拿巴的重要因素，也就是说，马克思所说的"一切已死的先辈们的传统"是限制人民群众创造历史的重要精神条件。社会意识的能动的反作用原理告诉我们，进步的传统观念会对人民群众创造历史的活动起到激励、促进的作用，而落后的传统观念只会对人民群众创造历史的活

---

① 《马克思恩格斯文集》第 3 卷，人民出版社，2009，第 127 页。

动起到压抑、阻碍的作用。不只法国农民曾经被第一帝国的民族传统所欺骗，在 19 世纪 60 年代，当时法国的多数工人还与农民和小资产阶级保持着密切联系，以至于他们非常容易受到各种非无产阶级的社会主义学说的影响，而马克思主义在当时还不能为多数的无产阶级所接受。最终，1871 年巴黎人民在推翻梯也尔临时政府之后，在以布朗基为代表的布朗基主义的领导下，开始忽视革命的理论，最终导致巴黎公社运动的失败。不得不说，蒲鲁东主义和布朗基主义等非无产阶级的社会主义学说的深刻影响是巴黎公社运动失败的一个重要原因。

除了各种社会因素，无产阶级的自身发展程度是制约群众历史创造力的重要主观因素。在马克思看来，1848 年法国二月革命爆发后，受社会生产力的局限，作为二月革命主体的无产阶级还不够成熟，以至于当巴黎无产阶级还陶醉于二月革命所开辟的伟大前景时，旧的社会力量却在集结着思量如何占有革命的全部胜利果实，虽然无产阶级最后意识到了这个制宪国民议会的骗局，并最终发动了"五月十五日事变"和六月起义，但都失败了，导致无产阶级退到革命的后台去了，这说明，无产阶级的不够成熟是六月起义失败的原因之一。同样，无产阶级在二月革命后与小资产阶级结合而成的社会民主派，完全成为小资产阶级的"附庸"，然而，小资产阶级受物质生产水平限制和小资产阶级局限性提出的解决方案，其结果最终只能导向失败。

除此之外，马克思认为，虽然历史的命运最终是由人民群众来创造的，但是在阶级社会中，对人民群众历史主体作用的分析又不能离开对他们领导阶级的具体考察。正如在 1848 年至 1851 年法兰西第二共和国时期，资产阶级共和派、社会民主派和波拿巴派等不同阶级主体都曾利用人民群众的力量来实现自己的政治利益和目的，并按照本阶级的行动纲领来干预人民群众的革命行动，但是，由于这些阶级追求的利益和实现的目标与人民的利益和目标相抵触，因此由他们领导的革命活动都以失败告终，而无产阶级领导的六月起义的失败主要是因为它没有争取农民和小资产阶级的支持。由此，马克思发现，在特定的历史条件下，人民群众历史作用的发挥还取决于这一时期革命的领导者，这就提出了无产阶级领导权的问题。马克思由此得出结论，每个时代人民群众历史创造作用的实现都要受到当时社会历史发展的客观条件和主观因素的制约。"人们自己创造自己的历史，但是他们并不是随心所欲地创造，并不是在他们自己选定的条件下创造，而是在直接碰到的、既定的、从过去承继下来的条件下创造。"① 这表明，一方面，人民群众创造历史有着确定的内在动力和可靠的无产阶级领导，以及现实经济、政治和精神条件作为支撑；另一方面，历史条件的限制性使特定时代的群众能够创造出的历史成果是有限的，但是随着时代的不断进步，人民群众的创造力也会不断增强。人类社会终将在人民群众创造力的有限性与无限性的循环交替中朝着不断发展的方向前进。

三 "狡黠的骗子"：论个人在历史发展中的作用

在此前关于马克思对波拿巴政变的分析中，我们强调了历史规律的制约作用和人民群众的主体作用，那么这是否意味着可以完全不必考虑个人对社会历史发展的影响呢？答案当然是否定的。马克思提出，虽然历史总的进程不是由个别人的思想和愿望来决定的，但特殊人物可以起到加速或延缓历史发展进程的重大作用，正如路易·波拿巴主导的雾月政变，使法国再次回归封建帝制，开起历史的倒车。

1848 年 12 月 10 日，路易·波拿巴通过普选当选为法兰西第二共和国总统，3 年后，波拿巴依靠国家机器、军队和警察，利用大资产阶级对于稳定金融环境的渴求解散了议会，成功发动反革命政变，资产阶级就这样迎来了自己统治地位的覆灭和波拿巴的独裁。这场政变给整个欧洲带来巨大震撼，许多思想家对政变进行过详细的描述与分析，维克多·雨果是其中的代表之一。雨果在《小拿破仑》中对波拿巴这个政治流氓进行了辛辣的讽刺和羞辱，将他称为"最无耻、最低级的恶棍"，

---

① 《马克思恩格斯文集》第 2 卷，人民出版社，2009，第 470—471 页。

"奴役伟大法国人民的侏儒式暴君"。① 在马克思看来，维克多·雨果将这一政变单纯看作某一个人的暴力行为，这种看法是一种基于个人英雄主义的唯心主义历史观。对于这场政变，雨果只是对主要的发动者波拿巴进行了尖酸的文学咒骂，政变本身在他笔下被描绘成了一个晴天霹雳，而这种尖刻的痛骂不足以真正说明法国二月革命以来一系列历史事变的真正原因。马克思认为，作为政变的主角，波拿巴这一历史人物个人的行动确实是促成政变的重要因素。对于这一人物，马克思总是充满讽刺，这从他用"雾月十八日"来命名波拿巴发动的反革命政变便可窥一二，这一命名既体现出一种"历史的反复"，又暗含嘲讽的意味。值得注意的是，在对波拿巴极尽讽刺与蔑视的同时，马克思也没有完全轻视波拿巴的个人能力，没有将他看作毫无权谋，一味躲在叔父光环之下生存的人。相反，马克思非常深刻地揭露了波拿巴的真实面目、品质特征和个人能力，认为他是一位极其善于抓住历史机遇以实现自己政治目标的阴谋家，波拿巴政变的成功，与他个人的能力和权术是分不开的。

在马克思看来，波拿巴最终能够成功发动反革命政变，取得帝位，从其个人角度来说，有三个方面的原因。第一，对于历史机遇的敏锐把握。原本按照 1830 年宪法第 44 条规定，失去法国国籍的人不能成为法兰西共和国的总统，在海外流亡多年的波拿巴早已失去了法国国籍，但是在 1848 年二月革命发生后，法国即将普选总统的消息一经流出，蛰伏多年的波拿巴立刻捕捉到这次难能可贵的机会。他先是趁着资产阶级各派系之间斗争的加剧，利用他的叔叔拿破仑在农民阶级中的声望，击败热门候选人卡芬雅克，通过普选当选为法兰西第二共和国总统，随后又联合大资产阶级的秩序党打击资产阶级共和派，在"借用"完秩序党之手后，又抓住其内部的分裂击败了秩序党，解散议会，独揽大权，最终废除共和，复辟帝制。可以说，这一系列行动都离不开波拿巴对局势的应变分析和对历史机遇的把握。第二，擅长伪装的防御能力。在法国并

① 〔法〕维克多·雨果：《一桩罪行的始末》，丁世忠、涂丽芳译，译林出版社，2013，第 10、186 页。

没有太多政治根基的波拿巴，在斗争初期非常善于躲在其他阶级的背后，假借他人之手为自己肃清敌人。"六月十三日事变"后，当全国陷入对大资产阶级秩序党的声讨时，波拿巴把自己伪装成被动卷入革命的无辜受害者，以免将小资产阶级的愤怒引到自己身上。"6 月 14 日，巴黎各处墙壁上张贴了一则布告，据布告所说，总统好像并没有参与这一切。"① 当波拿巴想要解散共和派制宪议会，并摧毁民主党的力量时，他再一次躲在秩序党的身后，"那时他好像躲在这个内阁背后……戴上了路易-菲力浦时期报刊的责任发行人戴的谦虚的性格面具，即代理人戴的面具"②。原本没有竞争优势的波拿巴正是凭借自己"狡猾的伪装"，在一次又一次的阶级冲突中全身而退，最终使"法国的全部官方天才，由于一个人的狡猾的愚钝而破灭"③。第三，蛰伏的隐忍心态。波拿巴是如何巧妙地利用历史机遇，并躲避在各阶级背后伺机而动发动政变的呢？这与他的隐忍能力不无关系，在马克思看来，波拿巴的身上体现着"海盗的固执的意志"，但他的政敌们往往对他极尽藐视。马克思对此精辟地总结道："他扮演了一个不被赏识而被全世界当做傻瓜的天才角色。"④ 国民议会起初也并未把波拿巴看作真正的对手，仅仅把同波拿巴的斗争，看作一种同臭虫的决斗，认为臭虫咬人又怎么能置人于死地呢？梯也尔把路易·波拿巴看成"弱智的傻瓜"，他认为只要给这位可笑的总统提供足够的"金钱和女人"，就能够将之玩弄得不知东南西北。面对各个阶级的不看好和秩序党的轻蔑，波拿巴总是表现出怯弱的屈服。与波拿巴的卑微谨慎相对照的是秩序党的狂妄，然而，拥有如此优势的秩序党最终还是在一次次地错失良机中走向了失败。对此，马克思揣摩波拿巴的语气说道："你把我看做蚂蚁，但是总有一天我会成为狮子的。"⑤

　　马克思在分析完波拿巴个人能力的同时，也不否认他身上所体现的

① 《马克思恩格斯文集》第 2 卷，人民出版社，2009，第 506 页。
② 《马克思恩格斯文集》第 2 卷，人民出版社，2009，第 510 页。
③ 《马克思恩格斯文集》第 2 卷，人民出版社，2009，第 496 页。
④ 《马克思恩格斯文集》第 2 卷，人民出版社，2009，第 513 页。
⑤ 《马克思恩格斯文集》第 2 卷，人民出版社，2009，第 539 页。

狡猾善变的流氓权术和下流无耻的骗子手段。马克思认为，这场政变的成功也是波拿巴个人流氓行径的结果，他能用下流手段进行斗争。这样说来，是不是波拿巴只要具备了审时度势的应变能力、擅长伪装的防御能力和蛰伏的隐忍心态以及为取成功不惜使用的下作手段，政变就一定能够成功？答案当然是否定的。尽管马克思肯定了特殊历史人物在社会历史发展中的作用，但他对历史人物个人作用的估价也是有限度的。事实上，在马克思看来，无论历史人物个人的才能、素质如何超群，他都不可能具有改变历史发展的一般趋势的能力，他也无法去实现社会客观条件尚未提出的任务，个人才能只有在顺应历史发展的趋势和成熟的客观社会条件下才能获得充分发展。

第三节　两个"波拿巴"的复杂面相：
历史人物的作用与评价

唯物史观在承认人民群众创造历史的前提下，充分肯定个人，尤其是历史人物的作用。历史人物所产生的影响更加深刻，因为他们往往是具体历史事件的直接参与者和指挥者，这样，历史人物的个人印记就深深地烙刻在历史事件中，使每个历史事件和每段历史都有其独特的外观。因此，历史人物是如何产生的，他们与人民群众的关系如何，应该如何正确评价历史人物成为历史唯物主义的重要课题。马克思在对法国革命历史中极具代表性的两位历史人物——拿破仑·波拿巴和路易-拿破仑·波拿巴这对叔侄的历史分析中，科学地回答了唯物史观关于历史人物的产生与评价等一系列问题，进一步丰富和发展了群众史观的具体内容。

一　"叔父与侄子"——论历史人物的产生

所谓历史人物，是指那些经过历史筛选，在历史进程中留下明显历史烙印的人。根据他们对历史影响的性质，又可以分为进步的和反动的人物。如前所述，马克思认为，社会历史发展是历史的客观必然性与偶然性共同作用的结果，而偶然性其中就"包括一开始就站在运动最前面的那些人物的性格这样一种'偶然情况'"①。这说明，历史人物的性格和能力能够对历史的发展起到加速或者延缓作用，有时甚至可以起到决定作用。那么历史人物究竟是如何产生的呢？马克思在对法国革命期间"叔父与侄子"历史出场语境的考察中发现，那些在历史发展的长河中作出过重大贡献、产生过重大影响的活动家们，常常是阶级社会的客观要求，同时也是某个特定历史时代的必要的直接的结果。

马克思认为，正确理解历史人物产生的基本前提首先是要厘清历史人物与阶级之间的关系问题。在 1848 年至 1851 年法兰西第二共和国的这段历史中，马克思注意到各阶级在与其他阶级进行斗争时都推选出了自己的代表人物，如资产阶级共和派的代表卡芬雅克、秩序党的代表尚加尔涅，以及农民和流氓无产阶级的代表路易·波拿巴。无产阶级在法兰西第二共和国时期也在竭力寻找自己的代言人，但是由于自身的不成熟以及政治意识的缺乏，他们先是把小资产阶级的代表人物路易·勃朗和阿尔伯（原名亚历山大·马丁，人称工人阿尔伯）当作自身权益的代表，随后又在 1848 年 12 月的选举中，将自己的选票投给了拉斯拜尔。尽管无产阶级新推选的代表人物仍然无法从根本上反映并维护他们的权益，但是马克思发现，在阶级社会中，任何个人都隶属于某个特定阶级或社会群体，阶级对个人具有制约性。历史人物的产生往往是因为他能够代表这个阶级的利益，并引导这个阶级的活动。这说明历史人物的产生是特定历史条件下社会发展的客观要求。

除此之外，尽管唯物史观肯定历史人物在社会发展中的重要作用，但这与将历史发展完全归结为英雄或领袖个人意志结果的唯心主义的"英雄史观"根本不同。卡莱尔是英雄史观的代表人物。1850 年，在欧洲革命即将结束之际，他在他的《英雄和英雄崇拜》中广泛宣扬英雄崇拜思想，把"英雄崇拜说成是解救绝望的现状的唯一办法"，马克思对此讽刺道，似乎在卡莱尔看来，"只有集中体现在一个人身上，体现在

---

① 《马克思恩格斯文集》第 10 卷，人民出版社，2009，第 354 页。

克伦威尔或丹东这样的人身上的革命，他才承认，甚至赞扬"。① 马克思通过对 1848 年法兰西阶级斗争结果的分析得出了与英雄史观完全不同的结论。众所周知，法兰西第二共和国时期各阶级代表人物之间的斗争，最终是路易·波拿巴这一"历史的小丑"取得了胜利，对于他获取胜利的真相，不同的思想家给出了不同的回答，雨果认为是波拿巴个人创造的结果，蒲鲁东相信这是以往历史发展的必然结局，然而马克思却提出"波拿巴的作用日益增长是当时的环境造成的"②。这说明，在马克思看来，历史人物的产生既是阶级斗争的必然结果，也是历史形势发展的一种客观要求。

1844 年，马克思在摘录勒瓦瑟尔《回忆录》时注意到勒瓦瑟尔对于"人民之友"马拉的评价，在勒瓦瑟尔看来，"这样的人〈马拉〉，如果不是吉伦特派想从他身上追求毅力原则本身，因而夸大了他的作用……这种人就连最微小的作用都起不了"③。恩格斯也曾指出，拿破仑之所以能够成为法国历史舞台上的杰出人物，除了他的个人才能之外，更多的是法国大革命的产物，也就是说，拿破仑之所以能够成为法国的军事独裁者，是因为当时的法国需要这样一个人。1789 年法国大革命爆发时，拿破仑年仅 20 岁，由于在战争中的出色表现，他在 24 岁时从一个炮兵上尉被破格晋升为炮兵将军。如果不是因为战争的客观需要，这在封建君主专制时代的法国是不可能实现的。1799 年，拿破仑通过发动"雾月政变"，建立起军事独裁统治的法兰西第一帝国。这一结果虽然离不开拿破仑个人才能的发挥，但根本原因还是由于当时法国革命需要继续发展，是革命发展的客观形势的产物。当时法国社会需要一位对内能够尽快恢复资产阶级渴望的统治秩序，对外能够打退国内外反法同盟的进攻，即一位能够带领法国解决内忧外患困局的"领袖"。正是这种社会需要使拿破仑成为法兰西共和国所需要的军事独裁者。如果拿破仑在此之前

---

① 《马克思恩格斯全集》第 10 卷，人民出版社，1998，第 312 页。
② 《马克思恩格斯全集》第 10 卷，人民出版社，1998，第 610 页。
③ 《马克思恩格斯全集》第 40 卷，人民出版社，1982，第 376 页。

已经阵亡，那么就会有另一个独裁者取代他，来满足法国当时的社会需求。也就是说，"恰巧某个伟大人物在一定时间出现于某一国家，这当然纯粹是一种偶然现象。但是，如果我们把这个人去掉，那时就会需要有另外一个人来代替他，并且这个代替者是会出现的"①。任何伟大的人物都是一定的社会需要的产物，历史人物的出现，是由社会历史发展的形势造成的。"每一个社会时代都需要有自己的大人物，如果没有这样的人物，它就要把他们创造出来。"②

通过对路易·波拿巴和拿破仑·波拿巴的历史分析，马克思提出历史人物是某一特定阶级的代表，历史人物的活动终究是阶级活动的具体体现，因此，历史人物的产生不能离开其背后的阶级、阶层。同时与片面夸大历史人物个人作用的英雄史观不同，马克思恩格斯始终强调历史人物是社会需要的产物，拿破仑的出现和波拿巴的成功表明当危机或革命来临的时候，总是会出现一批杰出人物，他们作用的发挥程度正是取决于他们能够满足社会对历史人物需要的程度，如果没有社会历史发展的这些需要，历史人物也就无法产生。当然，马克思恩格斯的这一思想，丝毫也不损伤英雄人物的形象和能力。这是因为，社会需要只提出了产生伟大人物的要求，至于谁来充当这个伟大人物，则是一种历史的偶然因素，是由历史人物自己的才能、品质、个性等方面的因素来决定的。马克思在强调历史人物个人作用的同时，既不忽视其产生的阶级基础和客观社会条件，也不会片面夸大个别英雄人物对历史进程的影响。

二 "反叛的幽灵"——波拿巴政变对历史人物与群众关系的揭露

如前文所述，在马克思看来，某些个人之所以能够在历史上脱颖而出成为历史人物，并非纯粹由于个人的天赋、品质，而是深厚的社会需要的产物。除此之外，马克思提出，历史人物的诞生还源自人民群众对他的信任与支持。对于历史人物与群众之间的辩证关系，马克思在对法

① 《马克思恩格斯文集》第 10 卷，人民出版社，2009，第 669 页。
② 《马克思恩格斯文集》第 2 卷，人民出版社，2009，第 137 页。

国革命中代表人物拿破仑和波拿巴的分析中，进行了深入阐释。

马克思认为，人民之所以成为推动历史进步的强大动力，主要是由当时的社会经济关系决定的，但将这一历史发展的客观倾向转化为群众的统一阶级行动或民族行动，便需要有一批革命的领导人物，引导他们朝着革命的正确方向前进。首先，历史人物作为特定阶级的代表能够在一定程度上将群众联结成一个整体。对于法国的农民而言，拿破仑是能够代表他们利益和幻想的唯一人物。正是出于对拿破仑一世的信任与支持，才会使法国的农民阶层在 1848 年的选举中将选票投给了他的侄子——路易-拿破仑·波拿巴。其次，杰出思想家的革命理论能够为群众的自发运动指明道路。马克思认为，革命的行动是在革命的理论指导下进行的，启蒙运动的思想家们，如伏尔泰、卢梭、狄德罗等为 1789 年法国大革命的爆发提供了重要的思想基础。同样，没有正确的思想领导者，缺乏科学的革命纲领，革命就会失败，社会变革就会推迟，1871 年巴黎公社运动失败的原因之一正是由于缺乏正确理论和杰出领袖的领导。最后，杰出历史人物的正确领导能够促进历史的发展。正如拿破仑对于 1848 年的德国来说，他"是革命原理的传播者，是旧的封建社会的摧毁人"[①]。因为拿破仑以战争的形式摧毁了神圣罗马帝国，并以吞并小邦的办法整合了德国的区域资源，《拿破仑法典》的推行更是推动一贯自私的德国人开始为实现公共利益而努力。

值得注意的是，虽然肯定杰出历史人物对群众的领导作用，但马克思也强调历史人物的产生及其历史作用的发挥是以人民群众的支持为前提的。如前所述，任何阶层、阶级或社会团体的利益和政治目标的实现都离不开人民群众的支持，而作为阶级代表的历史人物在进行历史活动时也同样需要利用各种方式或手段调动人民群众的力量，以此对历史的发展作出重大贡献。即使是在历史上曾造成负面影响的剥削阶级的代表人物，他们也仍然需要依托群众的力量来发挥自己的作用，路易·波拿巴就是这样做的。马克思在考察波拿巴时注意到，他之所以能够在法兰

---

① 《马克思恩格斯全集》第 2 卷，人民出版社，1957，第 636 页。

西第二共和国这段历史中"脱颖而出",先是成为共和国的总统,随后又复辟帝制建立法兰西第二帝国,完全在于他当时获得了人民群众的支持与信任。马克思认为,路易·波拿巴在1848年至1851年法兰西第二共和国这段历史时期中是以双重角色出现的,一方面,他是法国农民心中"领袖"拿破仑的替身;另一方面,他是作为流氓无产阶级领袖的波拿巴,代表着那个被法国人称作浪荡游民的人群。

在马克思看来,无论是路易·波拿巴通过普选成为法兰西第二共和国的总统,还是发动政变复辟帝制成为法兰西第二帝国的皇帝,都离不开小农阶级的支持,小农阶级是波拿巴上台的重要社会基础。马克思认为,法国农民是一个非常复杂的群体,他们似乎既是一个阶级,又不是一个阶级。一方面,小块土地所有制使他们拥有相同的生活方式和利益,他们当然是一个阶级,但这是一个缺乏凝聚力的阶级,因为他们取得生活资料多是依靠自然交换,而不是交往。由此,马克思形象地将小农比喻成分散的马铃薯,指出匮乏的社会联系将小农汇集成了一个具有政治意义而无情感交流的阶级。另一方面,小农之间只有地域联系而无政治联系,他们又因此而不能被称为一个阶级。主观性的缺乏使小农无法代表自己的阶级利益,而只能选择由其他人来代表自己,作为自己利益的"发声者"和"实现者",而这个人就是拿破仑的"替代者"——路易·波拿巴。波拿巴上台的另一个社会基础是流氓无产阶级。波拿巴是流氓无产阶级的首领,帮助他在政变中武装夺取政权的"十二月十日会"就是一个由流氓无产阶级组成的秘密群体。波拿巴就是利用这样一群由资产阶级的败类、冒险分子、退伍士兵和骗子等组成的群体,打倒了他的政治敌人。可以说,正是在小农和流氓无产阶级的支持下,波拿巴才有可能击败资产阶级的政治力量,取得政变的胜利,最终建立起法兰西第二帝国,虽然这是使历史走向倒退的方向,但他毕竟通过人民群众的支持实现了自己的政治目的。

通过对波拿巴的考察,马克思发现,波拿巴深知自己若想成功,离不开群众的支持。因此,他依靠小农和流氓无产阶级来进行选举并且装出一副工人阶级意志的表达者的姿态，并最终成功发动了反革命政变。可以说，抓住人民心理，获得人民支持是波拿巴最后战胜秩序党并成功发动政变的关键所在。马克思由此得出结论，群众力量的释放有赖于历史人物的领导和组织，历史人物作用的发挥需要依靠群众的支持，这是辩证的统一。因此，不管历史人物的能力有多大，他们都不能超越人民群众的作用，我们既要承认历史人物的作用，也不能片面地夸大他们的影响力。马克思在对波拿巴成功背后的"追随者"所产生的历史作用的具体分析中，进一步深化了唯物史观关于人民群众和历史人物关系的理论。

三 "历史主义与阶级分析"——历史人物评价的基本原则

值得注意的是，马克思在考察历史规律和群众的历史主体作用的同时，充分估计了各个时期代表性历史人物在革命中的作用，对他们作了正确的历史评价。马克思恩格斯在他们的著作中评价过许多法国革命时期的历史人物，都赋予他们应有的历史地位。在马克思关于法国革命人物的历史评价中，着墨最多的仍然是路易-拿破仑·波拿巴。在马克思看来，1848年法国革命中路易·波拿巴的出现无疑对1848年至1851年乃至其后18年的法国历史产生了重要影响，使法国革命充满了愚昧与倒退的色彩，波拿巴反革命政变的发动，更是使早已确立的资产阶级民主政治统治再次退回到个人专制的封建时代。因此，如何科学评价波拿巴这一特殊历史人物，无论是对于正确理解法兰西第二共和国乃至第二帝国的历史，还是进一步丰富历史唯物主义关于历史人物的评价原则和标准，都具有重要意义。

马克思的《路易·波拿巴的雾月十八日》始终贯穿着一个基本思想，即历史人物个人作用的发挥从本质上看并不是纯粹个人的，"他们只不过是阶级的传声筒"①，即历史人物的作用从根本上说是特定历史条

---

① 《马克思恩格斯全集》第6卷，人民出版社，1961，第120页。

件下所代表阶级的特殊表现。正因为如此，对历史人物的评价必须把他置于所代表阶级详细分析的基础上，由此得出符合历史实际的结论。然而，路易·波拿巴在 1848 年至 1851 年的法国革命期间，似乎"超越"了所有阶级，法国社会的所有阶级似乎都成了他嘲弄的对象。难道波拿巴真的是超越一切阶级存在的独立力量吗？马克思在对波拿巴个人的历史分析中给出了科学的回答。在马克思看来，波拿巴表面呈现出的这种超越一切阶级，似乎能够成为所有阶级权益代表的"超阶级性"，其实质不过是对法兰西第二共和国时期各阶级由不断斗争所造成的阶级均势的一种虚假的反映。事实上，波拿巴本人及其所代表的波拿巴派从根本上说仍然属于资产阶级的利益团体，但是与希望实行共和制的资产阶级共和派，以及与代表大地主阶级与金融贵族利益，妄图恢复旧王朝的秩序党不同，波拿巴派代表追求的是资产阶级的专制独裁统治，它既反对二月革命后确立的共和国形式的政体，亦反对恢复七月王朝或波旁王朝的君主立宪制，而是醉心于帝国事业，企图恢复君主个人集权的专制主义统治。实质上，波拿巴真正代表的是大资产阶级中的银行家、高利贷者、大地产者和大工业家的利益。马克思认为，波拿巴的超阶级性幌子乃是虚构出来的历史幻影，资产阶级的剥削本性和残暴统治将不可避免地将他的政权陷于一个自相矛盾的体系中，最终被历史所抛弃。

通过对路易·波拿巴"超阶级性"假象的历史分析，马克思清楚地意识到在阶级社会中，历史人物总是代表着一定阶级的利益和要求，即使是那些表面凌驾于一切阶级关系之上的个人，其言论和行动也是某一阶级属性和面貌的集中反映。因此，马克思认为，在评价历史人物时，要坚持阶级分析的原则，把对历史人物的分析与其所属阶级联系起来进行总体评价，而不能脱离阶级和阶级斗争。阶级分析原则构成了唯物史观关于历史人物评价的重要坐标，对于正确理解个人在历史发展中的作用以及科学地认识和评价历史人物，具有重要的指导意义。

除了路易-拿破仑·波拿巴，关于其叔父拿破仑·波拿巴，马克思恩格斯也在他们的著作中对其功过是非进行了历史分析。1789 年的法国大革命造就了一批叱咤风云的人物，拿破仑就是其中的代表，他在包括法国在内的整个欧洲的资产阶级革命中刻上了自己的独特印记。关于拿破仑的个人影响，霍布斯鲍姆曾经指出："即使是为了说笑，他也不是人，而是太阳神。"① 值得注意的是，拿破仑是一位复杂且有争议的历史人物，历史上对于他复辟帝制、对法国大革命产生的影响以及发动对外战争的意义一直存在褒贬不一的评价。拿破仑巨大的历史功绩和他的历史争议性也使其成为马克思主义经典作家评论得最多的历史人物之一。

对于拿破仑的历史功绩马克思恩格斯首先给予了高度肯定。马克思认为，拿破仑完成了资产阶级现代国家大厦的建筑工作，巩固了大革命的成果。拿破仑帝国使"刚刚诞生的现代社会的经济生活"得以巩固和发展。除此之外，《拿破仑法典》肯定了法国革命所宣布的基本原则，"在法律上承认了整个这种改变了的秩序"②。恩格斯也曾表达过类似的观点，认为拿破仑是能够代表法国大革命的历史人物，他继续发展了法国大革命的事业。因此，马克思恩格斯提出，拿破仑"一个人战胜了一场真正的革命，因为他是能够实现这场革命的唯一人物"③。在马克思恩格斯看来，在拿破仑的统治初期，他确实为法国社会的发展提供了稳定的政治环境和良好的社会秩序，在一定程度上巩固了大革命的胜利果实。

关于拿破仑复辟帝制和革命的恐怖主义这两个极具争议性的行径，马克思恩格斯也没有完全否定它们的价值，而是在当时特定的历史条件、社会发展及其限度下，对拿破仑复辟帝制和发动对外战争的客观形势进行了分析。在恩格斯看来，拿破仑复辟帝制具备一定的客观历史条件，是特定的历史情况下不可抗拒的历史趋势。恩格斯提出："在他做皇帝这件事情上我并不准备责备他。"④ 因为当时法国的资产阶级在确立统治后便对人民的利益漠不关心，而人民又不理解革命的意义只具有战争的

① 〔英〕艾瑞克·霍布斯鲍姆：《革命的年代：1789～1848》，王章辉等译，江苏人民出版社，1999，第99页。

② 《马克思恩格斯全集》第10卷，人民出版社，1998，第11页。

③ 《马克思恩格斯全集》第14卷，人民出版社，2013，第227页。

④ 《马克思恩格斯全集》第2卷，人民出版社，1957，第638页。

热情，因此，在当时的历史环境下，拿破仑需要为资产阶级建立一个强大的、集中的国家机器，以确保社会稳定并巩固法国大革命的成果。关于拿破仑对外战争的性质与影响，马克思恩格斯认为，拿破仑通过对外战争的形式把在法国已经结束了的革命恐怖搬到了国外，从客观上讲，这种恐怖统治对欧洲各国也曾产生积极的影响，它加速了被侵略地区封建制度的瓦解，促进了该地区资本主义的发展。恩格斯以德国为例指出，拿破仑是革命的代表，他将先进的革命思想带到了德国，加速了德国旧封建社会的瓦解。复辟帝制后的拿破仑把战争蔓延到其他国家，虽然他的行动是暴虐的，统治是恐怖的，但是这种暴政和恐怖正是德国在资产阶级革命之前所需要的，随着《拿破仑法典》的出台，一直只为个人利益谋生的德国人开始为更崇高的公共利益服务。在马克思恩格斯看来，评价一个历史人物的功绩，不应该根据今天的要求来衡量他，而是应该将其放置在当时特定的历史环境中，看他与先辈相比，作出了哪些具有历史超越性的贡献。但这些是否意味着马克思恩格斯无视拿破仑革命和统治带来的弊端而一味地颂扬他呢？当然不是。

马克思恩格斯的伟大之处在于他们对于拿破仑的评价始终保持辩证思维，坚持具体问题具体分析，从阶级分析原则出发看到了拿破仑身上的两重性。马克思恩格斯认为，一方面，拿破仑的统治巩固了法国大革命的成果；另一方面，拿破仑作为大资产阶级的典型代表，强烈反映了这一阶级的利益、野心和虚伪。拿破仑的雾月十八日政变标志着他将斗争的矛头指向了在 1794 年之前曾在大革命中发挥了伟大革命作用的工人和平民，阻碍了大革命的进一步发展。同样，对外战争是拿破仑扼杀法国大革命继续前进的另一种手段。拿破仑把法国手工业无产阶级、小资产阶级和城市贫民要求捍卫自己的革命果实所不断高涨的革命热情，转移到对外革命的道路上，用不断的对外战争代替国内的不断革命，以此满足大资产阶级贪婪的领土野心和财富欲望，用暴力强迫少数人服从多数人的意志，使战争成为人民空前严重的"血税"。随着拿破仑个人权力和侵略野心的不断扩大，他身上的消极因素逐渐超越积极因素。当他无视历史发展的客观规律，一味突破历史的限度去满足自己的私欲时，他也必然会遭受历史的惩罚，最终拿破仑在几股势力的联合绞杀下走向失败。因此，马克思恩格斯对拿破仑最终遭遇"滑铁卢战役"的失败，从战功赫赫的民族英雄转而过上悲剧式的流放生活从不感到意外，因为他们知道，这是拿破仑一系列错误决策的必然结果。

通过对拿破仑的历史评价可以发现，马克思恩格斯在分析历史人物时，除了遵循阶级分析原则，还始终坚持历史主义的原则，就历史论人物，将历史人物紧紧地置于他们所生活的社会时代，看看他的活动在多大程度上满足了当时社会的发展需要，这样，我们就能够清楚地看到历史人物的活动对于他所处历史时代的价值和意义。同时，马克思针对拿破仑在各个时期的不同表现分别作出不同的历史评价表明，在评价历史人物时，应该考察他一生活动的全过程，弄清楚他思想发展的不同阶段，而不应该通过历史片段而对其作出绝对肯定或否定的评价。这样，历史主义和阶级分析原则构成了唯物史观评价历史人物在阶级社会中的历史地位和作用的两个基本原则，二者相互联系、相互渗透，不可偏废。马克思在对法国革命人物——拿破仑·波拿巴和路易-拿破仑·波拿巴的历史评价中，进一步丰富和完善了唯物史观关于科学评价历史人物的原则与方法。随后，在对1871年巴黎公社运动的总结中，马克思进一步运用和深化历史主义与阶级分析两个原则，对梯也尔进行了科学的历史评价。

结　语

　　对法国革命历史的关注和研究一直是马克思实现不同身份转换的重要支撑。从特里尔中学时期开始，一直到去世前致斐迪南·多梅拉·纽文胡斯的信中，马克思从未停止过对法国革命历史的思考与研究。青年时期的马克思作为"初入时政的哲学家"，以法国大革命吹响了对德国旧哲学"末日审判的号角"，加速科学的唯物史观的形成。在研究经济学的著作《资本论》的撰写中，马克思从法国大革命史中汲取了"未来的史诗"的灵感，描绘出人类社会的未来图景。同样，在马克思政治地位的空缺时段，是巴黎让他第一次有了创立国际工人协会，领导无产阶级革命的政治舞台。可以说，法国历史和革命实践是马克思毕生思考和研究的重心之一，它们在马克思的研究工作中一直占据根本的地位。马克思一生中发表了许多关于法国革命历史的著作和论文，详细记叙了从1789 年至 1871 年法国所经历的历次重要革命的原因、过程、结果、经验和教训。我们可以从马克思的多部作品中看到他对于法国各阶段革命的大量清晰的研究成果，这些成果在其新世界观的阐释与发展过程中发挥了重要作用。

　　对于马克思唯物史观的思想来源，学界尽管多有共识，但仍有不少学者往往将唯物史观单纯看作马克思对唯心主义历史观批判的结果，事实上，马克思的第一个"伟大发现"——唯物史观是在对唯心主义历史观的批判、经济学的研究和对历史学的考察中共同得出的。作为一种科学的历史观，唯物史观是历史本体论、历史认识论、历史方法论以及历史价值论的有机统一。在马克思构建唯物史观的一系列著作中，会涉及他对大量历史事件和人物以及这些事件、人物背后所蕴含的意义的认识问题，对这些历史事件和人物的研究，能够帮助我们更为清晰地理解马克思的历史观和思维方式。更为重要的是，有的历史事件由于其在理论和实践上是如此重要，以至于它实际上或明或暗地构成马克思一生思考的母题，法国革命便是此类例证。关于历史研究与唯物史观构建之间的关系，马克思恩格斯曾有过明确的指认。他们曾在《德意志意识形态》中指出，历史唯物主义是以"历史的内涵逻辑"为内容的世界观，作为"从对人类历史发展的考察中抽象出来的最一般的结果的概括"，"这些抽象本身离开了现实的历史就没有任何价值"。① 这说明，在马克思恩格斯看来，唯物史观的确立离不开对人类社会历史进程的具体研究与考察，历史是哲学研究的逻辑起点，历史研究是唯物史观构建的必要一环，它能够为唯物史观的确立提供必要的史料支撑与知识补充。同时，历史性是唯物史观看待事物的基本方式，"自从历史也得到唯物主义的解释以后，一条新的发展道路也在这里开辟出来了"②。这表明，马克思虽然肯定历史研究对唯物史观形成所产生的促进作用，但并不因此忽视唯物史观对历史研究的重要意义，指出唯物史观作为"为历史服务的哲学"③，它的确立能够反过来促使对历史的研究建立在唯物主义的基础之上，从而使历史研究能够超越具体的历史事件和历史人物的限制，在抽象思维的作用下，得出普遍性的结论，进一步丰富和发展唯物史观理论。

在马克思众多的历史研究主题中，法国历史尤其是法国革命史构成了他的研究重点。对法国革命史的兴趣，在马克思的一生当中都以不同的方式持续着。本书聚焦马克思的法国革命史研究与其唯物史观构建之间的逻辑关系考察，一方面立足文本线索，即从马克思为我们留下的丰富的历史文献遗产中，对关涉法国革命史的著作、笔记、书信等文本作

---

① 《马克思恩格斯选集》第 1 卷，人民出版社，2012，第 153 页。
② 《马克思恩格斯选集》第 4 卷，人民出版社，2012，第 234 页。
③ 《马克思恩格斯选集》第 1 卷，人民出版社，2012，第 2 页。

出具体的梳理与总结；另一方面立足马克思唯物史观构建的思想线索，将马克思的法国革命史研究根植于其唯物史观形成的完整理论空间中，即在唯物史观形成、确立、应用、验证和发展的思想链条中，探寻马克思关于法国革命的史学研究对其每一阶段思想转变和发展的历史促进作用，以期本质性地呈现出马克思法国革命史研究与唯物史观理论的内在贯通。研究发现，马克思在创立唯物史观之时就不断尝试运用以 1789 年法国大革命为中心的历史材料检验自己的思想，并且强调唯物主义的历史观本身就内含对大量法国革命历史事实的裁剪和引用。随着 1848 年和 1871 年法国革命的爆发，马克思对法国革命历史的研究不断走向深入，逐渐形成了马克思思想中的"反思唯物主义历史观"路线，即把哲学研究所获得的知识运用于历史分析和经济研究的阶段。马克思在进行关于法国革命进程的具体研究时，将唯物史观"经典表述"的基本结论应用于其中展开校验，由此得出的新论点是对唯物史观的补充。

因此，考察马克思法国革命史研究的具体内容与方法，可以发现其关于法国革命的史学研究与唯物史观理论思想的锻造之间的相互作用。一方面，法国革命史为马克思研究与批判资本主义社会提供了必要的史料支撑与知识补充，加速了其唯物史观的形成；另一方面，唯物主义历史观的确立又促使马克思将法国革命的历史研究建立在唯物主义的哲学基础之上，进一步丰富和发展了唯物史观的具体内容。

具体来说，法国革命史对马克思唯物史观思想构建的影响，首先体现在它帮助马克思厘清所有制与政治国家，以及市民社会与政治国家的关系，促使马克思认识到是物质生活关系决定国家这一接近唯物史观理论标识的观点。在《克罗茨纳赫笔记》中，马克思通过对法国大革命时期阶级利益、财产问题、政治问题、国家问题的系统研究，得出了经济因素在革命以前和革命时期的社会冲突中能够发挥重大作用的结论，发现了国家与法的存在根基以及历史变革的根本动因——以财产关系为核心的物质利益。这一发现意味着马克思将要对以黑格尔的理性哲学为中心的唯心史观展开批判，同时也标志着马克思开始跳出自我意识哲学的泥潭，朝着唯物主义迈进。在对 1789 年法国大革命的原因分析中，马克思发现第三等级与第一、第二等级的利益冲突和阶级对立是 1789 年法国大革命爆发的重要原因，这使他初步意识到阶级对立的存在根源于利益和权力的分歧。通过对国民议会时期雅各宾派与吉伦特派之间阶级斗争过程的研究，马克思发现由物质利益的分歧而引发的阶级冲突是推动革命发展的重要动力，萌发出阶级斗争是推动社会历史发展的直接动力这一唯物史观重要观点的幼芽。可以说，正是在对 1789 年法国大革命的历史实景的还原中，马克思实现了哲学立场的初次转变，迈出通向唯物主义历史观道路上的重要一步。1848 年和 1871 年革命发生后，马克思在对法国革命经验的历史总结中，发现法国历史上的所有革命都是根植于社会基本矛盾的激化，这促使他开始思考社会基本矛盾在社会历史发展中的作用，开创了从经济基础出发去解释社会现象的伟大原理。同时，通过对以 1851 年波拿巴政变中"拿破仑观念"为代表的历史传统作用的分析，马克思发现社会意识的相对独立性及其能动的反作用，这使其在关于社会存在和社会意识这一社会历史观的基本问题上，作出了与唯心史观不同的唯物主义的回答。

对法国革命的史学研究促使马克思不断丰富其辩证的历史理性思维与方法论，科学地揭示出社会历史发展的内在规律。马克思在对历史法学派的哲学批判与汉诺威王朝"哥廷根七君子"事件的分析中引入 1789 年法国大革命的史实，促使其初步发现历史的进步趋势。1848 年法国革命爆发，马克思在总结革命经验，尤其是波拿巴政变这一历史倒退行径的经验中，发现人类社会历史的进步是前进性与曲折性的统一，应该正确认识历史进步趋势中出现的停滞和倒退，找到衡量历史进步的正确标准。同时，马克思运用历史辩证法的联系观点，在全面把握法兰西第二共和国全部历史进程的基础上，揭示出波拿巴当选总统是偶然性中的必然性事件，是历史必然性与偶然性的统一。面对雨果和蒲鲁东对历史规律性与主观能动性关系的错误认知，马克思从唯物史观出发，围绕法兰西第二共和国这段历史，对历史规律性与主体选择性之间的关系作出了科学的唯物主义的回答。马克思通过对 1848 年以前法国社会生产力与生产关系、经济基础与上层建筑的理性分析，科学地预测了二月革命的到来，强调了历史发展的客观规律性。同时，通过对 1848 年革命中法国各阶级主体历史作用的分析，马克思高度肯定了历史主体的主观能动性。尤其是无产阶级与农民阶级历史能动作用的不同表现，使马克思发现不同历史主体在同一历史时期具有不同的能动性与革命性，这说明社会历史的发展是历史规律性与主体选择性的统一。马克思在分析法国 1789—1871 年的革命历史中，总结出资本主义统治的普遍特征，在对以法国为代表的资本主义的历史普遍性与德国资本主义的独特发展道路以及巴黎公社制度及其形态的历史考察中，揭示出历史发展的道路是普遍性和特殊性的统一这一唯物史观的重要观点。这样，马克思通过对法国革命史的具体考察，发现人类历史是在矛盾运动中辩证发展的历史。

对法国革命史的研究促使马克思运用并发展了一系列研究历史的科学方法论和原则，这些方法论和原则增加了他对历史研究的认识，实现了对历史唯物主义方法论的深化。马克思开创的"从后思索法"，即从后向前探索历史发展规律的方法，为我们在史学研究领域中如何运用已经发生的历史事实分析、解决现实的社会问题提供了一个科学典范，实现了历史与现实的统一。历史主义方法是唯物史观作为方法论提供给历史科学研究的一个重要方法。马克思在以事件史为中轴的历史画卷中加入对事件本身的历史主义与阶级分析。1848 年至 1851 年法兰西第二共和国时期各个重大历史运动、历史事件和历史人物的分析，是马克思利用历史分析和阶级分析方法研究历史的最好范例。在历史主义方法的指导下，马克思既重视历史本身的研究，又注重科学理论的总结，在关于法兰西第二共和国的历史研究中，马克思一方面在已经创立的唯物史观科学理论的指导下，对发生在这一时期的历史事件和人物进行客观分析与研究；另一方面又将历史研究的成果上升到理论高度，巧妙地实现了理论与历史的统一。同时，通过对法国革命期间一系列历史事实的探寻与论证，马克思形成了"逻辑与历史相统一"的科学原理及辩证思维方法，并把这一历史研究方法贯穿于法国革命史研究的全过程。例如，在对法兰西第二共和国时期二月革命、六月起义和波拿巴政变的历史分析中，马克思一方面按照历史进程的时间顺序，如实地描述历史的本来面貌；另一方面在比较逻辑的作用下，将法国与英、德，以及法国不同历史阶段的革命进行比较研究，既深刻地揭示了历史事件本身的命运，又在历史现象的异中之同和同中之异中揭示出历史发展的多样性与规律性，为说明历史未来的发展指明了方向，实现逻辑与历史的统一。

在对法国革命的历史研究中，马克思不仅发现了社会运行的规律性，还找到了社会运行的主体和革命的负荷者——人民群众，加速其群众史观理论的形成。马克思首先通过对大革命中以"无套裤汉"为代表的群众作用以及雅各宾派和人民群众相联结的考察，初步实现对"群众"话语的革命性转变，意识到"群众"的概念以及人民意志的重要性。随后，在关于法国和德国革命发生条件的历史对比当中，马克思找到了实现社会变革的主体——无产阶级。1848 年，随着法国二月革命的爆发，马克思发现在法兰西第二共和国中的各个不同的阶级、阶层或党派都不可避免地为了实现自己的政治目标而必须连通人民，以人民的名义来进行革命。在此基础上，马克思对群众在革命中的历史作用作了进一步的理论概括。马克思首先从无产阶级和农民阶级的历史表现中确证"人民群众是历史的创造者"的重要命题。同时，在对法国 1848 年无产阶级六月起义历史经验的总结中，马克思发现法国资本主义的高度发展以及无产阶级自身的不成熟是革命失败的根本原因，这说明人民群众历史主体作用的发挥总是会受到主客观条件的限制。在对波拿巴个人能力和品质特征的分析中，马克思深刻诠释了波拿巴个人在 1851 年这场历史"闹剧"中的作用，指出要重视个人在社会历史中的作用。最后，通过对 1789—1871 年法国的两位代表性历史人物——拿破仑·波拿巴和路易-拿破仑·波拿巴这对"叔父与侄子"的分析与评价，马克思得出结论，指出在分析具体的历史事件时，应该承认历史人物的作用，但绝不能夸大他们的作用。对于历史人物的评价应该将他们置于所处的历史时代以及所代表阶级详细分析的基础上，由此对历史人物的功过作出符合历史实际的评价。

　　由此可以看出，1789年至1871年法国历史上相继出现的多次革命，成为马克思构建唯物史观的重要背景，对于法国革命的史学研究一直是贯穿其唯物史观思想构建过程始终的中心线索。从其对法国革命的历史研究中可以看到，发生在法国的这些革命在马克思的研究视域中，更多的是作为手段而非目的存在。马克思先是以1789年的法国大革命为切入点，完成对黑格尔理性国家观的批判，实现对青年黑格尔派的清算与超越，肯定人民群众在历史创造中的重要作用，使其实现了从唯心主义向唯物主义、从革命民主主义向共产主义的转变。其后，随着1848年和1871年法国革命的爆发以及新兴阶级——无产阶级队伍的不断壮大，马克思又围绕这两次革命出版系列著作，进一步深化唯物史观关于社会历史观的基本问题、革命的历史动力作用和意义、历史辩证法的主要内容以及群众在社会历史中的作用等理论，开辟了唯物史观发展的新境界。可以说，正是马克思关于法国1789年至1871年革命历史的系统研究，加速了其唯物史观中的重要组成部分，即历史本体论、历史辩证法、历史研究方法论以及群众史观理论的形成。马克思在对1789年以来法国一系列资产阶级和无产阶级革命事件的研究、观察与思考中，逐渐形成并不断完善了唯物主义的历史观。法国革命历史不仅是马克思的研究对象，而且是其探究整个人类世界，提出历史唯物主义的科学世界观与方法论的出发点和中介。因此，马克思关于法国革命的史学研究与其唯物史观的构建之间相互作用，两者相互促进，互为补充。马克思在构建唯物史观的过程中始终站在法国革命历史的基础上，而唯物史观又为马克思法国革命史研究提供了理论框架和宏观指导，二者互补共生，使马克思在研究人类社会、揭示社会发展一般规律的过程中，始终将哲学与历史相结合，实现逻辑与历史相统一。

参考文献

一 中文参考文献

（一）著作类

《马克思恩格斯文集》第 1~10 卷，人民出版社，2009。

《马克思恩格斯选集》第 1~4 卷，人民出版社，2012。

《列宁选集》第 1 卷，人民出版社，1995。

《马列著作编译资料》（第 6 辑），人民出版社，1979。

《马列著作编译资料》（第 15 辑），人民出版社，1981。

《马列主义研究资料》（第 6 辑），人民出版社，1983。

《马列主义研究参考资料》（第 15 期），人民出版社，1984。

《马恩列斯研究资料汇编》，书目文献出版社，1985。

卜祥记：《青年黑格尔派与马克思》，商务印书馆，2015。

常江：《阐释与创新：马克思历史观的整体性研究》，中国社会科学出版
社，2013。

陈乐民：《欧洲文明的进程：对话欧洲》，生活·读书·新知三联书店，
2014。

陈立新、于沛、隽鸿飞：《马克思主义史学思想史》第 1 卷，中国社会科
学出版社，2015。

陈启能、于沛等：《马克思主义史学新探》，社会科学文献出版社，1999。

陈先达、靳辉明：《马克思早期思想研究》，中国人民大学出版社，2016。

陈先达：《走向历史的深处——马克思历史观研究》，北京师范大学出版社，2017。

杜维运：《史学方法论》，北京大学出版社，2006。

冯景源：《唯物史观的形成和发展史纲要》，中央编译出版社，2014。

高光等：《马克思恩格斯早期著作研究——从〈博士论文〉到〈德意志意识形态〉》，中共中央党校出版社，1992。

郭艳君：《历史的生成性——对历史与人之存在的哲学阐释》，黑龙江大学出版社，2012。

韩立新：《〈巴黎手稿〉研究》，北京师范大学出版社，2014。

郝立新、陈世珍：《我们为什么需要历史唯物主义》，江苏人民出版社，2018。

侯才：《马克思的遗产》，黑龙江人民出版社，2009。

黄建都：《"苦恼的疑问"及其解决〈莱茵报〉—〈德法年鉴〉时期马克思文献及其思想再研究》，中国人民大学出版社，2015。

黄楠森、庄福龄、林利主编《马克思主义哲学史》，北京出版社，2005。

黄学胜：《青年马克思与启蒙》，复旦大学出版社，2013。

姜丕之：《马克思与黑格尔》，中国青年出版社，1983。

靳辉明：《思想巨人马克思》，中国社会科学出版社，2018。

李百玲：《马克思〈历史学笔记〉研究读本》，中央编译出版社，2014。

李彬彬：《思想的传承与决裂：以"犹太人问题"为中心的考察》，中国人民大学出版社，2015。

李成旺：《历史唯物主义生成路径研究》，人民出版社，2017。

李大钊：《守常文集》，上海北新书局，1949。

李福岩：《法国大革命的政治哲学思索》，北京师范大学出版社，2011。

李守常：《史学要论》，商务印书馆，1999。

梁树发、郝立新主编《马克思主义哲学史研究（2014—2015）》，人民出版社，2016。

刘秀萍：《思想的剥离与锻造——〈神圣家族〉文本释读》，中国人民大学出版社，2018。

刘秀萍：《异化的探寻及其扬弃：〈巴黎手稿〉再研究》，中国人民大学
出版社，2018。

马泽民：《马克思主义哲学前史》，重庆出版社，1994。

毛华兵：《走出黑格尔的青年马克思》，中国社会科学出版社，2013。

聂锦芳：《马克思的"新哲学"——原型与流变》，中国社会科学出版
社，2013。

聂锦芳：《清理与超越：重读马克思文本的意旨、基础与方法》，北京大
学出版社，2005。

聂锦芳：《在批判中建构"新哲学"框架——〈德意志意识形态〉文本
学研究》，中国人民大学出版社，2018。

聂耀东：《马克思主义哲学名著导读》，中国人民大学出版社，2006。

彭宏伟、崔爽：《"革命"的非模式化解读》，中国人民大学出版社，2017。

瞿林东、邹兆辰等：《唯物史观与中国历史学》，上海人民出版社，2013。

沈湘平：《唯一的历史科学》，中国社会科学出版社，2016。

孙伯鍨、侯惠勤主编《马克思主义哲学的历史和现状》（上、下卷），南
京大学出版社，2015。

孙伯鍨：《探索者道路的探索：青年马克思恩格斯哲学思想研究》，南京
大学出版社，2002。

孙正聿：《为历史服务的哲学》，中央编译出版社，2018。

汤文曙、房玫：《现实的人及其历史发展》，安徽师范大学出版社，2014。

王莅：《求解资本主义的史前史——"人类学笔记"与"历史学笔记"
的思想世界》，中国人民大学出版社，2018。

王旭东、姜海波：《马克思〈克罗茨纳赫笔记〉研究读本》，中央编译出
版社，2018。

王养冲、陈崇武选编《罗伯斯比尔选集》，华东师范大学出版社，1989。

王养冲、王令愉：《法国大革命史（1789—1794）》，东方出版中心，2007。

夏莹：《青年马克思是怎样炼成的?》，中国人民大学出版社，2018。

肖前：《历史唯物主义原理》，人民出版社，1991。

肖灼基：《马克思青年时代》，河南人民出版社，1982。

熊子云、张向东：《马克思早期思想研究译文集》，重庆出版社，1983。

杨耕、范燕宁、谭培文主编《马克思主义哲学概论》，高等教育出版社，2004。

杨洪源：《政治经济学的形而上学——〈哲学的贫困〉与〈贫困的哲学〉比较研究》，中国人民大学出版社，2015。

杨晓东：《马克思与欧洲近代政治哲学》，社会科学文献出版社，2008。

仰海峰：《形而上学批判：马克思哲学的理论前提及其当代效应》，江苏人民出版社，2006。

于沛：《马克思主义史学思想史》第2卷，中国社会科学出版社，2015。

俞吾金：《重新理解马克思——对马克思哲学的基础理论和当代意义的反思》，北京师范大学出版社，2013。

张弛：《法国革命恐怖统治的降临》，浙江大学出版社，2014。

张广智：《克丽奥之路——历史长河中的西方史学》，复旦大学出版社，1989。

张文喜：《重建历史唯物主义历史总体观》，中国人民大学出版社，2013。

张一兵：《回到马克思——经济学语境中的哲学话语》，江苏人民出版社，2009。

张一兵：《马克思历史辩证法的主体向度》，河南人民出版社，1995。

张一兵：《马克思哲学的历史原像》，人民出版社，2009。

赵传荣：《马克思哲学思想研究论稿》，中央编译出版社，2018。

赵国珍：《马克思是怎样炼成的》，红旗出版社，2014。

赵仲英：《马克思早期思想探源》，云南人民出版社，1994。

周峰：《人性的消解与历史的实践建构：唯物史观对人道主义历史观的变革与超越》，广东人民出版社，2006。

周青鹏：《马克思历史动力理论研究》，江西人民出版社，2012。

邹诗鹏：《从启蒙到唯物史观》，上海人民出版社，2016。

邹诗鹏：《激进政治的兴起——马克思早期政治与法哲学批判手稿的当代解读》，复旦大学出版社，2012。

〔德〕艾米尔·路德维希：《拿破仑传》，梅沱等译，花城出版社，1999。

〔德〕保尔·拉法格：《回忆马克思》，中央编译局译，人民出版社，2005。

〔德〕德罗伊森：《历史知识理论》，胡昌智译，北京大学出版社，2006。

〔德〕弗·梅林：《马克思传》，樊集译，持平校，人民出版社，1965。

〔德〕海因里希·格姆科夫等：《马克思传》，易廷镇等译，人民出版社，2000。

〔德〕黑格尔：《法哲学原理》，范扬、张企泰译，商务印书馆，1961。

〔德〕亨利希·库诺：《马克思的历史、社会和国家学说》，袁志英译，上海译文出版社，2018。

〔德〕考茨基：《恐怖主义和共产主义》，马清魁译，生活·读书·新知三联书店，1963。

〔德〕科尔施：《马克思主义和哲学》，王南湜、荣新海译，重庆出版社，1989。

〔德〕曼弗雷德·克利姆：《马克思文献传记》，李成毅等译，河南人民出版社，1992。

〔德〕斯特凡·约尔丹主编《历史科学基本概念辞典》，孟钟捷译，北京大学出版社，2012。

〔德〕尤尔根·哈贝马斯：《重建历史唯物主义》，郭官义译，社会科学文献出版社，2013。

〔俄〕普列汉诺夫：《论一元论历史观的发展问题》，王荫庭译，商务印书馆，2017。

〔法〕米涅：《法国革命史：从1789年到1814年》，北京编译社译，商务印书馆，1977。

〔法〕艾因哈德：《查理大帝传》，戚国淦译，商务印书馆，1979。

〔法〕乔治·勒费弗尔：《法国革命史》，顾良等译，商务印书馆，1989。

〔法〕托克维尔：《旧制度与大革命》，冯棠译，商务印书馆，1992。

〔法〕基佐：《法国文明史》第2卷，沅芷、伊信译，商务印书馆，1995。

〔法〕保罗·利科：《历史与真理》，姜志辉译，上海译文出版社，2004。

〔法〕鲍德里亚：《生产之镜》，仰海峰译，中央编译出版社，2005。

〔法〕弗朗索瓦·傅勒：《思考法国大革命》，孟明译，生活·读书·新知三联书店，2005。

〔法〕托克维尔：《回忆录：1848年法国革命》，周炽湛、曾晓阳译，上海人民出版社，2005。

〔法〕勒费弗尔：《法国大革命的降临》，洪庆明译，格致出版社，2010。

〔法〕雅克·阿塔利：《卡尔·马克思：世界的精神》，刘成富、陈玥、陈蕊译，上海人民出版社，2018。

〔法〕安托万·基扬：《近代德国及其历史学家》，黄艳红译，北京大学出版社，2010。

〔法〕雅克·泰克西埃：《马克思恩格斯论革命与民主》，姜志辉译，社会科学文献出版社，2012。

〔法〕莫娜·奥祖夫：《革命节日》，刘北成译，商务印书馆，2012。

〔法〕皮埃尔·特里奥姆夫：《基佐的欧洲观》，秦川译，北京大学出版社，2012。

〔法〕阿尔贝·索布尔：《法国大革命史》，马胜利、高毅等译，张芝联校，北京师范大学出版社，2015。

〔法〕罗杰·夏蒂埃：《法国大革命的文化起源》，洪庆明译，译林出版社，2015。

〔法〕伊波利特·泰纳：《现代法国的起源：大革命之大混乱》，黄艳红译，吉林出版集团有限责任公司，2015。

〔法〕傅勒：《马克思与法国大革命》，朱学平译，华东师范大学出版社，2016。

〔美〕阿伦特：《论革命》，陈周旺译，译林出版社，2007。

〔美〕海登·怀特：《元史学：十九世纪欧洲的历史想像》，陈新译，译林出版社，2004。

〔美〕罗伯特·E. 勒纳等：《西方文明史》，王觉非等译，中国青年出版社，2003。

〔美〕南森·巴伯：《欧洲史：了解欧洲大陆形成中的民族、政治、斗争》，周京京译，经济科学出版社，2002。

〔美〕乔恩·埃尔斯特：《理解马克思》，何怀远等译，中国人民大学出版社，2016。

〔美〕特雷尔·卡弗：《马克思与恩格斯：学术思想关系》，姜海波译，中国人民大学出版社，2008。

〔美〕腾尼·弗兰克：《罗马帝国主义》，宫秀华译，上海三联书店，2012。

〔美〕威廉姆·肖：《马克思的历史理论》，阮仁慧等译，重庆出版社，1989。

〔美〕悉尼·胡克：《对卡尔·马克思的理解》，徐崇温译，重庆出版社，1989。

〔日〕城塚登：《青年马克思的思想——社会主义思想的创立》，尚晶晶、李成鼎等译，求实出版社，1988。

〔日〕望月清司：《马克思历史理论的研究》，韩立新译，北京师范大学出版社，2009。

〔苏〕阿·伊·马雷什：《马克思主义政治经济学的形成》，刘品大、马健行等译，四川人民出版社，1983。

〔苏〕里夫希茨：《马克思论艺术和社会理想》，吴元迈等译，人民文学出版社，1983。

〔苏〕尼·拉宾：《马克思的青年时代》，南京大学外文系俄罗斯语言文学教研室翻译组译，生活·读书·新知三联书店，1982。

〔意〕贝内德托·克罗齐：《历史学的理论和历史》，田时纲译，中国人民大学出版社，2012。

〔 〕G. A. 科恩：《卡尔·马克思的历史理论：一种辩护》，段忠桥译，高等教育出版社，2008。

〔英〕P. D. 金：《查理大帝》，张仁译，上海译文出版社，2001。

〔英〕S. H. 里格比：《马克思主义与历史学——一种批判性的研究》，吴英译，译林出版社，2012。

〔英〕安东尼·吉登斯：《历史唯物主义的当代批判：权力、财产与国家》，郭忠华译，上海译文出版社，2010。

〔英〕戴维·麦克莱伦：《卡尔·马克思传》（第3版），王珍译，中国人民大学出版社，2005。

〔英〕戴维·麦克莱伦：《马克思思想导论》，郑一明、陈喜贵译，中国人民大学出版社，2016。

〔英〕戴维·麦克莱伦：《马克思主义以前的马克思》，李兴国等译，社会科学文献出版社，1992。

〔英〕戴维·麦克莱伦：《青年黑格尔派与马克思》，夏威夷、陈启伟、金海民译，陈启伟校，商务印书馆，1982。

〔英〕艾瑞克·霍布斯鲍姆：《革命的年代：1789~1848》，王章辉等译，江苏人民出版社，1999。

〔英〕杰弗里·巴勒克拉夫：《当代史学主要趋势》，杨豫译，北京大学出版社，2006。

〔英〕乔治·莱尔因：《重构历史唯物主义》，姜兴宏、刘明如译，中国社会科学出版社，1991。

〔英〕露丝·斯科尔：《罗伯斯庇尔与法国大革命》，张雅楠译，商务印书馆，2015。

〔英〕乔治·鲁德：《法国大革命中的群众》，何新译，北京师范大学出版社，2016。

〔英〕汤因比等：《历史的话语——现代西方历史哲学译文集》，张文杰编译，中国人民大学出版社，2012。

〔英〕威廉·多伊尔：《法国大革命的起源》，张弛译，上海人民出版社，2009。

〔英〕约翰·西奥多·梅尔茨：《十九世纪欧洲思想史》，周昌忠译，商务印书馆，2016。

（二）期刊类

〔法〕阿尔贝·索布尔：《法国大革命在近代世界历史上的地位——比较研究》，《历史研究》1982年第4期。

〔法〕克洛德·马佐里克、周立红：《一个马克思主义者的法国大革命史研究——法国著名史学家克洛德·马佐里克教授访谈录》，《学术研究》2011年第12期。

〔法〕马克西米利安·吕贝尔、陆象淦：《法国大革命对青年马克思思想形成的影响》，《第欧根尼》1992年第1期。

〔法〕弗朗索瓦·孚雷、黄艳红：《旧制度与大革命——法国政治文化中的两个概念及其遗产》，《世界历史评论》2019年第3期。

〔法〕R. 斯蒂芬妮、潘滢：《马克思主义与18世纪法国的思想遗产》，《马克思主义与现实》2019年第4期。

〔美〕谭璇、孙一萍：《情感史视野下的法国大革命》，《世界历史》2016年第4期。

〔美〕N. 莱文、臧峰宇：《马克思学与马克思政治哲学的文本语境》，《马克思主义与现实》2014年第6期。

〔英〕特雷尔·卡弗、江洋：《马克思文本的翻译和解释》，《马克思主义与现实》2007年第1期。

〔德〕哈罗德·马、姚远：《法国大革命与德国现代性问题——黑格尔、海涅与马克思》，《当代国外马克思主义评论》2018年第1期。

安启念：《〈1844年经济学哲学手稿〉笔记本Ⅱ基本内容及全书文本结构研究》，《马克思主义与现实》2008年第1期。

白云真：《马克思〈雾月十八日〉的当代解读》，《天津行政学院学报》2012年第4期。

蔡常青：《论历史研究对马克思主义形成的作用》，《内蒙古社会科学》1989年第6期。

陈浩：《〈克罗茨纳赫笔记〉与三种社会形态理论》，《北京航空航天大学学报》2012 年第 1 期。

陈陆达：《〈路易·波拿巴的雾月十八日〉是马克思的重要著作》，《文史哲》1982 年第 4 期。

陈明凡：《马克思社会公仆思想及其现实意义：读〈法兰西内战〉之体会》，《马克思主义研究》2016 年第 6 期。

陈容：《〈法兰西内战〉社会公仆的基本思想及其启示》，《华北电力大学学报》（社会科学版）2011 年第 4 期。

陈胜云：《马克思历史叙事真实语境的当代解读》，《马克思主义研究》2007 年第 3 期。

陈先达：《论唯物主义历史观的本质与当代价值》，《高校理论战线》2002 年第 5 期。

陈玥：《波拿巴主义再现是对资产阶级民主政治的否定——读马克思〈路易·波拿巴的雾月十八日〉的体会》，《理论月刊》1987 年第 5 期。

陈兆芬：《马克思历史分期理论的生成逻辑及其方法论意义》，《广西社会科学》2014 年第 3 期。

邓宏炎：《论马克思市民社会决定国家理论的形成——思想历程与研究方法的考察》，《华中师范大学学报》1999 年第 6 期。

邱乘光：《国际精神与民族传统相结合的产物——关于巴黎公社渊源问题的探讨》，《史学月刊》1991 年第 3 期。

丁建定：《法国复辟王朝时期政治进步性述论》，《河南大学学报》1997 年第 5 期。

丁匡一：《从叙事者与叙事对象的视点看马克思历史文本中元叙事的生成——基于〈1848 年至 1850 年的法兰西阶级斗争〉的分析》，《马克思主义与现实》2014 年第 3 期。

杜艳华：《唯物史观视域下的历史与历史研究再探讨》，《复旦学报》2018 年第 6 期。

段忠桥：《马克思对历史唯物主义的最初表述是在〈黑格尔法哲学批判〉还是在〈德法年鉴〉》，《社会科学研究》2008 年第 3 期。

方瑞：《马克思"历史科学"的当代解读》，《浙江社会科学》2017 年第 11 期。

丰子义：《深化马克思主义哲学史研究的方法论自觉》，《中国社会科学》2014 年第 11 期。

冯景源：《马克思共产主义理论的制定及其研究的意义——兼谈马克思主义"三个组成部分"的"核心"问题》，《东南学术》2016 年第 2 期。

冯一下：《再论历史逆时思维》，《历史教学》2019 年第 5 期。

高翔莲、曹阳：《论习近平的历史观》，《湖北社会科学》2015 年第 10 期。

高晓霞、钱再见：《廉价政府及其公共权力逻辑：基于马克思〈法兰西内战〉的文本分析》，《学习论坛》2016 年第 6 期。

高毅：《一部别开生面的法国革命"暴力史"——读马丹〈暴力与大革命：论一种国家神话的诞生〉》，《世界历史》2007 年第 1 期。

关勋夏：《论国民自卫军中央委员会在法兰西内战中的历史功绩和错误》，《军事历史研究》1998 年第 1 期。

郭毅、唐文佩：《论克罗茨纳赫时期马克思国家观的转变》，《中共福建省委党校学报》2010 年第 6 期。

韩承文：《马克思的〈1848 年至 1850 年的法兰西阶级斗争〉》，《历史教学》1985 年第 3 期。

韩立新：《从国家到市民社会：马克思思想的重要转变——以马克思〈黑格尔法哲学批判〉为研究中心》，《河北学刊》2009 年第 1 期。

何友鹏、钟明华：《马克思历史现象学与社会主义命题》，《马克思主义与现实》2016 年第 3 期。

洪韵珊：《关于巴黎公社产生渊源问题的探讨》，《社会科学研究》1981 年第 2 期。

胡帆、陈宇宙：《节约型政府：马克思廉价政府思想在中国的践行——读〈法兰西内战〉有感》，《学术探索》2008 年第 5 期。

胡海波、郭凤志：《马克思学说历史性理解的历史主义原则》，《马克思主义研究》2013 年第 12 期。

胡刘：《"资本批判"与历史认识论的科学建构》，《山东社会科学》2015 年第 8 期。

胡刘：《论马克思历史哲学与"历史唯物主义"的关系》，《山东社会科学》2017 年第 4 期。

胡刘：《马克思历史哲学的理论主题》，《南京社会科学》2017 年第 8 期。

胡沫、范拥军：《马克思历史科学：实证与批判》，《河北师范大学学报》2011 年第 4 期。

黄艳红：《托克维尔"民主"概念的时间化及其局限》，《历史研究》2019 年第 12 期。

姜义华：《历史研究是马克思理论贡献的科学基础》，《学术月刊》2013 年第 12 期。

蒋大椿：《马克思恩格斯著作所见之历史研究方法三种》，《求索》1987 年第 2 期。

竭长光：《马克思历史思维的当代阐释》，《东北师大学报》2013 年第 4 期。

金重远：《论英法资产阶级革命的"保守"和"彻底"》，《复旦学报》（社会科学版）1981 年第 4 期。

隽鸿飞：《论马克思的历史方法论原则》，《江海学刊》2008 年第 4 期。

隽鸿飞：《论马克思哲学的历史转向》，《史学理论研究》2012 年第 4 期。

黎学军：《马克思"批判的历史科学"发展历程》，《贵州社会科学》2013 年第 8 期。

李百玲：《马克思〈历史学笔记〉的理论内容及其现实意蕴探析》，《思想理论教育导刊》2016 年第 9 期。

李百玲：《马克思的历史研究与〈历史学笔记〉》，《河北学刊》2014 年第 6 期。

李百玲：《马克思晚年的笔记式研究与〈历史学笔记〉的写作意义》，《广西社会科学》2015 年第 9 期。

李百玲：《社会发展的历史走向与细节——〈历史学笔记〉中的唯物史观个案》，《马克思主义与现实》2016 年第 4 期。

李兵：《历史唯物主义：作为哲学的"历史科学"》，《学习与探索》2009 年第 6 期。

李春生：《扬弃和超越——论青年马克思与费尔巴哈人本主义哲学的关系》，《理论月刊》2005 年第 3 期。

李士菊、郝瑞斌：《学生时代马克思宗教思想的变化——从〈中学毕业作文〉到〈博士论文〉》，《河北师范大学学报》2001 年第 2 期。

林钊、谢倩：《法国大革命与历史唯物主义》，《马克思主义与现实》2019 年第 1 期。

刘奔：《从"活的历史"研究中掌握活的马克思主义——纪念马克思〈路易·波拿巴的雾月十八日〉发表 140 周年》，《哲学研究》1992 年第 6 期。

刘丹：《巴黎公社未没收法兰西银行的原因分析》，《贵州师范大学学报》（社会科学版）1992 年第 1 期。

刘洪刚：《落后国家的跨越发展：德国何以实现人类解放——重读〈《黑格尔法哲学批判》导言〉》，《理论月刊》2012 年第 10 期。

刘军：《"市民社会决定国家"命题的提出与确立》，《北京大学学报》2014 年第 2 期。

刘立文：《巴黎公社的民族渊源浅析》，《兰州学刊》1983 年第 2 期。

刘清纪：《马克思历史唯物主义方法论》，《青海师范大学学报》2000 年第 1 期。

刘晓龙、阎国平：《论马克思的反腐倡廉思想——读〈法兰西内战〉》，《山西高等学校社会科学学报》2010 年第 7 期。

刘秀萍：《法国大革命与马克思思想的变革》，《教学与研究》2017 年第

11 期。

刘昀献：《巴黎公社失败原因的新思考》，《河南大学学报》（社会科学版）1996 年第 4 期。

刘昀献：《试论巴黎公社是第一国际的精神产儿》，《史学月刊》1985 年第 3 期。

刘昀献：《消极防御战略与巴黎公社革命的失败》，《史学月刊》1996 年第 3 期。

刘忠世：《马克思历史阶段理论中的逻辑与历史相统一的方法》，《学习与探索》1998 年第 3 期。

鲁克俭：《马克思早期文本中的几个文献学问题》，《杭州师范大学学报》2013 年第 6 期。

罗克全、刘秀：《"人类解放"的前提：〈《黑格尔法哲学批判》导言〉再研究》，《马克思主义理论学科研究》2018 年第 4 期。

吕宏山：《"公社"问题与马克思晚年思想的新方向》，《哲学动态》2019 年第 11 期。

马延斌：《历史科学研究在马克思主义形成过程中的重要作用》，《马克思主义研究》1985 年第 4 期。

梅荣政：《用唯物史观生动描述和精辟分析重大历史事件的科学典范——马克思：〈路易·波拿巴的雾月十八日〉（节选）研读》，《思想理论教育导刊》2011 年第 3 期。

聂锦芳：《马克思思想的起源及对其一生的影响》，《社会科学辑刊》2017 年第 3 期。

聂锦芳：《神性背景下的人生向往与历史观照——马克思中学文献解读》，《求是学刊》2004 年第 2 期。

聂锦芳：《作为马克思哲学思想起点的伊壁鸠鲁哲学》，《北京大学学报》2014 年第 5 期。

申晨星：《法国大革命的历史经验与马克思的国家学说》，《史学集刊》1985 年第 1 期。

沈江平：《马克思历史主义原则的当代考量》，《云南社会科学》2011 年第 1 期。

沈湘平：《马克思思想视域中的历史主义》，《学术月刊》2010 年第 8 期。

孙伯鍨、张一兵、唐正东：《"历史之谜"的历史性剥离与马克思哲学的深层内涵》，《南京大学学报》2000 年第 1 期。

孙代尧：《顺应时代和实践的呼唤——读恩格斯〈卡·马克思《1848 年至 1850 年的法兰西阶级斗争》一书导言〉》，《党建研究》2012 年第 1 期。

孙乐强：《中国道路与马克思历史道路理论的创造性发展》，《天津社会科学》2018 年第 3 期。

孙乐强：《重估马克思历史理论的独特贡献及其当代价值》，《江苏社会科学》2013 年第 6 期。

谭培文：《马克思在批判资本主义民主政治中探索社会主义民主制度的新形式——以 1848 年法国政治革命的总结为例》，《教学与研究》2011 年第 6 期。

汤玉奇：《学习马克思〈路易·波拿巴的雾月十八日〉》，《历史教学》1980 年第 4 期。

唐正东：《从亚当·斯密到马克思的历史概念》，《江海学刊》2000 年第 2 期。

唐正东：《马克思的〈历史学笔记〉与历史唯物论的升华》，《南京社会科学》2006 年第 4 期。

涂成林：《历史阐释中的历史事实和历史评价问题——基于马克思唯物史观的基本理论和方法》，《中国社会科学》2017 年第 8 期。

王成军：《论诠释的多样性与历史比较的统一性》，《陕西师范大学学报》（哲学社会科学版）2020 年第 1 期。

王代月、孙菲菲：《〈克罗茨纳赫笔记〉：马克思早期政治批判的转折点》，《求是学刊》2016 年第 2 期。

王代月：《马克思超越黑格尔市民社会理论的过程史研究》，《教学与研究》2010 年第 3 期。

王东、王晓红：《从卢梭到马克思：政治哲学比较研究》，《教学与研究》
2007 年第 6 期。

王阁森：《读〈1848 年至 1850 年的法兰西阶级斗争〉》，《文史哲》1964
年第 3 期。

王国富、王双双：《马克思历史确定性理论及其辩证维度》，《辽宁大学
学报》2014 年第 4 期。

王威：《〈卡·马克思《1848 年至 1850 年的法兰西阶级斗争》一书导言〉
的思想政治教育意蕴》，《思想理论教育导刊》2019 年第 6 期。

王伟光：《透彻的历史洞察力——〈路易·波拿巴的雾月十八日〉介
绍》，《历史教学》1985 年第 1 期。

吴红英：《巴黎公社未占领法兰西银行的原因及其后果》，《武汉师范学
院学报》（哲学社会科学版）1983 年第 4 期。

吴家华：《"马克思—恩格斯问题"：基本观点与研究新进路》，《马克思
主义研究》2015 年第 4 期。

吴晓明：《黑格尔法哲学与马克思社会政治理论的哲学奠基》，《天津社
会科学》2014 年第 1 期。

吴晓明：《作为历史科学方法论的历史唯物主义》，《中国社会科学》2008
年第 1 期。

徐海亮：《法国大革命与马克思主义形成的若干问题》，《高校社会科学》
1989 年第 4 期。

杨耕：《当前马克思主义研究中的五个重大问题》，《南京大学学报》
2014 年第 4 期。

杨思基：《论马克思的社会历史研究方法》，《山东社会科学》2010 年第
10 期。

叶险明：《马克思历史认识模式的复杂性及实践解读》，《中国社会科学》
2016 年第 4 期。

应星：《事件社会学脉络下的阶级政治与国家自主性——马克思〈路易·

波拿巴的雾月十八日〉新释》，《社会学研究》2017 年第 2 期。

于沛：《历史认识的辩证法阐释》，《陕西师范大学学报》（哲学社会科学版）2020 年第 1 期。

余其栓：《恩格斯在唯物史观形成和发展中的作用》，《北京大学学报》（哲学社会科学版）1985 年第 4 期。

俞可平：《马克思的市民社会理论及其历史地位》，《中国社会科学》1993 年第 4 期。

郁建兴：《马克思的市民社会概念》，《社会学研究》2002 年第 1 期。

臧峰宇：《法国启蒙思想批判与〈神圣家族〉的政治哲学主题》，《哲学研究》2016 年第 7 期。

臧峰宇：《青年马克思政治哲学研究的经济学语境——〈巴黎手稿〉的政治哲学解读》，《哲学研究》2015 年第 2 期。

张红旗：《马克思、恩格斯早期著作中关于无产阶级革命和无产阶级专政思想的论述——读书笔记》，《齐鲁学刊》1979 年第 3 期。

张亮：《走向"历史的"唯物主义——马克思 1843 年间思想发展的内在逻辑》，《甘肃社会科学》1996 年第 6 期。

张楠、田冠浩：《马克思的法哲学批判及其解放旨趣》，《山东社会科学》2018 年第 2 期。

张文喜：《反拨雅各宾主义的阐释定向：法国大革命以及马克思主义的后续形式》，《理论探讨》2008 年第 2 期。

张小明：《1841—1844 年马克思人类解放思想形成过程探析》，《传承》2011 年第 25 期。

张雄、速继明：《历史进步的寓意——关于历史普遍性与历史特殊性的解读》，《哲学动态》2008 年第 12 期。

张一兵、姚顺良：《法权唯物主义与一般唯物主义——析马克思哲学思想的"第一次转变"（学术对话）》，《南京社会科学》2006 年第 6 期。

张一兵：《马克思历史唯物主义中的历史概念》，《哲学研究》1998 年第 9 期。

张一兵：《青年马克思的第一次思想转变与〈克罗茨纳赫笔记〉》，《求是学刊》1999 年第 3 期。

张一兵：《析阿尔都塞的"症候阅读法"》，《南京大学学报》（哲学·
　　人文科学·社会科学）2002 年第 3 期。

张源：《连续与断裂：法国大革命是一场怎样的革命？——从弗朗索瓦·
　　傅勒的〈思考法国大革命〉说起》，《南京大学学报》（哲学·人文科
　　学·社会科学）2015 年第 1 期。

张芝联：《马克思与法国大革命——学习马克思的早期著作》，《世界历
　　史》1983 年第 4 期。

张钟朴：《〈资本论〉创作史系列讲座之一从〈克罗茨纳赫笔记〉到〈伦
　　敦笔记〉》，《马克思主义与现实》2012 年第 5 期。

赵凯荣：《法国大革命与马克思主义理论主题》，《湖北社会科学》1989
　　年第 5 期。

钟益文：《恩格斯是坚持和发展无产阶级革命学说的典范——正确理解
　　恩格斯〈卡·马克思《1848 年至 1850 年的法兰西阶级斗争》一书
　　导言〉的精神》，《当代世界与社会主义》2007 年第 3 期。

周海乐：《关于无产阶级革命的道路问题——〈《法兰西阶级斗争》导
　　言〉再研究》，《马克思主义研究》1986 年第 1 期。

周立红：《国王卫队的衰落与法国大革命的爆发》，《社会科学战线》
　　2016 年第 11 期。

周立红：《时代的"酵母"：普雷沃与 18 世纪法国"饥荒阴谋"说的建
　　构》，《清华大学学报》2012 年第 2 期。

周石峰、冉凌宇：《资本主义代议制民主政治制度的元批判——马克思〈路
　　易·波拿巴的雾月十八日〉新释》，《理论与改革》2020 年第 1 期。

朱蔷薇：《让历史的真义在实践中敞现——试论马克思历史哲学的理论
　　特质》，《湖北社会科学》2014 年第 1 期。

庄国雄：《历史分期法：历史哲学与马克思》，《吉首大学学报》（社会科
　　学版）2004 年第 3 期。

二 外文参考文献

（一） 著作类

Alan Forrest, Colin Jones, *The French Revolution* 1787-1799, London, 1974.

Alan Gilbert, *Marx's Politics, Communists & Citizens*, New Brunswick, N. J.: Rutgers University Press, 1981.

Albert Soboul, Gwynne Lewis, *Tie Parisian Sans-culottes and the French Revolution* 1793-1794, Oxford, 1964.

Alfred Cobban, *The Social Interpretation of the French Revolution*, New York, 1971.

Comninel, Gregor Manacle, *Marxism and the Methodologies of History*, London, 1981.

Douglas Johnson, *French Society and the Revolution*, Cambridge, 1976.

E. Schmitt, *French Revolution in Marxism, Communism and Western Society*, New York, 1972.

G. McLellan, *Marxism and the Methodologies of History*, London, 1981.

G. Best, *In the Permanent Revolution: The French Revolution and its Legacy* 1789-1989, London, 1988.

Geoffrey Symcox, *A Short History of the French Revolution*, 1789-1799, Los Angeles and London, 1977.

George Comninel, *Rethinking the French Revolution: Marxism and the Revisionist Challenge*, London, 1987.

Georges Lefebvre, *The Great Fear of* 1789, *Rural Panic in Revolutionary France*, New York: Schocken Books, 1973.

H. Draper, *The Politics of Social Classes: Karl Marx's Theory of Revolution* II, New York, 1978.

H. Heller, *The Bourgeois Revolution in France*, 1789-1815, New York, 2006.

H. J. Kaye, *The Education of Desire: Marxists and the Writing of History*,

New York，1992.

H. Draper，*State and Bureaucracy*：*Karl Marx's Theory of Revolution* I ，New York，1977.

J. Sole'，*The Historiography of the French Revolution*，*in Companion to Historiography*，London，1997.

Kolakowski，Leszek，*Main Currents of Marxism*，Oxford：Oxford University Press，1978.

M. Perry，*Marxism and History*，Basing Stoke，2002.

Mclellan，David，*Karl Marx. His Life and Thought*，Londres，Macmillan，1973.

Mclellan，David，*Marx before Marxism*，Londres，Macmillan，1970.

N. Hampson，*The French Revolution and its Historians*，London，1988.

P. Davies，*The Debate on the French Revolution*，Manchester，2006.

Padover，Saul K.，*Karl Marx. An Intimate Biography*，McGowan-Hill Book Company，1978.

R. Hunt，*The Political Ideas of Marx and Engels*，2 vols. London，1984.

S. H. Rigby，*Marxism and History*：*A Critical Introduction*，Manchester，1998.

S. Maza，*The Myth of the French Bourgeoisie*：*An Essay on the Social Imaginary*，1750−1850，Cambridge，2003.

Seigel，Jerrold E. *Marx's Fate. The Shape of a Life*，Princeton，1978.

Timothy Tackette，*Becoming a Revolutionary*：*The Deputies of the French National Assembly and the Emergence of a Revolutionary Culture*（1789−1790），Princeton：Princeton University Press，1996.

Timothy Tackette，*When the King took flight*，Cambridge，2003.

Timothy Takett，*The Coming Terror in the French Revolution*，Cambridge，2015.

William M. Reddy，*The Navigation of Feeling*：*A Framework for the History of Emotions*，Cambridge：Cambridge University Press，2001.

Wolff，Jonathan，*Why Read Marx Today?* Oxford：Oxford University Press，2002.

Wood, Allen, *Karl Marx*, Londres, Routledge, 1981.

（二）期刊类

Alonso González, Comer, Viejo Rose, "Crowley, Introduction: Heritage and Revolution-First as Tragedy, then as Farce?" *International Journal of Heritage Studies*, 2019 (05).

B. Norton, "The Survival of the Nobility During the French Revolution," *Past and Present*, 1967 (37).

B. Teschke, "Bourgeois Revolution, State Formation and the Absence of the International," *Historical Materialism*, 2005 (02).

Bo. A. I., "The Methodology Revolution in the Evolution of Marx's Capital Concepts," *On Economic Problems*, 2016 (02).

Colin Lucas, Nobles, "Bourgeois and the Origins of the French Revolution," *Past and Present*, 1975 (60).

Claire A. Sanders, "French Salons: High Society and Political Sociability from the Old Regime to the Revolution of 1848," *History: Reviews of New Books*, 2004 (01).

Carine Louniss, "Bonaparte's France and the End of the Revolution," *University of Rouen*, 2018 (06).

Carine Lounissi, "Debating the Legitimacy of the French Revolution," *University of Rouen*, 2018 (06).

Carine Lounissi, "Narrating the French Revolution," *University of Rouen*, 2018 (06).

Chinatsu Takeda, "Invention of the Political Center as an Ideal: Staël and the Constitutional Monarchy (1789 – 1795), Faculty of Comparative Culture," *Otsuma Women's University*, 2018 (08).

Chinatsu Takeda, "A Liberal Interpretation of the French Revolution: Considerations on the Principal Events of the French Revolution, Faculty of Comparative Culture," *Otsuma Women's University*, 2018 (08).

Cody E. Nager, "The Fading Mirage of Revolution: The French Expeditionary Force's Disillusionment with America, 1780 – 1782," *Historian*, 2019 (09).

David Andress, "The French Revolution and Napoleon: Crucible of the Modern World," *Routledge*, 2019 (01).

Daniel Knegt, "French Fascism as a 'Revolution of the Centre': Intellectuals Between Revolution and Conservation," *University of Amsterdam*, 2019 (09).

David H. Pinkney, "French Revolution of 1830," *Princeton University Press*, 2019 (12).

David A. Bell, "The French Revolution, the Vendée, and Genocide," *Journal of Genocide Research*, 2020 (01).

Feher F., "The French Revolutions as Models for Marx's Conception of Politics," *Thesis Eleven*, 1984 (01).

George V. Taylor, "Non Capitalist Wealth and the Origins of the French Revolution," *American Historical Review*, 1967 (72).

G. Ellis, "The Present State of French Revolutionary Historiography: Alfred Cobban and Beyond," *French Historical Studies vii*, 1972 (59).

Geoffrey Ellis, "The 'Marxist Interpretation' of the French Revolution," *The English Historical Review*, 1978 (43).

Gerhard Kluchert, "The Paradigm and the Parody. Karl Marx and the French Revolution in the Class Struggles from 1848 – 1851," *Taylor & Francis Group*, 2012 (01).

J. Amariglio, B. Norton, "Marxist Historians and the Question of Classes in the French Revolution," *History and Theory*, 1991 (01).

Judith De Groat, "Working-Class Women and Republicanism in the French Revolution of 1848," *History of European Ideas*, 2012 (09).

John S. C. Abbott, "The French Revolution of 1789 as Viewed in the Light of

Republican Institutions," *Political Science and History*, 2019（07）.

Jeremy Black, "European History and War: The Case-study of the Eighteenth Century," *Journal of European Studies*, 2020（03）.

Jude P. Dougherty, "A New World Begins: The History of the French Revolution," *The Review of Metaphysics*, 2020（03）.

Kirk S. Lawrence, "The French Revolution and Historical Materialism: Selected Essays," *Socialism and Democracy*, 2019（01）.

Lynn Hunt, "Politics, Culture, and Class in the French Revolution," *University of California Press*, 2019（12）.

Laura Mason, "Singing the French Revolution," *Cornell University Press*, 2019（12）.

Marvin R. Cox, "A History of the French Working Class: Vol. 1: The Age of Artisan Revolution, 1815−1871 and Vol. 2: Workers and the Bourgeois Republic, 1871−1939," *Taylor & Francis Group*, 2010（07）.

Nancy Locklin, "Murder, Justice, and Harmony in an Eighteenth-Century French Village," *University of California Press*, 2019（12）.

Noah Shusterman, "The French Revolution," *Taylor and Francis*, 2020（04）.

Richard Andrews, "The Justices of the Peace of Revolutionary Paris, Sept. 1792−Nov. 1794 (Frimaire Year Ⅲ)," *Past and Present*, 1971（52）.

Robert Palmer, "Popular Democracy in the French Revolution," *French History study i*, 1960,（48）.

Santoni Pierre, DeBevoise Malcolm, "The French Revolution, Archives, and Mimetic Theory," *Contagion: Journal of Violence, Mimesis, and Culture*, 2019（01）.

Timothy Baycroft, "Commemorations of the Revolution of 1848 and the Second Republic," *Modern & Contemporary France*, 1998（05）.

William Doyle, "Was There an Aristocratic Reaction in Pr-Revolutionary France?" *Past and Present*, 1972（57）.

图书在版编目（CIP）数据

马克思法国革命史研究与唯物史观构建／黄陈晨著．
北京：社会科学文献出版社，2024.10.--ISBN 978-7
-5228-4076-5

Ⅰ.K565.41

中国国家版本馆 CIP 数据核字第 2024MS3093 号

马克思法国革命史研究与唯物史观构建

著　　者／黄陈晨

出 版 人／冀祥德
责任编辑／曹长香
文稿编辑／胡金鑫
责任印制／王京美

出　　版／社会科学文献出版社（010）59367162
　　　　　地址：北京市北三环中路甲 29 号院华龙大厦　邮编：100029
　　　　　网址：www.ssap.com.cn
发　　行／社会科学文献出版社（010）59367028
印　　装／三河市龙林印务有限公司

规　　格／开 本：787mm×1092mm　1/16
　　　　　印 张：13.25　字 数：191 千字
版　　次／2024 年 10 月第 1 版　2024 年 10 月第 1 次印刷
书　　号／ISBN 978-7-5228-4076-5
定　　价／69.00 元

读者服务电话：4008918866